凝視優雅

細說端詳

優雅的美好本質、姿態與日常

THE ART OF GRACE

ON MOVING WELL THROUGH LIFE

Sarah L. Kaufman
莎拉・考夫曼——著
郭寶蓮——譯

獻給我深愛的 John，
以及 Zeke、Asa 及 Annabel，
我的 Three Graces

就跟藝術一樣，生活裡的美，是以曲線方式來展現。

——十九世紀英國小說家愛德華．鮑沃爾—利頓（Edward G. Bulwer-Lytton）

目次
CONTENTS

好萊塢傳奇巨星卡萊・葛倫，由內而外展現輕鬆自在，即是優雅。

前言

帶電的身體——形體之美與優雅之美

一九六二年，巴黎某餐館。知名女星奧黛莉・赫本（Audrey Hepburn）和導演史丹利・杜寧（Stanley Donen）正跟知名男星卡萊・葛倫（Cary Grant）洽談電影《謎中謎》（*Charade*）的合作事宜，不料，向來集優雅、古典與高貴氣質於一身的赫本小姐見到大明星卡萊・葛倫，緊張到失手撞倒一瓶酒，潑灑在葛倫的大腿上。

四周一陣騷動。想想那種惶窘。

沒想到，葛倫淡然處之，大家也鬆了一口氣。他笑笑，整頓晚餐繼續穿著被酒潑濕的毛褲，若無其事地用餐交談。隔天，甚至送了一瓶魚子醬和溫馨小卡片給嚇壞了的赫本小姐，表達安撫之意。

一年後，《謎中謎》上映，叫好又叫座，男女主角之間的緋聞也傳得沸沸揚揚[1]。然而，僅有少數人知道，其實他們之間的火花早在電影開拍前幾個月就已燃起，就在淋濕的驚嚇遇見優雅反應的剎那。

優雅，就是當有人把酒灑到你的褲子上，你依然能從容以對。

優雅就像紅酒，或者以雞尾酒來比喻會更適當，因此，優雅的人不會氣急敗壞，仗勢欺人，而是能在談笑風生間，面面俱到地化干戈為玉帛，創造出令人愉悅的氣氛——猶如雞尾酒所發揮的作用。優雅的閃現，可能出現在令人感動的憐憫之舉，或者瑞士知名網球選手羅傑・費德勒（Roger Federer）揮出他的神奇正拍之時，甚至在繁忙的晚餐供應時間，二廚們和諧共事的分秒之間。每次目睹優雅，都會讓人感官愉悅，心情愉快，還能激發出自在從容的感覺。

我甚至敢說，有了優雅，原本冰冷僵硬、搖搖欲墜的世界會讓人更樂於且易於活在其中。

這點想必古人十分贊同。古希臘人創造出「美惠三女神」（Three Graces，拉丁文為Charites），象徵他們所追求的真善美境界，而美惠三女神的父母眾說紛紜，其中一說是她們的父母堪稱舉世無雙，母親是象徵著愛與美的女神愛佛蘿黛蒂（Aphrodite），父親則是象徵著紅酒與哈維撞牆調酒（Wallbangers）的酒神戴奧尼索斯（Dionysus）。美惠三女神可說是美麗、歡慶與喜悅的化身，深受許多詩人所讚頌，包括荷馬（Homer）、赫西俄德（Hesiod）、平達（Pindar）等。後來羅馬人將她們的名字改成Gratiae，這個字逐漸演變成英文的***grace***，也就是**優雅**的意思。這三個年輕女神擁有天生魅力、歡喜自信，她們希望自己的存在能讓人感到愉快。而她們所肩負的使命很簡單，就是讓人類的生命變得更有樂趣，讓人類活得更安適自在。

優雅如此好，怎能不多多益善？

然而——儘管優雅似乎是人類追求真善美之天性本能——放眼所及，我們所見卻是刺耳刺眼，失禮粗鄙之舉，簡言之，冒昧唐突。

事實上，人人皆能優雅。神經科學家和動作障礙方面的專家（movement specialist）都同意，優雅是所有人都具備的能力，無論個人狀況好壞或才能高低。優雅涵蓋的是放鬆自在的體態，流暢自然的動作，以及專注與憐憫的心態。優雅意味著一種心滿意足的靜默，因此不會喧噪唐突，也不做出礙眼的事。

我們需要歸返優雅狀態，而且必須獲得奧援，才能打贏這場返歸優雅的硬仗。今日已不復見的優雅，曾是長久以來備受珍視的重要特質，可說是人類互動的核心，並定義了我們看待身體與周遭世界的方式。然而，二十一世紀的生活匆忙倉皇，令人沮喪，甚至，我們對待旁人及對待自己的方式也同樣匆忙倉皇，令人沮喪——在工作上壓力超載，在家庭裡身心俱疲。我們心不在焉，打開門之後任由門砰地重重關上，完全不顧及緊跟在後的人。我們一邊走路一邊打簡訊，沒看到人行道高低差而跌倒時有所聞。我們總是遲到，經常疏忽，沒注意到這個或那個。我們痀僂的體態清楚顯示著我們的身體落入一種慣性卻習而不察——久坐、背負壓力、癱在電腦前。我們臣服於地心引力，忘了舉手投足之間該如何優雅。

優雅曾是哲學家、詩人、藝術家和散文家關注的主題，但最新的相關研究竟然是將近一世紀之前的法國學術論著。一九三三年，法國哲學家雷蒙・巴耶（Raymond Bayer）出版的重要巨著檢視了優雅這個概念。兩大冊的《優雅之美學觀：結構均衡之初探》（*L'esthétique de la grâce: introduction à l'étude des équilibres de structure*）對優雅概念所做的精闢剖析，有條不紊如廚師以俐落刀法將白斑狗魚剔骨切片。雷蒙・巴耶在長達一千兩百頁的篇幅中分析了優雅的本質，整理了將優雅視為美學範疇的哲學理論史，並利用圖表來記錄皮球的彈跳弧度及短跑選手所跨出的步幅——這種研究相當法式，著實讓人驚歎。巴耶還提到動物展現優雅的「祕密」，並認為任何精密的機器都不可能複製出牠們那種優雅，此外，他還論述了為何女人在舉手投足等動作上能有著貓一般的優雅 royauté（專利）。巴耶若活在今日，能觀察到如此有意思的現象嗎？恐怕沒辦法。請問，你上次因路上行人的走路姿態優雅而看了入神，是什麼時候？一九三〇年代之後，日常生活裡已見不到優雅了，而現在，正是讓它重現的時候。

想讓優雅重現於日常生活，最足以作為我們模範標竿的人物非三〇、四〇年代知名男星卡萊・葛倫莫屬。

我從事舞蹈評論已三十餘年，可說成年之後就以凝視優雅為業。我對這方面的興趣可追溯到童年，只不過那時我有興趣的不只是舞蹈，而是對任何動作都很著迷。患有先天性心臟病的我在七歲那年動了手術，之後一年被嚴格禁止從事任何體能活動，但我竭盡所能地貪看他人的遊戲和比賽，彷彿自己也身在其中。而我自少女時期就著迷的芭蕾，終於讓我有機會踏入嚮往已久的世界——肢體表達。

不過，讓我開始深入思索「優雅本身即藝術」的人，是跟芭蕾扯不上邊的卡萊・葛倫。有一天，我觀賞一九四〇年的影片《費城故事》（*The Philadelphia Story*），被他清晰且深入詮釋角色的特有天賦所吸引：他能輕鬆自如地駕馭劇中角色複雜的情緒，毫不費力地穿梭在兩種狀態之間——陽光朝氣 vs. 存在主義式的真理領悟——駕輕就熟地詮釋劇中那個刻劃細膩、個性黝暗的角色。然而，葛倫最吸引我之處，就是他的舉手投足。

在《費城故事》中，他飾演的是大家很熟悉的角色：一個仍深愛前妻（凱薩琳・赫本飾）的男人，希望阻止前妻另嫁他人。當他再次踏入赫本所處的上流社會，他戰戰兢兢地留意自己的外表，極力隱藏五味雜陳的情緒，但他的肢體語言卻清楚洩漏了他的心情，比如他在跟赫本說話時，故意表現得對她的新戀情不感興趣，但身體呈屈柔狀態。前妻再嫁前夕，他來到她家，嘴巴沒明說，身體卻朝她逼近一大步伐，藉此展現他想贏回她芳心的企圖。他貼近她，身體傾向她，透過軀體來表現對她的臣服，如同狼露出自己最脆弱的下腹部來宣布投降。這些動作，葛倫駕馭起來毫不費力，如行雲流水般順暢自然，觀眾絲毫不察這是他精心構思，猶如舞蹈的肢體表演——雖然它確實是。

電影和電視讓我們看到，超越自己是有可能的。因此，欲探討優雅，先從影視圈著手，可謂適切。我們經常可以發現，那些最吸睛、最有趣的演員，舉手投足多半流暢自然，比如瑞典國寶級女星葛麗泰・嘉寶（Greta Garbo）那繞指柔般的舉止，恬靜從容的步姿，以及義大利巨星蘇菲亞・羅蘭（Sophia Loren）左右微晃身體時，讓人看了如癡如醉。還有奧黛莉・赫本的輕盈體態，以及她（時時！）展現最佳協調性的舞者身軀。美國喜劇演員傑基・格黎森（Jackie Gleason）雖然頗有噸位，走起路來卻活潑靈巧。當代知名黑人演員丹佐・華盛頓（Danzel Washington）那宛如滑行般的步姿，也不能錯過。

優雅本身內斂含蓄，能以細膩的方式改變氛圍，讓氣氛變得溫暖。從本質上來看，優雅是一種傳遞安適幸福感的過程，也就是說，一個平靜自在的人所表現出來的優雅，會感染給四周的其他人，因為優雅是所有人最想擁有的自我形象，也體現了我們想活得輕鬆從容的夢想。這就是為什麼我們會被優雅的人所感動——他們所表現出來的自信從容和落落大方，在在顯示他們處在恬謐安適的狀態。相較之下，一般的人，包括你我，總是處在費力倉皇的狀態中，不是氣喘吁吁地追趕著公車或火車，就是懊悔自己剛剛說話為何不經大腦。然而幾乎每次見到女演員葛麗泰・嘉寶，她總是蓮步輕移，舉手投足悠緩輕柔、不稜不角，猶如雪紡綢般絲滑，彷彿跟宇宙深沉顫動的節奏合而為一。雖然我們永遠都無法像她在電影《大飯店》（*Grand Hotel*）中那樣，高貴地漫步於金光閃閃的飯店大廳，但她的優雅傳遞出更廣的意涵——那一幕具體展現出她永遠都能無入而不自得，因此陶醉模樣才叫人欽羨不已。

優雅能讓我們的內在喜悅音符高聲歡唱，這種如癡如醉的聲音彷彿滲透到我們的骨子裡，因為它所呈現的是人人最渴望的狀態：優游自如的熟練狀態，也就是對四周環境，對自己的身體、行為和情緒都能駕馭自如。或許，我們覺得自己總是踉踉蹌蹌，氣急敗壞，可是只要有機會瞥見優雅的行止，我們就能深受鼓舞，開始夢想一種與宇宙節奏合一的完美和諧狀態。

接著來談卡萊・葛倫。大導演希區考克（Alfred Hitchcock）曾說，「卡萊・葛倫是我這輩子唯一愛過的演員。」[2]。對葛倫有這種評論的，不單只希區考克一人，但能從這位向來嚴格的導演口中聽到這種話，更顯意義重大。據說，希區考克向來把演員視為活道具，而這或許就是他特別欣賞葛倫的原因，因為曾當過特技演員和雜耍演員的葛倫絕非只是裝飾用的道具，從影之前的這些經歷讓他有能力變成一個傑出的肢體表演者。他可以後空翻（一九三八年的《休假日》*Holiday*）、攀爬屋頂（一九五五年的《捉賊記》*To Catch a Thief*）、還能一舉把凱薩琳・赫本舉到展示的恐龍骨骸上（一九三八年的《育嬰奇譚》*Bringing Up Baby*），將伊娃・瑪莉・桑特（Eva Marie Saint）舉上刻有美國總統像的拉什莫爾山（Mount Rushmore，一九五九年的《北西北》*North by Northwest*），而且上述兩次都是單手就舉起女主角。不過葛倫本人一定會說，這沒什麼，特技演員的老把戲罷了。

而葛倫真正厲害之處，在於有辦法完美地詮釋常見的行為舉動，比如他知道如何凝視別人的眼睛，如何在最適當的時間以大家再熟悉不過的某些動作、精準傳達出該場景所要的情緒，比如手指拍點方向盤、在最恰當的時間聳肩，或者，以放鬆的姿態左搖右擺晃到房間另一頭、從椅子上起身、靠在壁爐上。這些習以為常的日常動作經他一詮釋，注入了演員的細膩和劇場般的強烈效果。葛倫這種獨特的表演風格就如莫札特般，令人難以捉摸。在渾然天成的淘氣自在中，傳達出戲劇化的張力，而這種並存的張力與自在，就來自於他與別人的互動——用整個身體，立體而真實地回應他人。

然而，他之所以能成為優雅的典範，不只是因為他在螢幕上的出色表現。私底下的他，也具有古希臘人所說的一種內在面向：Kalokagathia，意即靈魂的美與善。關於他的紳士事蹟，俯拾皆是，即使他和我們一樣，有脆弱和掙扎，甚至離婚四次。雖然愛情路上走得坎坷，他卻能以審慎莊重的態度來處理婚姻中的難題。或許，他對禮節的講究和他那聲名遠播的完美主義讓他難以和人同處於一個屋簷下，但不可否認地，這些正是他從事專業表演的有利特質。話雖如此，他也是一個有情有義之人，比如演對手戲的演員若演出沒到位，葛倫會故意說錯台詞，好讓導演喊重來，如此一來，除了顧全對方的情面，也能讓該場戲變得更好，達到他的完美要求。[3]

如果要付出的代價並不高，誰都可以當好人。然而，葛倫是那種即便要付出昂貴代價，也能好人當到底的人，比如女星英格麗・褒曼就特別感謝葛倫，願意在她和義大利導演羅貝托・羅塞里尼（Roberto Rossellini）的婚外情變成國際醜聞時，第一個跳出來挺她（挺她的人寥寥可數，而他還願意當第一個）。當時，在自命清高的偽善氛圍中，從好萊塢到參議院，全都同聲譴責她。[4]

大約同時期，好萊塢幾乎沒人敢出聲反對麥卡錫陣營手上的共產黨黑名單，但葛倫就是有那種勇氣——這樣的勇氣也是一種優雅。他拋開自身安危，公開支持被列在黑名單上的知名喜劇演員卓別林。跟葛倫同樣出生於英國的卓別林，被指控思想傾共，因此在當時反共的浪潮中，被美國政府註銷簽證。葛倫隨後召開記者會，宣布退出影壇（以他當時的年齡來說，退隱顯然過早），記者會結束前，他毫無保留地表達對卓別林的支持，並以含蓄但清晰無疑的方式提出警告：「我們不該盲目地步上極端。」[5]

以優雅的儀態表達立場，已經成為葛倫的習慣，比如一九四〇年，在美國都還沒加入英國陣營，共同打擊納粹勢力之前，他就宣布要將《費城故事》的演出酬勞全數捐給英國，感謝他們為了對抗納粹所做的努力。[6]

優雅可以存在於完美協調的流暢動作中，或者展現在謙卑包容的態度上，不過這兩者經常同時並存。那些舉手投足極其優雅的人，會讓人想要親近。他們的從容自在源於自信，不在意別人的眼光，而這正是他們最吸引人的地方。我們欽慕的，不是他們的社交技巧或刻意練習的完美舉止，而是透過流暢的肢體語言所呈現出來的內在本質。優雅無關乎外表長相，或者是否老練世故，而是關乎慈悲及勇氣。挺身而出，讓被社會排斥者能感受到溫暖，這樣的勇氣當中就有優雅的意涵。（想想電影《亂世佳人》中，韓美蘭堅定力挺女主角郝思嘉，不理會所有攻擊思嘉的緋聞流言，鼓勵她拋開旁人的閒言閒語。）我認為，謙卑、真誠、坦率的人，就是最優雅的人，因為他們敞開心胸，以從容自在來待己待人，讓人與人之間不再有隔閡。

優雅的厚實根基建立在幾千年，甚至數百萬年前。身為哺乳類動物的人類，腦部經過百萬年的演化，有能力理解他人的細微動作，而且，掌管愉悅的神經中樞在演化最初期就能辨識並欣賞他人的流暢舉止。畢竟生活在樹上，我們得仰賴流暢一貫的肢體協調動作才得以存活——懸盪、攀爬等動作迄今仍是動物王國裡的卓越技能。因此，特技人員般的靈敏肢體，可說是我們與生俱來的權利。

此外，對無入而不自得的渴望，與周遭世界融合為一的恬靜狀態，也是人類百萬年演化下來，祖先留給我們的本能。人類之所以費盡千辛萬苦開始群聚生活，構成所謂的文明，正是基於這種本能和渴望。

在此，我要介紹四千五百年前的一個埃及人，普塔霍特普（Ptah-hotep）。他不是什麼偉人，只是一個輔佐法老王的官員，所以沒有一座金字塔是為了紀念他。然而，他卻寫了一本跟埃及有關的最古老書籍，留給世人無價的資產。

如果你以為他的象形文字是用來記錄戰爭的英雄事蹟、古埃及的葬禮儀式或稅收制度等在古代極為重要的事物，那你就錯了。普塔霍特普所記錄的，是截然不同的東西。他替兒子一一條列的內容，被認為是歷史上最早對於道德哲學或禮節的探討，但我認為這種看法沒說到重點。普塔霍特普要樹立的，不是對錯的價值觀，他所條列出來的準則也不限於禮貌行為；他想談的，除了對天地君親師的敬重——雖然他這本書的對象是兒子，卻把兒子當成皇室內的臣子——還力促大家「面露欣喜」、寬厚、謙卑，讓周遭的人因為你而覺得自己受到肯定，如沐春風。他這番用意，是為了促進社會的和諧。

因為他認為當時所處年代——西元前二十五世紀——可說道德淪喪，世風敗壞。孩童不聽父母言，貪婪和無禮行徑隨處可見。餐桌上，大家不是只顧著低頭猛吃，就是忙著夸言爭辯，毫無節制與聆聽可言。至於領導人，則愈來愈獨裁專制，因此這位古代作家編纂了這部探討人類文明的最初文本，殫精竭慮呼籲大家要有同理心，舉止沉著，關懷他人，以端正風氣。

「唯有仁慈，才能真受憑弔。」他寫道。在後代子孫的眼中，「溫柔比粗暴更有影響力。」此外，「有權有勢者，務必讓自己是因淵博知識和仁慈善心而受尊崇。」[7]

換言之，別只看到自己，要去注意別人的存在。這個主題反覆出現在普塔霍特普的箴言中，比如說，他勸告為人丈夫的，要以舒緩按摩膏、綾羅綢緞和關注鍾愛來呵護妻子。他呼籲在上位者要以耐心來對待下屬，讓他們暢所欲言，不加阻止。「傾聽他人懇求時，務必和藹體恤。」（他強調，當別人抱怨時，我們該安靜聆聽。從他這種呼籲來看，埃及第五王朝的君王很有可能脾氣暴躁，視道德於無物。）他建議有權有勢者，要留下深富同情心的形象和餘澤，讓後人得以受惠並學習。「別因自己博學多聞，才華洋溢而驕傲自滿；跟市井愚夫交談時，態度該如與賢智人士為伍。」他寫道。

時代巨輪往前滾動，但人類珍視的美德並沒改變太多。亙古以來，普塔霍特普的箴言依舊鏗鏘迴盪，即便傳播箴言的媒體日新月異，從莎草紙到羊皮紙，又從書籍至影片。這位埃及官員呼籲社交場合必須對他人的存在保持敏銳度，這項呼籲廣為各方採納，從古雅典、文藝復興時期的義大利，到維吉尼亞殖民地⚜。當時仍是少年的美國前總統華盛頓，拿一大張紙，寫下了《與人相處和談話中的文明守則與得體行為之準則》（*Rules of Civility and Decent Behaviour in Company and Conversation*），做為學校功課。華盛頓終身奉行的這一百一十條準則可說是一六四〇年英國耶穌會會士法蘭西斯・霍金斯（Francis Hawkins）那本《年輕人行為或成人交談之得體準則》（*Youths Behaviour, or, Decency in Conversation Amongst Men*）的簡要版。霍金斯的準則譯自於十六世紀法國耶穌會對教徒的規範，而法國耶穌會的這些規範很可能是借自古典時期的宮廷禮節。這些關於為人處世的規範，歷史悠久可媲美尼羅河，其帶給世人的文化滋養也如尼羅河滋養埃及人。

「別剛愎自用。」華盛頓的守則第六十六條以這個古典成語來形容那些固執頑強的人。「待人要親切友善，謙恭有禮。」第七十條則說：「別指責他人的疏失。」第

⚜大英帝國於一六二四年在美國當今的維吉尼亞州一帶，所建立的第一個殖民地。

一百零五條：「別在餐桌上發怒，不管發生何事。」

至於普塔霍特普那些必然根植於更古老年代的準則，則充分表達出為人處世該有的理想樣貌，也就是人與人之間應該和樂融融，避免嫌隙摩擦。打從有歷史記載起，人類就渴望這樣的狀態，所以才會深受優雅所吸引，因為優雅代表的正是一種圓滿，能讓人類最高貴的渴慕和行為達到和諧狀態。

追尋這種完美的和諧狀態不僅能激勵上位者和王公貴族表現出更良善優雅的舉止，也能敦促中上階級者在公與私領域方面的行為。而電影《費城故事》裡就處處可見這樣的行事準則，如劇中的父親就跟普塔霍特普一樣，對女兒做了以下的教誨。「妳聰明美麗，肢體靈巧，」扮演睿智父親的約翰・哈利代（John Halliday）對他那伶牙俐嘴的高傲女兒（凱薩琳・赫本飾）說：「妳有資格成為一個人見人愛的女孩，唯獨欠缺最重要的一樣：一顆善體人意的心。」

在電影中，卡萊・葛倫是赫本心目中最理想的陪襯者，因為他具備了一個好男人所有的條件：健全的心智、靈巧的肢體，以及最重要的，有一顆善解人意的心。由此可見，無論是古代、好萊塢的黃金年代，或當前時代，這三種特質正是優雅最基本的要素。

我們活在一個我稱為「優雅空白」（the grace gap）的年代。現代人生活匆忙，眼睛和耳朵只專注在手邊的電子產品上，常常心不在焉，無暇注意我們的肢體動作和情緒對旁人造成何種影響。這種高度競爭、缺乏耐心的碎裂社會，在許多方面讓人無法表現得彬彬有禮，善體人意。尤其流行文化助長了羞辱與衝突所帶給人的快感，使得「我能感受到你的痛苦」變成老掉牙的落伍想法，甚至被視為一種瞎話。近期的社會文化研究者發現，現代年輕人善體人意的能力大幅下降，自戀的情況卻相對地大幅增加。二〇一〇年美國密西根大學所做的一項研究發現，大學生善體人意的能力比三十年前減少百分之四十，下降最遽的時期是二十一世紀初。[8] 另外一項實驗發現，上層階級的人較容易患有「移情缺失」症，也就是說，愈有錢的人，愈無法精準解讀別人的情緒[9]，沒有能力設身處地為人著想，也無法超越眼前現況，了解其行為對大局所造成的影響。

我們對優雅二字的聯想通常局限於上流情境，如皇室婚禮、國宴、劇院等，以為它指的是高貴的教養，只適用於美國前總統夫人賈桂琳・甘迺迪・歐納西斯（Jakie Kennedy Onassis）這樣的人——賈桂琳的社會地位要求她必須給人留下精心打造過的完美印象。的確，這樣的形象會讓人印象深刻，因為這種優雅有一種冰冷光亮的質地，就像珍珠的表面，讓人過目難忘。

然而，這種裝飾性的優雅對我等凡夫俗女沒有多大用處。

十六世紀末的義大利畫家卡拉瓦喬（Caravaggio）非常偉大，堅持以真實生活為創作主題，所以他的畫風生氣蓬勃，能量躍動，畫筆下的十七世紀聖人各個不修邊幅，赤腳沾著泥土，極為寫實。此外，他畫的人物有些很年輕，還頗性感，比如他會以他所認識且獨鍾的妓女為模特兒，替她們作畫。這些女人的優雅帶著人生風雨的歷練，有點肉欲，有點缺陷，是一種敞開自己，擁抱生命所淬鍊出的優雅。這種經歷人生的酸甜苦辣才培養出來的優雅，最能吸引我。如果造訪美國汽車工業城底特律，把六〇年代民權運動相關的重要地標走一遍，或者觀賞一場雜耍喜劇團的演出，你就能見到這種昇華自艱困人生的優雅。而那些在搖滾演唱會搭建舞台、爬到高處懸吊燈光的勇敢工作人員，或是在網球場上、郊區的街角，以及專為帕金森氏症患者所開設的舞蹈課堂，也都見得到這種優雅。

這些場域的優雅——以及科學進展所提供的肢體協助——對笨手笨腳的人來說，不啻一大福音，因為這證明了優雅人人皆可為。透過練習，任何人都能培養出優雅的技巧。

然而，優雅的背後也隱藏著某種東西，這東西經常被忽略，有時就算隱約可以感覺到，也難以明說那是什麼東西。「美的最極致且最高貴面向，就是優雅。」影響深遠的十八世紀蘇格蘭哲學家托馬斯・里德（Thomas Reid）說道：「惟筆者認為優雅難以定義。」對事物下定義是哲學家擅長的事，為何里德碰到優雅就沒轍？

我寫這本書的目的是找出優雅，並好好檢視它。察覺別人的優雅可以讓我們感同身受他們的悠然自在，享受他們的朝氣活力，並且與之和諧互動，來呼應他們，即便他們的優雅是我們想像出來的。但就算如此，光是靠著我們自己想像的優雅，就能創造出奇蹟似的改變。人類是天生的模仿動物，當我們愈關注優雅，就愈能變成優雅的人。下一步就是實踐的問題了。如果可以培養從容自在的舉止與自制力，給予他人溫暖，我們就有可能走起路來宛如葛麗泰・嘉寶。

第三步就是學著心甘情願地接受人生（起碼別表現得那麼痛苦），並開始關懷你身邊的人。

優雅——我說的是那種存在於日常生活，真真實實，能讓人解除武裝的優雅——是有試煉要面對的。最明顯的試煉就是當人生走到低谷，一無所有時。其實，光「留意」這麼一個簡單的動作，就能彰顯出優雅，因為藉由留意，你會看見一些關鍵時刻，像是某些細微的改變、隱而不顯的精心安排，或是不在預期內的體諒理解。因此，我們必須用心去看。

或者，講白了說，就是注視。把**注視**這個詞加以拆解，意思就是「關注地看」。

也就是說，不只是看，而且要看進去，用身體去感受，宛如看著小寶寶奶油黃的溫暖柔髮時那樣專注，彷彿要將那畫面喝進去，吸進去一般。優雅的舉動，就是由內而外所湧現的感受。

透過這本書，讓我們去注視周遭種種優雅舉動，去檢視優雅這種待人處世的藝術，去探討優雅是如何一代傳承一代。此外，我們也可以留意名人的優雅、踉蹌跌倒時的優雅，並研究雕塑、繪畫、舞蹈、科學和神學裡的優雅。現在，我就要從一個人的優雅開始談起，這個人在優雅主題上帶給我的啟發，遠甚於我在《天鵝湖》（*Swan Lakes*）舞劇中看過的任何一位芭蕾舞者。

第一部

綜觀優雅

Part 1

A Panoramic View of Grace

卡萊・葛倫善用一個永恆真理：
沒有什麼能像身體語言那麼犀利地傳遞訊息，
人的一舉一動都在訴說著故事。

第一章

值得懷念的才能
為何卡萊・葛倫能成為優雅的化身

身體是靈魂的最佳寫照。

——哲學家維根斯坦（Ludwig Wittgenstein）

希區考克一九五九年那部膾炙人口的驚悚片《北西北》利用男主角躲過農用飛機的追殺，把觀眾帶到主場景拉什莫爾山的山頂。而整個故事，則是以最平凡無奇的基本畫面揭開序幕：一個人走在走廊上。

然而，由於這個人是卡萊・葛倫，所以原本平凡的一幕變得一點都不平凡。[1]他跨出的第一步，步履輕盈，步幅頗大，節奏穩定的腳步聲帶給人決心、明確且高效率的感覺。我們看著他步出電梯，走向馬路，一邊跟身邊的祕書口述他要寫的信件內容。葛倫在該片飾演一位名叫羅傑・桑希爾（Roger Thornhill）的廣告公司主管，他無須言語，單單透過肢體語言來告訴觀眾，他是一個仁慈的上司。他移動的姿勢輕鬆自在，和祕書說話時身體會朝她微傾。觀眾看得出來這位主管樂在工作，但對祕書仍維持紳士的謙恭風度。那謙謙君子的和藹氣質，帶給人如同威士忌入喉的滑順感，一舉一動都讓觀眾對他留下更深刻的印象。

在那一幕，葛倫說的話不如他的舉止來得重要，因為，真正抓住觀眾注意力的是他的動作——正如他以往都是以動作擄獲觀眾的心。他很懂得善用永恆的真理：沒有什麼能像身體語言那麼犀利地傳遞訊息，人的一舉一動都在訴說著故事。

在空間的移動方式是一種最基本的溝通形式，就像動物之間會透過氣味來溝通。人類的腦子跟所有哺乳動物一樣，天生就能察覺他人的移動。而且對多數人來說，流暢的動作就是比乍然的急切動作來得吸引人，尤其當那種流暢如此多元，出現非預期的變化時。想想自然界裡會吸引你目光的情景：平穩流動的潺潺溪水看久了讓人覺得單調乏味，但風中一片飛舞姿態千變萬化的羽毛卻會深深吸引你的注意力。

優雅的舉止就像風中飛舞的羽毛：流暢但搖曳生姿。本書所舉例的優雅動作所具有的共通特質，就是這種千變萬化的流暢性。不論演員、舞者、運動員，甚或任何人以和諧流暢的方式來做動作時，也許動作很細膩，讓人難以意識到動作的變化，但動作流暢之餘會偶現驚喜，讓你的視線隨之轉移。

身體優先。優雅能從一個人的身體移轉到另一人身上。當我們見到優雅舉止，我們的身體也會感受到那種輕鬆自在，因此優雅的人會讓身邊的人如沐春風。

葛倫具有神祕性感的深沉之美，還有那口表現出文化教養的發音，以及他在喜劇方面的天賦，都是他無庸置疑的特點。然而，我發現他最吸引人之處——我相信這也是他晚年時仍和年輕時一樣讓人百看不厭的原因——在於他的優雅肢體，以及他有能力透過細微的肢體動作讓表演流暢生動。那不只是演技，不只是身體語言，而是一種融入動作的表演，這種表演除了能被觀眾看見，還能被觀眾的身體感受到。

無論扮演什麼角色，他的肢體始終具有流暢感，就連簡單一個走路，或是把手插入口袋的動作，都是那麼豐富流暢。即便需要表現滑稽，例如跌個四腳朝天，或是在精心安排的剎那露出痛苦表情，他演起來也絕不出醜或笨拙（有誰在玉米田裡拚命奔跑時能像他那樣優雅？）就連靜靜站著，他都能透過肢體表現出他正處於警戒狀態。此外，光是把頭稍微傾向對手演員，眼神專注看著她，或者肩膀微垂地靠向對方，就能讓觀眾明確感受到他偷偷愛著她。換句話說，他有辦法以最具經濟效益的省力方式來表達各種情緒，而這點當然大獲導演的歡心。

葛倫「從不浪費螢幕上的一秒鐘，」導演艾倫・帕庫拉（Alan J. Pakula）說道——帕庫拉執導過《蘇菲的抉擇》（*Sophie's Choice*）、《大陰謀》（*All the President's Men*）等片——「每一秒鐘對他來說都是有意義的。」[2]

從葛倫的每一部片，都可以見到他優雅的肢體語言。尤其《女友星期五》（*His Girl Friday*，一九四〇年）一片更可見證他的卓越演技。在該片中，葛倫以最細膩的方式傳遞出最具說服力的演出。他所飾演的報社編輯華特・波恩（Walter Burns）和旗下的大牌記者暨前妻希爾蒂・強生（Hildy Johnson，洛絲琳・羅素Rosalind Russell飾）有多場精彩的對手戲，然而最特別的一幕是葛倫和前妻，及其未婚夫布魯斯（雷夫・貝拉米Ralph Bellamy飾）三人共進午餐——此時他仍愛著前妻——午餐席間，波恩表現得彬彬有禮，但暗自裡打算讓前妻希爾蒂看看她對未來家庭生活的憧憬有多愚蠢。

「對了，跟母親大人一起住的婚姻生活，」他一開始對前妻即將步入的婚姻生活表現得很有興趣，接著露出想咯咯笑但又壓抑住的表情，肩膀還扭了一下，而後繼續說：「和婆婆一起住在紐約州的阿爾巴尼市！」這話的嘲諷意味非常濃厚，但他卻表現得如此自然順暢，以至於布魯斯完全不察，但希爾蒂和觀眾全都感覺到了。葛倫完美地操控了那一刻。

他一步步地把觀眾的目光帶到他的肩膀上，讓我們看見他先是微蹙雙肩，接著，從頸部開始放鬆，慢慢地，穿著西裝的上半部軀體也放鬆了，這時，他透過肢體大聲而明確地傳遞出一個訊息：他認為希爾蒂要跟布魯斯結婚是非常愚蠢的決定。這個姿勢不浮誇，也沒有自戀的成分，而且是在頃刻之間發生。然而，就在這一眨眼間，反映出他這人的算計狡猾，以及這個角色對於前妻即將再婚的感受。那自然流暢到幾乎難以察覺的肌肉扭動，就像回音，迴盪在空氣中，讓葛倫和劇中前妻及我們的四周，都出現了一股震顫的情緒電流。

從那一幕，你可以讀出他的潛意識，因為他的內在想法清楚投射在肢體動作上。葛倫的厲害之處就在於他可以不透過語言，而是利用流暢如舞蹈的肢體動作，迅速且細膩地告訴觀眾他的心理狀態。這種表達方式的力道，遠比言語還強。

《女友星期五》的導演是活力十足的霍華・霍克斯（Howard Hawks），葛倫能以這麼豐富奔放的肢體語言來詮釋這個角色，導演霍克斯可說功不可沒。他和葛倫都很能享受一連串的即興演出，因此兩人合作過五部戲，包括葛倫和瘋瘋癲癲的凱薩琳・赫本嬉鬧跌在地上的《育嬰奇譚》，以及《天使之翼》（*Only Angels Have Wings*）、《戰地新娘》（*I Was a Male War Bride*），和《妙藥春情》（*Monkey Business*）。然而，遠在進入好萊塢之前，葛倫就很瞭解優雅肢體的威力，以及流暢自然、輕鬆不費力的肢體表演有多麼震懾人心。

優雅是葛倫脫離早年艱困生活的一帖良方。本名阿齊博爾德・李奇（Archibald Leach）的葛倫一九〇四年出生於英國布里斯托市（Bristol），是家中獨子，九歲時母親沒留下隻字片語即離家失蹤。其實之前他的父親就曾把母親送到精神病院，而她失蹤時，父親並未告訴兒子原因，直到數十年後才吐露真相。

因此葛倫擁有的是一個謎團懸而無解，孤獨哀傷的童年，他只能幻想著偷溜上蒸汽船，離開布里斯托碼頭。終於，他逃離家鄉的夢想成真了，但他並非搭上蒸汽船，而是進入新開幕的希波德羅姆劇院（Hippodrome）擔任後台工作人員——當時該劇院主要的演出節目是綜藝秀和滑稽劇。那時，還不滿十三歲的葛倫投奔那群成天開開心心的同事，即便他們都是社會邊緣人，只能淪落到劇團打雜工。多虧他們的協助，葛倫在劇場裡打造出新的人生。

在當年，雜耍劇場裡的台柱就是雜耍演員，因此已經十四歲的葛倫決定加入名為「歡鬧喜劇社」（Knockabout Comedians）的雜耍團，團主是鮑勃·潘德（Bob Pender）。（該團在一九一三年的訓練手冊《如何進入雜耍綜藝圈：完整圖解指導手冊》中提到，雜耍團的主秀是打諢插科，而該手冊對打諢插科的描述，正好替葛倫拍過的許多影片下了完整扼要的註解：「從頭到尾多多少少要有一些劇情，嘻笑怒罵的內容要能引人發噱。對白慧黠具原創性，動作應敏捷連貫。」[3]）團主潘德本身是著名的小丑，他的妻子曾在巴黎著名夜總會「女神遊樂廳」（Folies Bergères）表演芭蕾。葛倫從這對夫妻身上學到如何訓練肢體，如何不費一言一語，只利用身體來說故事。

「跟著劇團在英國巡迴演出的那段期間，我開始學會欣賞啞劇這門表演藝術。」多年後葛倫在他的自傳中寫道：

> 我們的表演沒有對白。每一天，站在幾乎空無一物的舞台上，我們在專業教練鮑勃・潘德的指導下，不只學習跳舞、翻跟斗、踩高蹺，還學習如何不藉由言語來表達情緒或意義。如何在靜默中利用最少的動作和表達方式，來跟觀眾溝通，以及如何立即而精準地催化觀眾的反應，不管是笑聲或淚水。而當今最偉大的啞劇演員甚至有能力讓觀眾同時又哭又笑。[4]

「讓人意想不到的是，希區考克竟然是所有啞劇演員當中，表演手法最細膩的。」葛倫對這位跟他合作過四部影片的導演下了這樣的註解。他們倆合作的這四部電影全是經典之作，包括《深閨疑雲》（*Suspicion*）、《美人計》（*Notorious*）、《捉賊記》和《北西北》，尤其《北西北》可說是兩人的巔峰之作。希區考克在處理非語言方面，技巧著實精湛，畢竟他的電影生涯源自情緒張力十足的默片。對動作和節奏極度敏銳的他，可說是一位兼具舞蹈和編導身分的電影導演。

然而，葛倫明白光有肢體技巧還不夠。為了讓自己的演技出類拔萃，他還必須設法讓肢體動作看來一派輕鬆自然。所以他很努力地學習仿效那些優秀的表演者。

「我坐在劇院的包廂裡，仔細觀察並讚歎每齣戲的主角，佩服他們一定經過長久練習，勤奮專注，才能在最精準的時間點做出每個動作，而且散發出一股由內而外的自信。他們絕對下了一番功夫才能演來看似不費吹灰之力。」葛倫在自傳中寫道：「於是，我努力讓我做的每件事至少看起來很輕鬆，或許先從輕鬆的儀態開始做起，最後就能由內而外地表現出輕鬆自在。」

一九二〇年，葛倫和團長潘德抵達紐約市，該劇團被安排在獨輪車、魔術師和小丑之間穿插演出。那是一段訓練不停的日子，台上台下皆然。劇團裡的所有人，包括主角或小配角，全都得按表操課。葛倫住在衛浴共用的廉價公寓裡，自己洗衣燙衣。如果幸運遇上知名喜劇演員夫妻檔喬治・伯恩斯（George Burns）和葛蕾西・艾倫（Gracie Allen）至紐約演出，葛倫就會在後台認真觀摩他們引爆笑點的時機，也學著在沒彩排的情況下頂替別人出場，不假思索地即興演出。他跟著劇團巡迴全美，最後潘德返回英國，但葛倫決定留下來。

終於，他到了好萊塢，為自己取了個新名字後，找到自己的舞台，變成大明星。然而，他並未因此揚棄他從歌舞雜耍訓練當中學到的功課：優雅來自於辛勤的準備。他的一舉一動之所以輕鬆自在，都是透過勤奮練習，以及在包廂裡專注觀摩所得來的成果。葛倫的優雅以許多方式呈現：在《休假日》裡後空翻，以贏得凱薩琳・赫本（對，女主角又是她）的青睞。還有，在《真相大白》（*The Awful Truth*）片中假裝跌個四腳朝天，以便當場抓到即將和他離婚，但未離就迫不及待紅杏出牆的妻子。在《主教之妻》（*The Bishop's Wife*）中，他透過泰然自若，超凡冷靜，以及滑翔般的姿態現身，利用細膩微妙的肢體動作來說服觀眾，他不是破壞別人家庭的姦夫，而是一個從天堂來到人間的真天使，跟洛麗泰・楊（Loretta Young）所飾演的主教妻子發展出柏拉圖式的純友誼，帶著長期被丈夫冷落的她去溜冰，還買了頂帽子送她。在《燕雀香巢》（*Mr. Blandings Builds His Dream House*）中，他踉蹌的走路姿態清楚表露出凡夫俗子的脆弱，此外，他還藉由身軀中段的沉垂感，來表現中產階級每天受到的傷害和屈辱就如同落塵，一點一滴地堆積在男人的肩頭。

葛倫的優雅除了展現在一連串無意識的自發行動中——這點鼓舞了導演霍華・霍克斯，讓他放心放手隨葛倫發揮——也展現在他從頭到腳、永遠協調、總是掌控得宜的肢體上。他把早年精湛純熟的雜耍本事轉化成更細膩的表演風格，這種不費吹灰之力的演技雖然內斂低調，卻非被動消極。不管他所飾演的角色是多麼漫不經心的人，葛倫的演出總能展現出肢體的能量。這種敏捷的肢體能量就源於曾身為雜耍演員的他、那有如貓咪般的靈活身軀，以及對於肢體表演的熱愛，此外，他更長年學習如何透過身體吸引現場觀眾的注意力。

就連處於靜止狀態，葛倫都能讓我們目不轉睛。在《金玉盟》（*An Affair to Remember*）這部電影裡，黛博拉・蔻兒（Deborah Kerr）所飾演的女主角因為發生車禍，無法去跟她朝思暮想的葛倫約會，自尊心極強的她，不願葛倫知道她因車禍而半殘，所以決定不給他任何解釋，就無故於他的生命中消失。葛倫因此失魂落魄，像一隻受傷的猛獸，外表故作堅強，內心開始退縮，並相信自己被夢寐以求的女人給拋棄了。直到多年後，兩人再次重逢。

重逢時，葛倫起初語氣爽朗，對蔻兒說話還帶點譏刺意味，但話說到一半，他卻忽然打住，因為就在剎那間，他成功拼湊出蔻兒不告而別的原因了，就這樣，他多年來的自怨自艾戛然消失。在那痛苦的瞬間，他豁然開朗。這些內心轉折，你可以從他那交織著頓悟、悔恨和無限愛意的表情，以及他立刻奔向她身邊的舉動看得清清楚楚。就在我們眼前，葛倫展現了瞬間的優雅。在受傷的自尊跟重新喚醒的道德感相互衝擊的那一刻，他變了。通常，我在戲院裡稱得上是鐵石心腸，即便全場觀眾已經熱淚盈眶，我也很難看到哽咽。然而看到這一幕時，連我都感動得掉淚了。

我沒看過電視或電影中有哪一幕能如同這一幕，以這麼簡約樸素，低調安靜的方式來呈現恍然大悟的一刻。很多演員會利用一種操控自如的空白表情來表現這種頓悟，但那種表情只會讓觀眾納悶，他是在演哪齣內心戲啊。這種表現方式確實能吸引人，比如蒙哥馬利・克利夫特（Montgomery Clift）、保羅・紐曼（Paul Newman）這類演員走的就是這種風格，然而，它卻無法對觀眾產生具穿透性的立即溝通，也無法把那種用全身去演出並淬鍊後所產出的精準情緒，明確地轉移給觀眾——這種具穿透性的立即溝通，只有那些歷經某種深刻情緒體驗時仍能保持優雅的演員才能辦到。由於這種淬鍊後的情緒是透過最精簡的途徑，也就是身體表情來傳達，所以觀眾的身體也能感受到演員的那種情緒。

又如電影《日正當中》（*High Noon*），賈利・古柏（Gary Cooper）以急切煩躁的步伐走在鎮上，前往教堂對做禮拜的信徒召集民兵，不料沒人願意挺身而出，找不到幫手的他，拖著痛苦的步伐慢慢往回走，沒說一句話，但他的舉動清楚表達出他內心的沉重。光是看他那樣，連觀眾都跟著心痛了。

希區考克很擅長利用卡萊・葛倫的優雅肢體，尤其《北西北》更讓葛倫的肢體演技發揮到極致。這部電影節奏緊湊，情緒張力很高，劇情一步步展開，就像一齣完整的芭蕾舞劇。電影片頭的騷動音樂帶出著名作曲家伯納德・赫爾曼（Bernard Herrmann）做的配樂，劇情以古典芭蕾的結構逐漸開展，一開始是簡單畫面，慢慢地，一群體健敏捷的芭蕾舞者集結，圍繞著一組舞藝精湛但表演含蓄內斂的雙人舞者，接著，最精彩的高潮出現了——葛倫一個人做出了高難度的轉身動作。

在電影裡，這位心地善良的廣告公司高階主管所做的高難度轉身動作，就是在玉米田裡死命奔跑，閃躲農用飛機的追殺。他急促的步態和緊繃的身軀清楚告訴觀眾他有多迷惘，不解自己為何就像掉入陷阱般，即便他的人是處在一片遼闊的天空下。他張開雙臂，整個人敏捷地往黃土地面撲倒的動作，優雅到恐怕連俄羅斯知名芭蕾舞者米哈伊爾・巴瑞辛尼可夫（Mikhail Baryshnikov）都為之欽羨。另一幕，伊娃・瑪莉・桑特朝他開槍後，他踮起腳尖，往後弓起身子的幅度更令人驚歎。喜劇、懸疑、浪漫，緊湊的節奏和曲折的情節，全都透過他精實靈活的身軀表現了出來。

* * *

藝術家、詩人和自古以來的偉大思想家，都有一種深具魅力和吸引力的優雅氣質。文學家愛默生（Ralph Waldo Emerson）寫道：「不具優雅的美，就像釣魚桿沒裝上魚餌。」[5]確實如此，若沒有優雅所具備的一點感官享受和悸動，美麗會變得冷淡，無法真正賞心悅目。以凱薩琳・赫本為例，我認為她的演技令人讚歎，但她並不優雅，因為她的骨感身軀或個性都無法給人任何感覺。她明豔動人，身材姣好，外柔內剛，散發出一種精心雕琢的完美，卻沒給人優雅的感覺。原因何在？因為，優雅是一種毫不費力，簡約質樸的恬靜氣質。凱薩琳・赫本氣勢凌人，鋒芒犀利，對演技操控自如，但不夠輕鬆自在。她在電影中給人最深刻的印象是明快俐落的性格，就像輕快的門鈴聲，也像一艘乘風破浪的小艇。

現在，來看看另一個也姓赫本的明星。奧黛莉・赫本那纖瘦的身軀傳遞一種敏銳和自在，能帶給人溫暖，而且她在螢幕上的聆聽表情一看就是真的用心傾聽。此外，她有能力透過五官和協調良好的舞者身軀來表現她的同理心——這也是一種優雅之舉。十九世紀的英國文評家威廉・赫茲利特（William Hazlitt）所定義的女性優雅，恰恰符合這位以《第凡內早餐》（*Breakfast at Tiffany*）聞名於世的女星。赫茲利特認為，女性的優雅「是一種性格上習有的豐盈狀態，這種狀態乃蘊藏於自身的感官體驗，也就是能自得其樂，此外，也能從外界汲取快樂，這樣的性格比其他的吸引力更讓人難以抗拒。」[6]身材頎長、苗條纖細的奧黛莉確實具有一種樸質的優雅氣質，就像北歐的家具。她的身材不豐滿，卻有著豐盈的個性，加上一雙靈動的大眼與純真的熱情，讓人深信她的五官六感全都敞開、熱情地燃燒著，而且不帶任何價值判斷地活在當下。優雅能讓美麗變得有溫度，讓美麗變得難以抗拒，因為優雅是一種追尋快樂、寬厚仁慈的開放狀態：這就是豐盈。因此，我們會覺得優雅的人能帶給我們某種東西，

奧黛莉・赫本帶有溫度的優雅氣質。

讓我們和他人有所連結，即便這是我們自己想像出來的，但真正的優雅就是能給人這種感覺。

有一次，我和《西城故事》的女主角麗塔・莫瑞諾（Rita Moreno）共進午餐。[7]一見到她，我立刻被她的優雅所吸引：即便八十二高齡，她走起路來仍如舞者般從容流暢。演藝生涯數十載之後，這種優雅已經內化成一種本能，下意識就能表現出來，而起始點就是替她贏得奧斯卡最佳女配角的角色安妮塔。在歌舞片《西城故事》裡，安妮塔這位反應敏捷，個性剛烈，充滿自信的波多黎各裔女孩曾差點被強暴，還經歷了男友死亡等諸多衝擊。當年的演員多半作古了，麗塔・莫瑞諾是少數可以回憶當年演戲、唱歌、跳舞的人。那時候，優雅的肢體是從事這一行的必要條件之一。

午餐巔峰時間，我們坐在華盛頓市中心的靠窗桌位，聊著當年《西城故事》的跳舞場景歷經了多少困難才拍攝完成，這時，她忽然起身跳了一段給我看。她化身成劇中角色安妮塔——顯然她沒忘記這些舞步——以碎步一路跳到我們桌位旁邊的小台階，然後抓起褲子，假裝撩起安妮塔的那件紫裙，開始唱起電影中那段摩斯密碼的爵士歌曲：「搭—搭—搭，搭—搭—搭，搭—搭—搭！」她踩著階梯的步伐俐落又輕盈，肩膀扭動搖擺。「砰—砰—砰！」莫瑞諾的一腳往旁邊一掃，頭往後一甩，重現劇中安妮塔那爆炸性的迴旋踢，這時另一腳仍得跟上音樂節奏。

這就是豐盈！她聳起肩膀，嘴唇哼著「呀－塔塔，呀－塔塔」，穿著涼鞋的腳往前點又往後挪，像小魚兒般靈巧跳動。我看得如癡如醉，就算沒喝酒，也醉在她的優雅中。我想，她自己也陶醉其中了。她停下動作後，細框眼鏡後方的雙眼睜得大大，臉頰紅通通。

「我們變成上古時代的恐龍了啊，」麗塔・莫瑞諾說，動作流暢地返回位子上。「喬爾・格列（Joel Grey）、我，還有琪塔。」她說的是琪塔・里薇拉（Chita Rivera），百老匯歌舞劇版本的《西城故事》，就是由她飾演安妮塔。「真的像消失已久的恐龍，因為現在已經沒人像我們這樣，又跳又唱又演。現在，大家都術業有專攻。」

我問她，現代的表演者氣短了，動作也不優雅，這是不是意謂著現在的表演失去了什麼東西。她望向窗戶好一會兒才說：「音樂劇演員最大的特色是肢體的靈活度，而肢體靈活的先決條件是充分認識自己的身體。」她的視線也從窗戶回到我身上。「很多演員笨手笨腳的，肢體很不靈活。我認為，他們應該趁著年輕，趕緊在自己的肢體下功夫，因為這點非常重要，能讓他們對身體有截然不同的看法，感受到真正的演員是如何移動的。克里斯多夫・華肯（Christopher Walken）就很厲害吧？他每一舉手投足都讓人讚歎，他的肢體語言如此精準，如此豐富。我想，這正是因為他非常了解自己的身體，而這正是許多表演者所欠缺的，他們的肢體僵硬到不行。」

我非常同意她對華肯的看法。華肯原本是舞者，後來進了歌舞劇院，最後登上大螢幕，但他身為舞者時的運動細胞始終存在，因此能在史提夫・馬丁（Steve martin）的《天降財神》（*Pennies from Heaven*）中連續跳上一大段踢踏舞。不論飾演壞人或好人，他都能充分利用他訓練有素、表情豐富的肢體，讓表演看起來輕鬆自如，完全融入角色中，這點相當讓人讚歎，但也很可怕，尤其當他演的是大壞蛋時。

就連現場演出的舞台劇也忽略了肢體。「聽到演員說，演戲的重點是口白，我驚訝不已。」以百老匯音樂劇《曾經》（*Once*）榮獲音樂劇最高榮譽東尼獎的英國導演約翰・提夫尼（John Tiffany）說道。他告訴我，他對靈活肢體語言的要求不僅適用於浪漫音樂劇，如音樂劇《曾經》，也適用於戰爭劇，像是同樣由他所執導，描述蘇格蘭士兵前往伊拉克打仗的故事《黑色兵團》（*Black Watch*），而他之所以這麼堅持，乃是因為「在劇院演出，就要像運動員，像音樂家。不只音樂劇如此，也不只百老匯適用，每個劇院都應該對演員有這種要求。」

如果說連現場演出的劇院都很難見到肢體的行動藝術面，遑論電影圈了。尤其近期的電影，幾乎見不到男性的優雅了，只剩下身材勇健，野心勃勃的男性，或者肩膀垂垮的善良好男人。現在的演員不像早期拍電影，要接受舞蹈和肢體的正式訓練。大約半世紀前，影劇圈開始流行從心理分析的角度來訓練演員，各種演員工作坊和方法演技（Method acting）⚜如雨後春筍般興起。「心理寫實」（psychological realism）、內在動機，和深層的心理準備已成為表演藝術領域的趨勢，也就是說情緒面勝過了肢體面，因此演員會開始質疑導演要求的精準走位和演戲方式——也就是導演對該幕的精心編排。

希區考克在一場訪談中，談起他一九五三年的電影《懺情記》（*I Confess*），言談中抱怨演員蒙哥馬利・克利夫特，說他飾演一個被懷疑是殺人兇手的牧師，「以方法演技來演出，但情緒表達得不清不楚，」希區考克說：「有一幕，我要求他往上看，以便我從他的視角來拍攝對街的建築物。結果，這位仁兄說：『我不知道該不該往上看』……我告訴他：『如果你不往上看，我就沒辦法拍。』拍攝的整個過程他都是這種態度。」[8]

這事我也曾跟英國影評家暨歷史學家大衛・湯姆森（David Thomson）聊過——他曾寫過一本重要的著作《電影傳記新字典》（*The New Biographical Dictionary of Film*），在這本書中，他描述葛倫是「電影史上最優秀也最重要的演員。」[9]

在方法演技蔚為流行之前，「美式演技跟英式演技大同小異，都強調肢體的優雅。」湯姆森告訴我：「後來，差不多在馬龍・白蘭度（Marlon Brando）興起之時，美國演員忽然都不重視肢體的優雅了。」

⚜ 方法演技（Method acting）源自俄國導演 Stanislavsky，強調由內而外的情緒記憶，讓演員透過自身的情緒記憶來帶出其所飾演的角色他們開始身體頹垮，說話時喃喃自語，不見靈敏身軀。大致說來，二十世紀中期那一代的演員反葛倫之道而行，揚棄泰然自若的優雅舉止，而最顯著的轉捩點就是跟《熾情記》同一年出品的《亂世忠魂》（*From Here to Eternity*）。這部戲的男主角伯特·蘭卡斯特（Burt Lancaster，另譯為畢·蘭卡斯特）穿著襯衫時永遠英挺性感，畢竟他曾是體育健將，還當過高空鞦韆特技員，肌肉精壯結實，猶如岩石雕琢出來。他把肉體變成一觸即發的助燃物，所以他所飾演的華登軍士長可說渾身上下充滿了男人的原始能量。相較之下，跟他演對手戲的蒙哥馬利·克利夫特所飾演的普威特下士則耽溺於過往，沉浸在自己的世界裡，精神狀況不穩定，一心想追尋個人的真實面。蘭卡斯特跟女主角黛博拉·蔻兒在海浪中翻滾，一個波浪，一個吻，這擺明了是要透過美國式肉體表現方法來帶起劇情高潮嗎？去他媽的真實面，他們想要的是接觸，因為他們是肉體之軀，而克利夫特這位孤獨者，則代表靈魂。

「基本上，現在當道的還是強調內在情緒的演員工作坊。」湯姆森說：「他們追求內在的真實面，揚棄優雅與清晰表達的演技，換句話說，演員追求的是一種更彆扭的個人真實面向。」

二十世紀中葉之前的演員，尤其是藝術電影類的，比現在更注意外在儀態，也更注重細節，並且有技巧地用它來表達其所飾演角色豐富複雜的個性。演員被欣賞，不只是因為其出眾的外貌，更因為他們舉手投足的模樣，以及他們展現自己的方式。肢體的優雅反映的是內在的優雅。亨弗萊・鮑嘉（Humphrey Bogart）和詹姆斯・卡格尼（James Cagney）兩位都擁有完美精準的肢體動作。鮑嘉最為人稱道的是他極為搶眼的走路姿勢。卡格尼則是訓練有素的踢踏舞者，可以跳得非常快，非常輕盈，在他飾演的幫派分子角色中，他也用踢踏舞這招來震懾對方。你知道他有辦法在心跳的瞬間擄獲目光。

洛琳・白考兒（Lauren Bacall）的優雅帶著膽識，因為她是由兩位堅強的女人所扶養長大的——母親和外婆是移民到美國的猶太人——所以，除了具有美豔外貌，她還給人一種強悍的感覺，一句嘶啞的話語就能讓人覺得她既直率又性感，比如她在電影《逃亡》（*To Have and Have Not*）中的經典台詞「你知道怎麼吹口哨吧？史蒂夫？」（"You know how to whistle, don't you, Steve?"）每次想到她，你的腦海自然會浮現她的移動姿態，她那舞者般的纖細身軀是如何在神不知鬼不覺之間掌控周圍環境。她很努力琢磨演技，一舉一動皆是藝術：她抽菸的樣子、挑眉、抬下巴，在房間裡靜靜地移動、轉身。但她對裝腔作勢極為不屑，並抗拒好萊塢對她的要求，如把眉毛修細、把牙齒整直。她不曾對她的小胸脯動手腳，設法加大它，也不會隱藏臉上的皺紋。她不喜歡自己的藝名，跟朋友在一起時她就變回貝蒂——這是母親為她取的名。白考兒自在地接納自己，不渴求掌聲，但也不畏懼鏡頭，即便晚年遲暮時也始終如一。（這是優雅的最深刻表現：她讓我們看見，一個人可以帶著尊嚴和笑紋，優雅地老去，對生命保持熱情，直到闔眼。）

義大利演員馬切洛・馬斯楚安尼（Marcello Mastroianni）以其貴族般的外貌及黑色喜劇風格，被譽為義大利的卡萊・葛倫。他的舉止從容自在，流暢自然，但他的不羈淡定其實也帶著一種超然，彷彿他的腦子裡播放著音樂，把他的思緒帶向遠方。

「目光必須流轉。」傳奇時尚編輯黛安娜・佛里蘭（Diana Vreeland）曾如此說道。她知道諸如照片等任何平面圖像都必須呈現出律動的感覺，才能吸引讀者的目光，所以模特兒的眼神必須傳遞出想要移動的感覺。你愈被視覺上的驚歎所引誘——無論是透過一種有節奏的吸引力，或是突兀的並置事物——你就愈能感受到眼神移動的重要性。電影也是一樣。演員若能把整個身體當成畫布般揮灑，一點一滴呈現出該角色的性格轉折，觀眾就愈能從他們身上看到更多東西，也因此更能享受電影。

這是我在觀賞克勞黛・考爾白（Claudette Colbert）的演出時所體會出來的感想。這位出生於法國而後移民到美國的女星在一九三〇到四〇年代紅透半邊天，她堅持鏡頭只能從她的左邊拍攝，因為她認為她的左半邊較美。因此，有她出現的場景都得事先精心安排走位，才能符合她這項原則。我看她演的片子（最著名的是《一夜風流》

It Happened One Night）時，滿腦子想的都是為了能完美呈現她的外表，某一幕的拍攝現場氣氛一定很緊張。在我認為，她那種只看到自己外貌的態度，一點都不優雅。

或許，我們不能怪克勞黛・考爾白以完美主義的眼光來嚴格要求細節。畢竟，法國人向來以注重細節聞名。不過，就算是法國演員，也可以優雅地敞開心胸，因時制宜。看看尚—保羅・貝爾蒙多（Jean-Paul Belmondo）在一九六〇年那部具有標竿意義的電影《斷了氣》（*Breathless*，法文片名是*A Bout De Soufflé*）當中的表現。[10]這部電影之所以具標竿意義，是因為它以一鏡到底的長鏡頭來拍攝一個惡棍在巴黎街頭無止盡地奔跑，這種意識流的自發形式開啟了「法國新浪潮」這種全新的電影風格。此外，這部片也可說是在頌揚主角貝爾蒙多的身體，雖然這很可能是無心插柳的結果——因為導演尚盧・高達（Jean-Luc Godard）並沒有充分利用貝爾蒙多在優雅肢體方面的天賦，比如每次高達把鏡頭拉近，拍攝他的特寫鏡頭時，反而會故意讓畫面呈現一種鬆垮感。不過，導演的某些處理方式仍然低調地顯露出主角貝爾蒙多那種無拘無束的原始優雅，比如讓他悠閒地走下樓梯、邊走邊點燃一根粗大的菸，或者昂首闊步地走過大廳，抑或是穿著內衣跟假想對手打拳擊。

貝爾蒙多或許不像葛倫那麼光鮮亮麗，也不像年輕時的馬龍・白蘭度散發出濃濃的性感魅力，但無庸置疑的是，他的表演方式非常純熟靈巧：他懂得利用身體將觀眾帶入他的性格深處，也讓觀眾納悶，他真的只是一個自認為俊帥強悍的可悲小偷嗎？他的肢體語言告訴我們，完全不是這麼一回事。

我們愛上他，不是因為他卑微的出身，也不是因為他說了什麼話或他的人生故事有多精彩（老實說，這些都乏善可陳），而是因為他的一舉一動。他展現孩子似的活力，讓人見了就愛，還有他輕盈的腳步和無拘無束的風格，都是他懷抱夢想，想到未來就興奮悸動的表現。這種高昂的樂觀心態展現在貝爾蒙多的舉手投足之間，讓觀眾清楚看到他這個角色有心、有腦，對未來有承諾，即便他的話語乍聽之下都是反話。戰後時代結束，新的十年即將在嘲諷、緊張和懷疑的社會氛圍中展開，而這正是他的強烈寫照。他胸懷壯志，昂首闊步於一個垂頽的時代，在這樣的時代，大家都相信自己有能力把世界繫在繩子上把玩，就像漫畫裡那些溜溜球專家。

頭往後微仰，擺出尊貴氣勢，貝爾蒙多自信滿滿，活力十足。當爵士的電影配樂一流洩，他就展現出最好的步姿。在戲裡，為了看起來寬肩高大，他身著過大的西裝，然而，他的流暢步伐和協調的肢體仍清楚展露自信風采。貝爾蒙多的神情帶點詹姆斯·狄恩（James Dean）的煩躁和蒙哥馬利·克利夫特的熱切，卻仍保有自己獨特的風格。他的整個身體都可以表現情緒——放鬆、外向、自由奔放——彷彿他是生命舞台上的獨舞明星。他揮拳打鏡子時，你可以感覺到他的亢奮，因為當下他覺得自己整個人煥然一新，朝氣蓬勃，性感誘人。

直到我開始研究葛倫，我才能以全新的眼光來充分欣賞貝爾蒙多等演員，也才能辨別哪些演員可以像葛倫那樣，從舞者的角度來深刻了解其所飾演的角色，並且體認到演技不只是情緒表現，其實也是一種肢體表達，也才能辨識出哪些演員在演藝生涯中能真正傳遞出葛倫那種對於肢體的智慧。穿著正式西裝禮服的喬治・克隆尼（George Clooney）常被喻為葛倫的接班人，因為他同樣具有敏銳的肢體覺察力，只不過他的表達方式與葛倫截然不同。葛倫有一種內斂和神祕感，讓人不斷猜測他的想法，企圖找尋蛛絲馬跡來驗證自己的揣想，而克隆尼則是單刀直入型，更傾向克拉克・蓋博（Clark Gable）的風格——率性、急躁、大剌剌地展現陽剛氣質。

丹佐・華盛頓（Danzel Washington）對表演的優雅也有極為深刻的了解。在名導演史派克・李（Spike Lee）的《臥底》（*Inside Man*）中，優雅的肢體動作讓他所飾演的人質談判專家更貼近真實，因為他流暢的一舉一動全都在自己的掌控中，或者起碼他自己是這麼認為的。而且即便是精神病患者，也都會真的相信他確實是這方面的專家。丹佐在肢體方面的細膩表現，以及對這行專家該有的風格下了功夫做了研究，讓我們忍不住把目光集中在他身上。他走路時那種微浮微沉、猶如飄浮似的姿態，讓人忍不住納悶，他是走在水裡，抑或穿越煙霧而行？

在《愛情不用翻譯》（*Lost in Translation*）這部本質上探討能量的電影中，主角比爾・莫瑞（Bill Murray）出神入化的內斂演技，其實骨子裡就是葛倫那種無入而不自得的精神。高低能量穿插呈現：東京夜生活的沸沸爵士，相對於促成莫瑞和史嘉蕾・喬韓森（Scarlett Johansson）彼此認識的慵睏尷尬。然而，這兩個不適應異地文化的天涯淪落人之所以在旅館產生交集，不只是因為失眠，而是因為他們的生命節奏同樣處於迷茫無力的慢轉狀態。

莫瑞透過他不疾不徐、緩慢樸實的優雅和倦懶的體態，創造出一個可以讓觀眾信賴的角色，給人一種自信、謙虛且睿智的感覺。相較於喬韓森所飾演的年輕妻子，受到丈夫忽視，慢慢地尋求自己在世界中的定位，莫瑞這個坦然接受自己已過氣的明星反而是自信的表率。當他吐露自己之所以成熟內斂的祕訣時，其實也捕捉到了優雅行於世的精髓：「愈知道自己要什麼，就愈不受外界影響。」

廣受歡迎的英國電視影集《唐頓莊園》（*Downton Abbey*）透過虛構的王公貴族之家及其傭僕，讓觀眾看到，在劇中所設定的後愛德華年代⚜及當時的社會階級來說，優雅舉止有多重要。彼時，甚至以束腹緊身衣來鼓勵（或者該說強迫）該有的儀態。隨著劇情內容進入一九二〇年代——寬鬆直線條的衣服成為時尚焦點——劇中的女演員依然保持肩頸挺直的儀態，讓寬鬆的華服呈現適當的飄逸感，也讓綾羅綢緞、鑲絲飾

⚜這是指英國國王愛德華七世執政的一九〇一至一九一〇年後的時代。

珠的晚禮服出現該有的褶襇。禮儀意謂著就坐時脊椎不能碰觸到椅背，至於低頭垂肩等無精打采的姿態乃禁止之列，所以，無論男女老少，入坐時一律抬頭挺胸，身體微微前傾，看起來靈巧有活力。劇中演員對這些肢體細節的掌握也延伸到飯廳以外的場所：主角考利家族的成員在他們位於約克郡的豪華園邸漫步時，各個恬靜從容，就連那些端著肉凍和布丁、疾步而行的僕人也會設法讓舉止抱持低調，不顯急躁。

甚至是平民百姓，也能展現上流階級的尊貴優雅。比如戲裡的管家休斯太太在蘇格蘭演員菲莉斯・洛根（Phyllis Logan）那素樸卻能引起共鳴的詮釋下，永遠從容鎮定。她以點到為止的精湛演技讓這位好心腸且從不慌亂的角色變得激勵人心。休斯太太毋須言語，光是她的出現就足以服人，比如當她靜靜地從走廊以輕盈步伐大步走來，一進入房間，立刻就能喚起下屬的注意力。每次家族發生危機，休斯太太總是能以沉著慈悲的眼光看著一切，這樣的態度讓人感受到她對尊貴優雅的重視。

然而，在我看來，當今的演員當中，唯有凱特・布蘭琪（Cate Blanchett）最能展現卡萊・葛倫那種讓人看了就賞心悅目的儀態，因為她的一舉一動都帶有舞者的能量。她的優雅收放自如，就算情緒爆發，也能小心翼翼地以該有的適當儀態遮掩，因此能給人靜如處子，動如脫兔的感覺。就連在劇中扮演配角——比如在《魔戒首部曲》中飾演精靈女王凱蘭崔爾（Galadriel）——她照樣以泰然自若，但極具張力的演技，讓觀眾看得目不轉睛。午夜時分那一幕，她走下樓梯時，抬頭挺胸，後背微拱，看起來彷彿是一路飄下樓，換句話說，她能以挺直身軀的飄浮姿態，來營造她的神祕深度。

她曾接受訪問，暢談她是如何詮釋《醜聞筆記》（*Notes on a Scandal*）中那個跟十五歲學生上床的老師角色。她說，她是思考這個令人反感的角色會有什麼樣的身體儀態，藉此來深入該角色的內心世界。她提到這部電影的原著小說是這樣描寫她的角色：「有舞者般的身軀，」於是布蘭琪消化這句話，呈現出一個被強烈感官欲望及痛苦所吸引的姿態。「有些女人抬頭挺胸的姿態，就是給人一種『我不惜衝向岩石，撞得粉身碎骨』的感覺。」[11]

布蘭琪除了演電影，也演舞台劇——就跟葛倫以及前文提到的優雅演員一樣，如克里斯多夫・華肯及麗塔・莫瑞諾——因此她知道如何透過肢體跟觀眾產生連結，如何把觀眾當作熟人般溝通交流，以及如何讓她的深度詮釋散發出人類特有的溫暖。看著她，就像看著一件奢侈藝術品，讓人驀然發現，原來有那麼多電影都沒掌握到演員該有的精髓。這精髓就是：演員的身體是帶著靈魂的。卡萊・葛倫所呈現出的人性深度讓我們知道，一個演員的雕琢不只透過聲音和情緒，還要透過從頭到腳的優雅。

凱特・布蘭琪在電影《藍色茉莉》（*Blue Jasmine*）中飾演落魄貴婦，從高貴優雅乃至失控發瘋，皆演得絲絲入扣，並獲得第八十六屆奧斯卡影后。

第二章

在人群中的優雅

傑・蓋茨比、艾蓮娜・羅斯福及其他東道主

能展現優雅的心境是一種極為深刻的狀態，不可能只源自身體姿態。

——十八世紀的蘇格蘭哲學家亨利・霍姆（Henry Home）

一九八一年五月，葛倫和第五任妻子芭芭拉受雷根總統之邀，前往白宮參加歡迎英國查理王子的晚宴。其他受邀之列的演員包括大衛・尼文（David Niven）及他的兒子賈米（Jamie），不過當時大衛・尼文病重無法出席，只得發文向白宮致歉，而賈米則不確定自己是否該在沒有父親陪同的情況下赴宴，畢竟他不是演員，怕自己在場會顯得太過突兀。

「別擔心。」大衛・尼文告訴兒子：「去找卡萊・葛倫，告訴他你很緊張，問他該怎麼做。」

「我就照父親的話去做，」賈米・尼文事後回想道：「結果葛倫先生聽了，彷彿

沒事般，若無其事地告訴侍者：『給我們兩大杯伏特加馬丁尼』，然後我們倆一飲而盡。」[1]

對我來說，社交場所的閒談最累人，所以我盡可能不出席，然而，我猜想，如果我出席的那個社交場合有卡萊・葛倫在，跟他閒聊時他沒論斷我，而是試著了解我，陪著我喝點小酒，那我一定不會覺得社交談話很累人。從他照顧賈米・尼文的故事就可發現，他不只是優雅的化身，也是希臘酒神戴奧尼索斯的追隨者——戴奧尼索斯是藝術的守護神，深受「美惠三女神」的喜愛，此外，與其為伍的風流倜儻之士也都是人緣極好的紳士。他們熱愛跳舞，追求肉體愉悅，經常被描述為酒不離手。

大衛・尼文顯然很有把握葛倫這位英國同胞——兩人還曾在一九四七年的電影《主教之妻》合作過——有能力且願意在那個場合幫助他的兒子創造社交奇蹟。想必，他曾在其他場合親眼見到葛倫做過類似的善舉。葛倫一眼就能掌握環境狀況，以其善體人意的好心腸和完美妥適的作法來協助尼文的兒子，伸出友誼之手，和他喝杯酒，以緩解他的緊張情緒，放鬆心情，又不會弄巧成拙，增加其困擾。葛倫可說是整場宴會中最大牌的明星，但他卻能對一個小夥子表示熱切歡迎，並以任何人都想得到的愉快方式來協助他。（那杯酒顯然是「用搖的，不要攪拌」——這句話是007電影裡的經典台詞。所有人都知道，寫出007主角詹姆士・龐德系列小說的伊恩・佛萊明

（Ian Fleming）就是從葛倫穿著正式西裝禮服，喝著馬丁尼的樣子得到靈感，才塑造出他筆下的主角模樣。）

在《大亨小傳》（*The Great Gatsby*）中，作者費茲傑羅（F. Scott Fitzgerald）筆下那位目光犀利的敘事者尼克・卡洛威（Nick Carraway）第一次遇見主角傑・蓋茨比（Jay Gatsby）時，就有類似的社交窘境。在紐約長島上以金錢堆砌起來的社交場合中，卡洛威絕對格格不入，然而，有一天他卻成為蓋茨比的座上賓，即使他跟這位傳說中的億萬富翁連見都沒見過。他急切地辨識宴會中的人，還對一名陌生人稍微抱怨了這場晚宴，沒想到，那位陌生人竟然就是東道主傑・蓋茨比本人。發現自己犯了錯的卡洛威困窘不已，任誰都能想像他肯定羞愧得滿臉紅燙，無地自容，準備看到蓋茨比面露不悅，沒想到完全相反。作者費茲傑羅透過蓋茨比的反應，來彰顯這位傳奇人物的優雅——這種優雅風範，正是這位美國最歷久彌堅的小說主角之所以偉大的祕訣：

> 他善解人意地笑笑，其實那笑不只是善解人意，而是保證你永遠可以放心的罕見笑容，這種笑容，一個人一生中只會見到四、五次。這種笑，上一秒彷彿是對著世界在笑，但下一秒就只對你笑，而且它無法克制地就是偏愛著你。這種笑容對你的了解，恰

好是你想被了解的程度，對你的信任，恰好是你相信自己的程度。而且，那是可以讓你安心的笑容，因為它告訴你，它對你的印象，恰好就是你最希望傳遞給別人的形象。[2]

就跟蓋茨比一樣，葛倫大可用截然不同的方式來對待賈米・尼文。他大可假裝同情，基於禮貌忍受他一小段時間，然後趁機甩開這個緊張兮兮的凡夫俗子，去找其他有名有勢的人聊天。

那種從羞愧、笨拙與尷尬中被解救出來的感覺肯定讓人一輩子難忘，就像有人在你徹底搞砸時丟了一條繩子，把你拯救出來。

或者，明知你搞砸了，卻仍願意挺身幫你遮掩。

六〇年代女作家雪維亞・普拉絲（Sylvia Plath）在她的自傳體小說《瓶中美人》（*The Bell Jar*）中提到，有一次她做出失禮丟臉的事，幸虧對方視而不見，幫她化解尷尬場面。所有經常出錯的青少年肯定能體會別人的寬厚心腸簡直就像溺水時的一根浮木。

「我第一次見到洗手缽，是在提供我獎學金的贊助人的家裡。」普拉絲寫道，回憶贊助她獎學金的夫人在家設宴款待她的情景。午宴時，她見到桌上放了一小碗水。

洗手缽裡漂浮著一些櫻花，我心想這大概是日本的某種飯後清湯，便端起來喝得一滴不剩，就連脆嫩的小花也一併吃進去。吉尼亞夫人見了，沒說什麼。過了一段時日，我跟在學校認識一位女孩聊起那頓飯——她剛進入社交名媛圈——才知道自己幹了什麼事。[3]

優雅就像突然出現在你眼前，閃著微光的東西。那種亮光細膩到沒人發現，微弱到你事後才驚覺它曾出現。然而，它所帶來的影響卻真實又深刻。普拉絲沒進一步描述洗手缽事件所帶給她的心理感受，但她略帶幽默的客觀敘述反而讓讀者自行填入她沒明說的情緒細節，並因此得以感同身受她的心情，即使沒放聲大笑。普拉絲這則軼事，可以成為一則幽默短劇，主角當然非四〇年代美國著名喜劇演員露西兒・鮑爾（Lucille Ball）莫屬。

這件事有趣的地方在於，整個過程有太多讓人困窘的時刻，如果從頭到尾經歷一遍。我們很容易對這個脆弱女孩所面臨的尷尬感同身受，想到她踏入獎學金贊助人的富豪之家，身處陌生環境，格格不入，毫無心理準備，稚嫩生澀，戰戰兢兢，唯恐出糗，但還是讓這次的社交聚會處處搞砸。

然而吉尼亞夫人看著她的賓客將洗手缽裡的小花舀入嘴裡，不露任何訝色，這點就足以傳達出她在社交技巧上的優雅。就連身為讀者的我們，都能感受到為何普拉絲事後想起夫人當時的反應，會那麼驚歎。這位女主人心地善良，尊重客人，為人處世夠靈活，可以默默地讓這次出糗就這麼過去，讓午宴順利持續下去。她不把普拉絲的無知放在心上，不去看她出糗的那一刻，只著眼在更大的格局，並藉由對此事保持靜默，來跟她的賓客保證，她心目中的普拉絲，就是普拉絲自己想傳達的形象——正如費茲傑羅筆下的蓋茨比。但願我們也能找到我們自己的吉尼亞夫人，一個不在意我們缺失的慈善家，而且有足夠的圓融智慧，知道不該把別人社交上的失禮晾到對方的鼻子前。

對了，美國前總統羅斯福的夫人艾蓮娜（Eleanor Roosevelt）也發生過類似的事。這位第一夫人辦了一場茶會，會中某位不明就理的賓客端起洗手缽，直接喝下去，為了顧及客人的感受，艾蓮娜也照做，其他客人見狀，紛紛仿效。（不曉得名媛賈姬・甘迺迪是否也照做了？）

一九四八年，務實親切的艾蓮娜・羅斯福，以聯合國大使的身分，在其位於紐約海德公園的自家，歡迎聯合國文教組織（UNESCO）的暹羅（泰國）和中國代表。這位「世界第一夫人」畢生致力於人道關懷，具有愛心滿懷的優雅氣質，有能力跟人深入交流。

優雅的主人實為罕見，若遇上就等於獲得天上掉下來的禮物。艾蓮娜懂得款待客人與待客之道兩者的差異。展示鮮花與昂貴瓷器是款待客人，讓賓客歡喜開心才是真正的待客之道。如果忙著準備甜點舒芙蕾而讓你怠慢了你邀請的賓客，還有誰會在乎舒芙蕾？真正該讓你費心分神的是客人，不是甜點。我小時候有個朋友來自挪威，她父親是外交官，她的母親讓我終身難忘。這位母親身材頎長，纖瘦如柳，舉止輕柔優雅，說起話來宛如輕快旋律，一進到她家，你會立刻感到賓至如歸。我們放學後，她會備妥烤好的起司和冰淇淋給我們享用，讓我們覺得自己是女王在喝下午茶。她會瞇起閃著銀光的雙眼，溫柔地問你一切還好嗎？她替你端來三明治的神情，彷彿這是全世界最能撫慰艱辛人生的食物，然而，真正撫慰人心的是她那滿滿的仁慈之心。你清楚知道，如果連爆漿的起司都無法撫慰你的重擔，還有她隨時等在一旁聆聽你，以最智慧的言語回應你。

但願當年的我是個優雅的小客人。我想，我應該是——即便我沒刻意地這麼做——因為我總是將這位外交官夫人對我的關懷心存感激。這就是客人該做到的——感激主人替自己做的一切，別給主人添麻煩。就這樣。如果問我，我會說當個好客人是全世界最輕鬆的好工作，偏偏有人就是有辦法搞砸。在社交圈的某些陰暗處，有人認為當個不稱職的客人是de rigueur（社交禮儀之必須）。二〇一四年劍橋公爵威廉與夫人凱特拜訪澳洲，雪梨歌劇院舉辦盛宴歡迎他們夫妻。有位電台ＤＪ和主持搭檔也在兩百位受邀賓客之列，但他們後來卻遺臭萬年。當晚這對皇室夫妻因故沒能前往他們的桌位寒暄致意，結果這位電台名人凱爾・山岱倫（Kyle Sandilands）大表不滿，沒雅量體諒英國皇室夫妻的疏忽，輕鬆看待，反而在隔天的電台節目中大肆批評：「我非常失望，而且，告訴你們，我還有點不爽。」[4]

誰值得成為座上賓？我們把這個問題換個說法：如果你必須敞開心胸，邀請你原本認為不可能成為你座上賓的人，那會怎樣？

兼懷萬物；大人之行，不出乎害人⚜，這是兩千多年前中國哲學家莊子認為的最高準則，譯成白話文就是一視同仁。所有優雅的人都明白做人不該有差別心，應該凡事包容，心平氣和地接納他人，就像卡萊・葛倫歡迎一個緊張兮兮的社交新鮮人到他的桌位聊天。

我六歲生日前夕，母親告訴我，如果我能把班上的所有同學邀請來家裡，我的生日派對上就會有小馬出現——這可是當年每個小女孩的夢想。

這我當然沒問題！

但她接著說，是每個人喔，包括丹尼斯。[5]

⚜出自《莊子・秋水篇》，惟第一句跟後兩句不在同一段落。

皮膚和髮色都很白的丹尼斯看起來像個透明人，大家幾乎都對他視而不見。我相信全班就屬他身上的蝨子最多──雖然我跟他不熟，但這點我確定無誤。此外，他經常流鼻血，看起來緊張兮兮，還會突然做出抽搐的動作，因此，我跟其他同學一樣，對他避之唯恐不及。

對於母親的這個最終條件，我記得當時淚眼以對，可是我真的太想在生日派對上看到小馬，所以最後還是邀請了丹尼斯。

前一年是一九六八年，黑人民權領袖馬丁・路德・金恩（Martin Luther King）被暗殺後，華盛頓特區發生暴動，我們位於市郊的小社區原本平靜，但也難逃波及，大家嚇得緊緊相依。馬路對面的公園裡有國民自衛隊駐紮，有一天我哥撿了一個用過的催淚瓦斯罐，殘餘的氣味嗆得我們兄妹衝到水槽沖洗灼熱發疼的眼睛。我還記得我會躲在家裡那輛福斯汽車後座的腳踏空間，將後座椅當成掩護，假裝我的世界，也就是我住的社區情況緊急。

而我父母受到的衝擊當然比我更大。之前我們住在德州的奧斯汀，爸爸是某位墨西哥裔美籍德州參議員的助理，後來這位參議員選上國會議員，於是爸爸帶著我們全家搬到新的工作地點──華盛頓特區。因此，多元融合是我們生活的一部分，也是全美國人的共識，至少感覺起來是這樣。鼓吹多元融合最不遺餘力的其中一人是民歌先驅皮特・西格（Pete Seeger），他堅信社會必然會發展出自發性的和諧，只要我們願意朝這個方向邁進。他創作的歌曲裡經常有合唱的歌詞，因此他演唱時經常和觀眾打成一片，來個激昂亢奮的歡樂大合唱。

當然，金恩本身以最英勇、最投入及最優雅的方式體現了多元融合的精神。這位民權運動領袖指出人類族群的本質矛盾性，這種矛盾悖論於現在看來，再明顯不過，讓人忍不住納悶當年怎會花了那麼久的時間才能說清楚：這悖論就是，各族群之所以衝突不斷，是因為隔閡，而不是因為多元融合。我的同胞不僅了解這一點，而且，見到英雄倒下，城市焚燒，只會強化多元融合的信念，即便衝突混亂讓他們震懾。

我生日派對的那個週末到來，巷子裡果然出現一輛載著小馬的貨櫃拖車。三匹矮胖的小馬在我家門口上了鞍，看起來慵懶又可愛，後院則排了一列小朋友，等著輪流騎馬。我記得我開心得跳上跳下，身為壽星的我第一個騎上馬，居高臨下地坐在馬背上，尊貴地走過泥地——我常在這片泥地上做泥巴派——經過我的小小遊戲屋時，當時四周景物看起來的樣子，我至今仍然記得。我還從其他小孩的身邊騎過去，也看到了丹尼斯。那天下午的陽光似乎讓他蒼白的臉看起來更蒼白，但他跟其他孩子一樣，開心地鼓掌，興奮難抑。

我還記得我望向我們家院子唯一的一棵樹——長滿節瘤，但花朵正盛開的杏樹——看見我媽站在那裡，跟丹尼斯的母親愉快地聊天。他的媽媽看起來比我媽老，說是他的奶奶也不為過。她盤成髮髻的銀白頭髮在白色杏花的背景陪襯下，幾乎消失隱形。我看著她們，丹尼斯的媽媽和我的媽媽——當時的詫異感覺迄今想來依舊震撼——驀然發現原來我的母親是以相同的恬靜態度對待每一位客人，給予他們相同的細膩關懷。對，就是一視同仁。她照顧丹尼斯的媽媽，確保她找得到人聊天，以實際行動讓她和她那在校經常孤單一人的兒子知道，我們家很歡迎他們。兩年後，當我把班上那個剛從中國來美國，幾乎不會說英語的男生帶回家作客，他在我家受到的歡迎程度就跟兩年前的丹尼斯一樣。還有，那個剛從俄羅斯移民到美國的男孩，到我家作客時，我雖不情願還是乖乖聽媽媽的話，跟他下了一場簡直是災難的象棋——幸好我媽附在我耳邊下指導棋，我才沒被那俄國男孩的精湛棋技給徹底擊垮，輸得太難看。

後來，我高中時，跟一個蓬頭垢面的邋遢同學當朋友。他將近二十歲了還在唸高中，因為十年級（高一）時被留級兩次。他是那種沒有家可以慶祝感恩節的人，我甚至猜想他根本是以車為家。有一次我也把他帶回家作客，還下廚煮晚餐請他吃——那時我媽去照顧我重病的外婆，我哥離家念大學——我和我爸靜靜地看著我們這位新朋友狼吞虎嚥、展現驚人食量。那時，我真替自己感到驕傲！

我六歲生日派對那天，當我在家中後院騎著小馬，環顧四周，看著這美好的一天，我逐漸明白一件我從未想過的事，並因此學會拋開成見，敞開心胸。這件事就是：在我的生日派對上，我不是最重要的唯一主角，每個人都是主角，應該都玩得很愉快。

對我而言，我的同學丹尼斯曾是陌生異類，他的存在就像氣球，脆弱飄浮於真實世界的上方，跟所有人幾乎沒連結，但那天下午，有三件事把他拉回真實世界，讓他穩穩地跟我一樣活著，不再是飄懸不定的氣球。這三件事就是：他也喜歡小馬，就跟我一樣；他有媽媽，也跟我一樣；以及最重要的，他的感覺，和他媽媽的感覺，都跟其他人一樣重要。這是我的母親以她的優雅身教，對我所做的教導。

那是一場成功的派對，那次生日也極具意義，因為我在那天清楚感覺到自己長大了一些。

第三章

優雅和幽默

柴契爾夫人、名主持人強尼·卡森，以及我那一百零五歲仍啜飲烈酒的外曾祖母

嗯，幽默這東西確實很棒，能挽救很多狀況。
當它忽然出現，干戈立刻化為玉帛，
惱怒和怨恨瞬間消散，取而代之的是陽光般的心情。

——馬克·吐溫，《波哲如何看待美國》（*What Paul Bourget Thinks of Us*）

卡萊·葛倫是個傑出的演員，舉手投足深具美感，可說是優雅之士，然而在他還沒成為這樣的人之前，他是個出色的喜劇演員。他的喜劇表演之所以給人輕鬆優雅的感覺，主要是因為他不認為自己很了不起。

大家認為他看起來只是一身華麗的花花公子，但其實葛倫自己並不這麼認為。他知道自己是誰——也知道自己不是什麼樣的人。「每個人都想當卡萊·葛倫，」有次

卡萊・葛倫對荒謬喜劇可說駕馭自如，精彩自嘲之餘，還能維護女主角的尊貴。此為《育嬰奇譚》劇照，右為女主角凱薩琳・赫本。

他如此自嘲：「連我也想。」

他擅長自貶的角色，比如呆蠢的學究、容易受騙的屋主、能力不足卻自以為是的商人。葛倫在《育嬰奇譚》和《妙藥春情》裡所演的怪胎角色非常傳神，無人能及。此外，他也不怕演那種笨手笨腳，從椅子跌下來的傻瓜。在《真相大白》中，他甚至讓一條狗牽著他出場。

葛倫那招牌的自貶幽默是他展現優雅的工具，這種幽默除了傳遞出他的自信和人情味，也表達兩種訊息：一，他這人謙虛到取笑自己也不以為意；二，他對自己的身心有絕佳的控制力。（這就是葛倫永遠泰然自若，不慌不亂的主因；就連摔跤，他都能保持平衡。）也因此，跟他演對手戲的演員都能放輕鬆。

把他的幽默風格和其他人相比，如金・凱瑞（Jim Carrey）或已故的羅賓・威廉斯（Robin Williams），你會發現這兩位也非常有趣，但我不會說他們很優雅。事實上，看他們表演還挺累的，因為他們的喜劇有爆發性，會改變你的腎上腺素。就算他們把你逗得哈哈大笑，你也會覺得有點焦燥。

相反地，傑基・格黎森（Jackie Gleason）的喜劇風格就舒緩多了。他人高馬大，噸位絕對稱得上重量級，卻能散發出一種猶如海灘球的輕快感，甚至像百老匯歌舞大亨齊格菲（Ziegfeld）旗下的歌舞女郎，讓人聯想到曼妙華麗，婀娜輕盈。他對自己龐

龐大身軀的自在感。傑基·格黎森可以步履靈巧輕盈，舉手投足都呈現美感。

大身軀所占據的空間很有概念，所以能夠利用它來達到絕佳效果，比如在電影《新婚夢想家》（*The Honeymooners*）中，他在自家廚房裡跳舞的那一幕。在這齣戲中，他所扮演的公車司機雖然脾氣壞，卻能贏得觀眾的同情，因為在格黎森的詮釋下，這個人物並不是討人厭的笨蛋。他滑稽的動作中帶有優雅，即便聲音緊繃，身體語言卻透露出自信和自在。格黎森不發怒，不激動，他永遠自在地接納自己，自在到能夠自我嘲弄，就像卡萊・葛倫。

自嘲是一種很微妙的東西，非常棘手，但處理得宜就顯得優雅。像格黎森這種擁有完美肢體語言的專業藝人，自我嘲弄是一回事，但政治人物的自嘲又是另外一回事。對於那些習慣凡事精心安排，一切都按照劇本走，頭上頂著光環的政治人物來說，能夠自嘲可說是一種傑出成就。美國總統歐巴馬的夫人蜜雪兒（Michelle Obama）在NBC電視台《吉米・法隆深夜脫口秀》（*Late Night with Jimmy Fallon*）的客串演出之所以讓人印象深刻，備受好評，正是因為她擁有這種自嘲能力。

二〇一三年二月，美國第一夫人跟原本是喜劇演員，後轉型為脫口秀主持人的吉米・法隆以鬧劇形式合跳了一首他們稱為「老媽子舞姿演化版」[1]的舞蹈。法隆穿著粉紅色的學院風開襟羊毛衫及短版的斜紋棉質褲，頂著美國喜劇演員蒂娜・菲（Tina Fey）式的假髮，露出難為情的怯怯表情，跳著大媽式的笨拙舞姿。接著，歐巴馬夫人一路舞進場，跟他一起跳——她穿的是自己的開襟羊毛衫和緊身褲，所以當然比法隆好看多了，也更加自然。可是，她真的能代表老媽子嗎？從她身上，你還真可以聽見全美幾百萬個老媽子在發牢騷呢。跳了幾個節拍，做了幾次撞臂的動作後，自稱「媽媽總司令」的蜜雪兒跳得愈來愈流暢，而且自嘲功力讓她贏得大街小巷的好評。

流暢正是重點。在字幕的提示下，這兩個老媽子精準地跳出了她們想表達的意思，比如某些舞步是「掉漆的滑步舞」，至於一手放頭上，一手平行伸出抖動，是「灑水器之舞」，還有「你老爸死到哪裡去？（把他叫回來！）之舞」。真可惜歐巴馬總統沒在這時候溜上台。歐巴馬夫人最為人稱道的一點就是，有她在的地方，在場的所有人都能輕鬆自在，這要歸功於她對自我情緒的精準掌控力。她的隨興自在讓主持人法隆跳開來，充分發揮他的喜劇本領，可是，當她開始跳起最新流行的道基舞（Dougie），以熟練的放克姿態跳出嘻哈舞步，她的搭檔只能驚訝得在一旁目瞪口呆。

這位美國第一夫人曾以出色的穿搭風格迷倒全世界，所造成的深遠影響遠超過時尚流行圈。她讓中年媽媽的角色增添了光彩，因為她認為自己就是個尋常百姓的中年媽媽：擔心孩子的飲食，想培養跟孩子相同的興趣，努力不讓自己看起來很呆。而且，她以「美國第一夫人」之尊，帶著某種魔力投入這些事情，讓全美國的平凡老媽子看見總統夫人也操煩這些事，還以幽默感來看待並嘲弄自己，頓時覺得自己瑣碎無趣的生活似乎沒那麼乏味了。

在政治圈，很少有世界級的領袖能比曾任三屆英國首相的柴契爾夫人（Margaret Thatcher）更優雅，更懂得發揮幽默感。她最有利的政治工具除了她輕鬆自貶所散發的魅力，還有她微帶性感的吸引力。「她之所以能風靡整個英國，多少有點情欲成分。」二〇一三年她去世後，小說家伊恩・麥克伊旺（Ian McEwan）寫道。[2]（她真的當眾打了麥克伊旺的記者同事克里斯多福・西琛斯（Christopher Hitchens）的屁股嗎？還有，她任內出現的英文字sadomonetarism〔極端貨幣主義〕✤不就帶有財會政策以外的意涵？）從世人對她下台後的各種正反評價來看，她的國家顯然還很迷戀她。

她的保守立場讓她得到「阿提拉母雞」✤這個綽號，因為她偏袒有錢人，對煤礦工人和國營壟斷企業沒好感。一九八〇年代那種「貪婪是好事」的精神因她而更為發揚光大。她完全不在乎其他人喜不喜歡她。即便她的行事多所爭議，但有一點是無可爭辯的：柴契爾夫人的言行舉止都帶著全副的熱情，但又極為沉著自信。即使作風強悍，她這個人還是有種討喜的恬靜特質，而且那種自在——也就是優雅——讓人可以忍受她。這點著實不可思議。

儘管當時我很不能苟同她的政策，但現在我卻發現她始終有一種魅力。事實上，

✤ sadomonetarism 由 sadomasochism 和 monetarism 兩個英文字組合而成，sadomasochism 是指性方面的施虐受虐狂。

✤ 英文為 Attila the Hen，改寫自匈奴王阿提拉（Attila the Hun）。

手套、珍珠和沉穩。精明的政治家柴契爾夫人對自己的外表儀態非常敏銳，而且不怕展現出女性化的一面。

她根本不是母雞，而是鎮定無懼的老鷹。她一心一意把英國打造成世界強國，並以驚人的意志採取鐵腕政策。她超級有自信，舉手投足都是大將之風，然而，她也能以優雅姿態來緩和這種形象，比如她在乎外表，悉心打扮，以剪裁完美的俐落洋裝和套裝來呈現完美的個人形象。

「套裝讓人上相，怎麼拍照都好看，甚至能修飾不完美的地方——雖然她身上並無太多需要修飾之處。」柴契爾的服裝顧問瑪歌麗特・金（Margaret King）在接受倫敦報紙《電訊報》（*Telegraph*）的訪問時說道。「她的腿修長漂亮，站姿優雅，每次出現在公眾面前，總是完美得宜。」[3]

柴契爾以波浪鬈髮來柔和她的形象，還曾去上呼吸課程來修正原本尖銳刺耳的嗓音。就算有人故作親暱地以「瑪姬」來稱呼柴契爾夫人，她也能輕鬆以對，露出酒窩，淺淺一笑。她以溫暖和機智讓那些原本可能無法被接受的策略和政策得以輕鬆推動——或者該說掩飾她在推動時所遇到的艱難。

這種政治表演實在精湛。誠懇嗎？你會相信她很誠懇，因為你從她身上見到了優雅。毫無緊繃感。相較之下，其他的保守政治人物就沒有這種純熟的自然和自在，比如曾在二〇〇八年，以美國共和黨副總統候選人身分一炮而紅的莎拉・斐琳（Sarah Palin），以及美國前眾議員米雪兒・巴赫曼（Michele Bachmann）。

柴契爾非常清楚自己的舞台魅力。「有人擾亂我的會議時，其實我很開心，」有一次她說道：「因為這讓我有機會大展身手——而且觀眾超愛這種場面。」[4]在下議院（House of Commons）發表演說時，她總能以幽默機智來化解反對陣營的干擾，或以穩重、圓融但堅決的語氣，耐心地說：「可以先讓我說完嗎？」來平息反對聲音。她那泱泱卻謙卑的態度會讓你覺得，她很誠懇地對著你說話，而且她會配合流暢的動作，臉和身體朝向她的每位聽眾，或者該說，她會做得讓大家有這種感覺。

她最優雅的舉動，就是藉由幽默讓他人感覺到自在，使氣氛變得輕鬆愉快，並且清楚傳達出，真正的主事者是她——對一位身為世界最傑出的女性政治人物而言，這點非常重要。

一九九〇年，她在下議院發表她的辭職感言，其中一位議員詢問這位即將下台的首相，離開政治舞台後是否打算繼續對抗歐洲單一貨幣和獨立的中央銀行。就在柴契爾起身，準備回答時，一位工黨的議員揶揄道，不知她會不會去掌管她長久以來所反對的那間銀行。「不，」該議員自問自答道：「我想她應該會去當某個地區的小總督。」

這段消費她的話一出，眾人哄堂大笑（有些甚至是嘲笑），柴契爾聽了，跟著大家一起笑，明確表達出她認為該議員的諷刺很好笑。喧鬧聲漸歇，她等了數秒後轉身，目光掃視全場，以嘶啞的聲音譏諷道：「那提議真不錯！」[5]議員又爆出笑聲，而且笑得比剛剛更厲害。在她承認自己失敗的這一天，她不僅取得結論的發言權，還成功地反將對方一軍。

即便下台後很久，她仍保有幽默感。二〇〇一年，她在英國普利茅斯（Plymouth）參加托利黨⚜大會，發表最後一場公開演說。「之前他們告訴我，會眾並沒預期我會來，」她告訴會眾：「可是我來這裡的途中，經過一間電影院，才發現其實你們根本就在等著我。因為我看見電影看板上寫著：『The Mummy Returns。』[6]⚜」

美國著名電視主持人強尼・卡森，（Johnny Carson）則把自貶提升到藝術層次。「這裡有左輪手槍嗎？我想斃了自己。」有一次，在他主持的知名脫口秀節目《今夜秀》（*The Tonight Show*）中，他忽然詞窮，說不下去，這時他即興說出這句話來化解尷尬。卡森出了名的害羞，所以多半讓來賓負責說話，他則敞開心胸，跟他們學習。這種風格，在現在看來，簡直不可思議，因為現代人多半過度自信，不願意承認自己不懂某些事。而卡森，即便身為全美最知名的人之一，他還是保持謙虛，對來賓所說的事情表達高度興趣，甚至會說：「你說的這些，我都不知道呢。」

強尼・卡森之所以能在電視脫口秀稱霸多年，正是因為他這種散發著美感的沉著

⚜ 柴契爾夫人所屬的保守黨源自十八世紀的托利黨（Tory），因此該黨也有托利黨的稱呼。

⚜ 這是電影《神鬼傳奇 2》的英文片名，Mummy 的發音跟媽咪 Mommy 很像，所以唸起來就像「媽咪回來了」，柴契爾夫人以此調侃，大家都在等著她這位保守黨的媽咪來跟他們一起開大會。

自在。他和卡萊・葛倫一樣，具有一種掌控得宜的魅力和霸氣，這種極具吸引力甚至誘惑力的特質，充分表現在他在《今夜秀》獨白時的姿態——抬起挺實的胸膛，整個身體呈現一種蓄勢待發的感覺。

但在觀眾面前，他不會揭露自己太多，即便他一晚又一晚地讓觀眾看到他可靠老實的笑臉，即便他專注訪問來賓時，彷彿對方是全地球上最有趣的生物。這位極重隱私的公眾人物永遠抬頭挺胸，給人一種鮮明的端莊感覺，展現出閃亮的自信，以及穩實如鐵的信賴感。就是那種即使把股票交給他，或者看著他駕乘噴射機準備降落，你都可以安心的人。然而，卡森沒讓自己高高在上，反而利用他天生的內斂特質，讓焦點從他身上轉移到來賓身上。雖然，或許下了螢光幕，私底下的他對別人可能沒有那種感同身受的能力，但在舞台上，他就是有這種優雅風範。

某次我的外曾祖母和卡森的碰面，一定有片刻讓四周的優雅相形見絀，因為，兩位優雅大師面對面了。[7]

我的外曾祖母米爾茱德・霍特（Mildred Holt）駝著背，身形嬌弱，既不是名人，也不是新聞話題人物，但一九八七年八月，她穿著粉藍色洋裝，登上了《今夜秀》的舞台。這位嬌小的老太太來自堪薩斯州的一個小鎮——我所謂的「老」，是人瑞級的那種老，那年她一百零五歲，但神智清明，犀利慧黠，應付卡森可說綽綽有餘。

那天在錄影現場，咪咪——我的家的人都這麼稱呼她——端著馬克杯，啜飲稱為「高球」（highball）的烈性雞尾酒，揶揄這位電視脫口秀王結過很多次婚，還稱讚卡森太有魅力，讓她連進廣告都捨不得轉台。「喔，妳真是太有意思了。」他告訴她，往她皺巴巴的小手捏了一下。卡森說，她是「我見過最老的人，也是本節目請過最老的來賓」，咪咪一聽，皺紋遍布的臉咧出大笑容，細聲尖嗓地說：「好人不長命。我這麼惡毒，不會那麼快死的！」

咪咪多次妙語如珠的回應讓卡森好幾次笑到差點跌下椅子。不過，多數時候，素有「午夜秀之王」美稱的卡森只是用手托著下巴，微笑地沉浸在咪咪那朝氣蓬勃的開朗話語中。

咪咪之所以去上《今夜秀》，是因為堪薩斯州埃爾斯沃思郡（Ellsworth）的某個人主動跟卡森的工作人員連絡，說該州有個傳奇人物咪咪。其實當地人老早就認為她很有資格坐在卡森的舞台上。這點誰能否認呢？她的魅力著實無人能擋啊。她身為美國內戰退伍士兵的女兒，是家裡十個手足中的老么，嫁給富裕的銀行家，生了三個孩子，老大就是我的外公。咪咪的丈夫，也就是我外曾祖父，在美國大蕭條期間破產，沒了事業，她開始扛起經濟大任，先是把寬敞方正的房子提供給人住宿，又把飯廳改成茶館，並供應午餐給附近學校的老師（那時的午餐指的其實是現在的晚餐）。咪咪熱愛烹飪，烤雞是她的拿手菜。她的烤雞事業是從後院的砧板開始的，據說她用斧頭砍雞，而且砍得分毫不差，不過在我認識她之後，她的剁雞歲月就宣告結束。當時，她每天埋首於她的小廚房——一間不曾重新裝修，也不曾有過洗碗機，瓷器只能用沸水來消毒的老舊廚房——若她下廚的時間正巧有訪客，她會把砧板直接拿到客廳，一邊跟客人聊天，一邊把砧板放在大腿上切菜。

我從沒見過有人像咪咪那麼活躍於社交活動。她每天打電話給朋友，成天辦茶會或擺出橋牌桌來款待朋友。她和守寡的女兒一起住到女兒臨終，晚年她那些牌友一個個住進養老院後——可惜他們沒一個像她那麼老當益壯——她還會去拜訪他們。她常自豪自己從來不曾一個人吃飯。從各方求證後，我相信她所言不假。

這點並不讓人驚訝，因為她誠懇愉快的性情，讓人人都想與之為伍。有一年，我差不多九歲或十歲，媽媽帶我去找九十多歲的她，我說想看咪咪的結婚禮服，還說我要穿看看。後來我問她能不能把新娘服穿到樓下，她連番說好啊，好啊，沒問題。就這樣，我們來到她家的前院，咯咯笑個不停，我的手穿過那件鑲著蕾絲的襯衣式上衣的袖子，曾祖母咪咪幫我把裙子拉到她的臀際部位，以配合我的身高，我媽幫我拍了好幾張照片，路過的司機也從車子探頭出來看。或許這件從一九〇五年保存下來的象牙白棉質禮服——這件新娘服非常有女人味，具有十九世紀美國柔美女孩的氣質——

被我們這樣把玩，讓我們曾祖孫倆看起來荒誕愚蠢，但咪咪認為，好東西就是要拿出來用，拿出來玩，不能擱在抽屜裡發霉。簡言之，她絕不會把個人威嚴置於樂趣之上。

她熱衷參加各種活動，懂得為自己增添生活樂趣。她告訴卡森，她的第一輛車是一九一四年買的，並為自己在一百零三歲時被迫停止開車，覺得好生遺憾。她還說她討厭西岸人的勢利眼。「有一次我在旅館遇到一個人，」她告訴卡森：「他問我：『妳打哪兒來？』我說堪薩斯，結果他說：『喔，天哪。』那時真把我給氣壞了。」

咪咪永遠都準備好要捍衛堪薩斯州這個位於美國內陸、素有心臟地區美名的家鄉。那次在螢光幕前，她先是停頓了一下，望著現場觀眾，然後露出甜美卻憐憫的笑容，可憐旅館那傢伙的農業常識竟然如此低落。「他竟然忘了堪薩斯州是全美最大的小麥產地。」她說：「你們吃的麵包可都是來自那裡。」

她在電視上的表現可圈可點，輕鬆得彷彿坐在自家客廳。咪咪就像主持人卡森，舉手投足自在又自信。你看得出來，她很喜歡自己的舉止儀態，所以坐在椅子時身體毫不僵硬，也不畏縮。她說話時會以彎鉤的手指比畫手勢，還會轉身，把坐在她旁邊的愛德華・麥克馬洪（Ed McMahon）——他是卡森的主持搭檔——帶入討論中。（對了，我有沒有提過她那時已經一百零五歲？）

幾乎沒有來賓會想到對這位主持副手投以同樣的注意力，所以卡森就開玩笑地揶揄這位比他年長的搭檔：「她顯然認為你跟她同一國。」他說的對，咪咪就是有辦法把跟她同處在一個屋簷下的所有人都納入她那一國。

咪咪之所以能如此優雅，是因為她毫無所懼。小時候，我經常很害怕黑暗中會有一些我想像中的可怕東西，有一次我問她，會不會害怕衣櫥裡跳出盜賊來，結果她那爽朗淡定的回答讓我驚訝不已。「喔，如果他們真想傷害我，那就來吧！」

她上《今夜秀》時在鏡頭前的自在表現，讓另一個節目《好萊塢廣場》（*Hollywood Squares*）邀請她上節目，但她婉拒了。咪咪說，她已經見識過洛杉磯，發現自己還是比較喜歡待在家鄉堪薩斯州埃爾斯沃思郡。

我很確定良好的人際關係是她長壽的祕訣之一，因為她根本不注重健康養生。她每天都喝咖啡，還加入農場自製的濃濃奶油，熱愛甜點，睡前喜歡小酌一杯熱熱的棕櫚酒。她十歲喪母，經歷過三〇年代的經濟大蕭條和生態浩劫「巨塵暴」（Dust Bowl），還守了好幾十年的寡，但不曾被這些逆境和壓力擊倒過。她不耽溺於困境，懂得甩開挫折，活在當下，而且就像她說的，她總能找到方法「讓日子變得更好過。」

她上《今夜秀》的三年後，就在她一百零九歲生日的前一個月，染上肺炎，不幸過世。她的訃聞出現在全美各大報，尤其是她一百零五歲仍啜飲「高球」這種強烈雞尾酒的軼事更讓她登上某些報紙的頭版。對她來說，享受人生的方式就是在社交場合啜飲這種社交型的威士忌，聆聽別人說話，做出回應，跟人熱絡互動，把歡樂和愛散播出去。

她和強尼・卡森可說是優雅的絕佳拍檔，所有的報紙媒體都注意到這位最老來賓的笑談功力完全不輸給主持人卡森。

第四章

優雅及相處之藝術

嬰兒潮世代如何敗壞數個世紀以來的禮貌教誨

禮貌是為人處世的快樂之道⋯⋯是文明之開端——讓我們得以忍受彼此的存在。

——十九世紀美國思想家拉爾夫・沃爾多・愛默生（Ralph Waldo Emerson），著有《生活的準則》（*The Conduct of Life*）

打從文明之始，人類就無法完美地適應文明，這點逐漸顯見。畢竟，生活在同一個空間並非易事，得靠一些努力才能和諧共處。漫長多年下來，我們可以找出無數例子來證明人類對於文明舉止依舊不擅長，比如捷運地鐵裡，通勤學生飛奔到長者前面搶座位，還有社會對待窮人和失業者的方式，都清楚顯示這一點。文明演變迄今，不變的是大家仍先想到自己。然而，如果情況不是這樣，所有人就更容易和諧共處，因為，早在多年前，就有諸多人努力教導大家如何彼此相處。

優雅的概念，就透過這些努力，逐漸形成——優雅就是細膩自在的動作舉止，藉此來取悅、協助並尊重他人。事實上，**相處**這個詞本身的和諧意涵就意味著優雅之舉，且具有靜謐的雙人舞概念，或是指揮馬群步伐一致，以便更容易成事的現象。在歷史的演進過程中，優雅和禮貌這兩種概念始終緊密結合，相輔相成，彼此增光，並構成社會行為的通則。為了追溯優雅這概念的發展——從不會被刻意提及，到現在得拿出來大書特書——我要特別強調相處的藝術。我所謂的相處藝術，指的是那種能讓彼此互動更和諧，創造出溫暖與感激氛圍的禮貌，而不是關於怎麼使用刀叉，如何相互介紹的形式禮貌，這些是屬於細節層次的禮儀。

對全世界最有影響力的書當中，有些就是介紹相處藝術，或者我們所謂的社交優雅行為的手冊。包括古代最古老的手寫書、文藝復興時期的暢銷書，以及美國拓墾者、革命人士，以及二十世紀初期那些設法讓自己擁有優雅氣質，生活更加文明的人所寫的著作。

然而，數十年前，優雅準則開始神祕消失於我們的日常生活中。

嗯，說是「神祕」其實不完全正確。從歷史上來看，禮貌的重要性就像鐘擺，某個時代對禮貌規矩的講究愈來愈嚴苛，直到另一代人受不了，直說算了吧，太扯了。就這樣，優雅從極為重要的那一端擺盪到虛假、可笑、荒謬的一端。

「現在還留有這種殘餘想法，比如有些父母會好意地告訴孩子，『做你自己』。」當我問茱蒂絲・馬丁（Judith Martin），什麼社交場合已不見優雅時，她這麼回答。茱蒂絲・馬丁是國際新聞稿件供應社「禮貌夫人」（Miss Manners）的作者，替很多媒體專欄撰寫關於禮儀的文章，另外也出了好幾本書。「那些父母說這句話，是什麼意思？如果孩子不是做自己，那他們是誰？那些父母之所以這樣說，是因為他們不想教導孩子收到禮物時，無論喜歡與否，都要表現得很開心，或者看到不想見到的人，也要假裝很愉快。」

「長久以來，禮儀始終在兩種對立的概念間搖擺：優雅或自然，以及，表現出很自然或者自然真實地表現真正感受。這兩種概念截然不同。」她說。口是心非所固有的矛盾本質讓禮儀有了不真誠的嫌疑。「你的真實感受，和應該表現出來的樣子之間有落差，這就不是真誠，比如當你打破了某人心愛的檯燈，她的反應是『喔，別擔心，沒關係。』她當然在乎那盞檯燈，但這麼說的目的是想讓他人覺得好過一些。」

「大家說，禮儀這種東西矯揉造作，但其實他們真正反對的是表面的虛偽。」茱蒂絲・馬丁說：「是的，它是虛假，但這種虛假經常比赤裸地表達個人的真實想法來得更好。看看舞蹈：完全沒受過訓練的肢體跳起來舞比較好看？還是對跳舞有想法，努力訓練過肢體的人跳舞比較好看？」

社交場合的優雅就跟肢體的優雅一樣，都需要下功夫練習。過去數世紀所出版的行為指南就是要清楚明白地傳達一個重點：正確的行為舉止是需要花時間心力加以訓練才會有的。與人相處是一門藝術，就跟其他藝術或活動一樣，比如烹飪或騎單車。你愈知道怎樣可以讓事情圓緩，怎樣可以取悅他人，你就愈想變優雅，想練習如何變優雅，這樣一來，你就真的能更優雅，而且是打從內心而發的優雅，這時候，優雅就不再是你「裝出來」的虛偽表現。不過，跟其他要靠學習才能勝任的活動一樣，優雅的熟練程度也有等級之差。有的東道主發現檯燈被客人打破，嘴巴上說「喔，沒關係，別擔心」，表情卻是咬牙切齒，讓人生畏。有的東道主說這句話時帶著優雅，但其實是演出來的，像梅莉・史翠普（Meryl Streep）那樣，藉著足以贏得奧斯卡獎的演技，擺出面無表情的姿態來掩飾真正感覺。或者，其實她心底很討厭那盞燈，很高興終於可以順理成章把它扔到垃圾桶。或者，也有可能，女主人真的是地球上隨遇而安的樂天生物，而且每個念頭就是那麼正直單純。可是，對於只想祈求原諒的客人來說，女主人的真實面目並不重要，只要對方能表現優雅，讓他有台階下，他就感激萬分。

優雅存在於守規守矩的禮貌中，茱蒂絲・馬丁說：「問題是，你是死板板地照章行事，或者你能表現得真心誠意，很輕鬆就能說出這樣的話，『喔，別擔心，沒關係』？舞者騰空跳躍的本事也不是一蹴即成，站在遠處的我們只見到他們優雅的舞姿，卻沒見到滲血的腳趾和淋漓的汗水。同樣地，如果女主人夠優雅，我們就不會發現她真正想的是，『喔，天哪，這下子我得花上一大筆錢來修理檯燈』。」

承認吧，如果大家永遠只表現出內心的真正想法，這世界肯定會變得難以忍受。就像茱蒂絲・馬丁所說的，優雅「是一種掩護，透過這種掩護，我們讓世界變得更愉快。」

然而，我們目前處於鐘擺的另一個極端狀態：過度強調誠實，導致優雅舉止以及培養優雅的自律和訓練逐漸式微。這種式微是一次次的唾棄所累積的結果，然而起因可說是現代人對於五〇和六〇年代所強調的日常繁文縟節日益反感。自我提升之道，從過往的修身養性（緩慢、內在，永無止盡的過程）變成以購買物品這種更簡單的方式來讓自己感覺良好。買買買，試圖買出美好的人生。百貨公司和購物商場如雨後春筍般林立，行銷廣告無所不在，透過電視，我們窺探別人的生活和物質享受，購物變成當代人提升自我的方式。

跟以前的觀念相比，這可說是一百八十度的大轉變，比如美國之父班傑明・富蘭克林（Benjamin Franklin）就專注於內在的自我提升。二十歲時就努力要成為「道德完人」的他，有條有理地列出他希望擁有的美德，從沉默、誠懇，到寧靜和謙遜。每天晚上，他會自我反省，在表格上記錄自己是否在品格上有所進步。同樣地，美國第二任總統約翰・亞當斯（John Adams）也以典型的日記書寫方式來惕勵自己在為人處世上更對得起良心，並在社交場合令人感到舒適愉快。「我發現自己莫名其妙心不在焉的情況愈來愈常見，厭惡社交的孤僻傾向也愈來愈嚴重。所以，我應該不斷地努力，來改正這些缺點。」[1]然而，兩百年後，這類清教徒式的觀念殘跡已經消失，取而代之的是對汽車、電子產品和閃亮髮型更大的興趣。

第二次世界大戰後到處興起的郊區住宅——可以烤香腸的後院、露台、吃起司鍋的生活方式——也成為逃避繁文縟節的出口，鼓勵著大蕭條後數十年所出現的新中產階級過一種更陽光閒適的生活，加上戰後繁榮盛景下所出現的大批嬰兒潮，一出生就被豐裕物質所包圍，備受大人關愛，儼然成為一種「唯我獨尊」的新世代。他們不崇尚謙遜，對於如何具備優雅的社交舉止沒興趣，也認為不需要懂得自我節制。自古以來，年輕人反抗年長者的傾向在他們身上達到前所未有的高峰，伴隨而來的，就是更隨興，更無拘無束地「做自己」。父母長輩那一代的謙遜有禮，成為過時累贅之物。

教養孩子的方式也變了。在這個較隨興的新時代，父母不再教導孩子要有禮貌，各種細膩的優雅舉動被視為落伍，甚至被認為是上流社會才需要的東西。任何帶有勢利意味的東西都被日益茁壯的中產階級唾棄，取而代之的是年輕人的反文化及一波波的革新潮流。改變，是必要之痛苦，正如民權運動、反戰和婦女運動所揭櫫，然而，現在被撼動的不只有社會制度，連搖籃也一起被撼動了。

一個爬滿嬰兒的國家照理說很渴望獲得育兒建議，而且建議愈簡單愈好。第一本以孩子為世界中心的育兒書是一九四六年小兒科醫生班傑明·史巴克（Benjamin Spock）《嬰幼兒照護指南》（*The Common Sense Book of Baby and Child Care*），他在這本影響深遠，常年暢銷的著作中建議父母拋開以前那種嚴格餵食和訓練的教養法，凡事以孩子的需求為主，享受小生命的誕生。所以，要多多擁抱，不要打屁股。然而，如果去追溯優雅為何日漸式微，就可以從他的書中找到一些蛛絲馬跡。

大家喜歡「彬彬有禮」的孩子，史巴克寫道：「因此父母有責任把孩子教養得討喜可人。」可是，他接著說，如果孩子對自己感覺良好，「自然會有禮貌。」[2]

然而，自尊並非萬靈丹。事實上，有些研究者認為一九八〇年代的自尊提升運動，是今日大學生的自戀程度遠高於三十年前的主因。[3]自戀的人滿腦子只有自己，不在乎別人。這些研究認為，父母成天在孩子耳邊說他們有多特別（不是稱讚他們有多認真念書，或者心腸多麼好）使得這些孩子長大後，沒耐心去應對那些沒把他們捧得高高在上的人。很多人自以為是，舉止粗魯，而且這種人不分男女老少。讓孩子覺得自己有價值，有自信，引導他們成為好人，這樣很好，然而，如果沒同時教導他們要懂得為人著想，尊重別人的感覺，他們便無法培養出同理心和同情心。

把孩子教得**討喜可人**是件好事，但這是身為父母的最低標準，因為它只著重在別人怎麼看待孩子，而這樣的觀念是乏善可陳的。討喜可人代表你是接收者，接收到別人的認可，相反地，友善誠懇是給予，指的是跟人的相處有溫度，能提供支持，給予幫助，不是把焦點都放在自己身上。「如果可以，就讓自己擁有出色外貌，但機智風趣仍有其必要，而非有不可的，是友善誠懇！」一九三〇年代「美滿家庭促進會」（Home Institute）的手冊《好人緣》（*Charm*）如此寫道。有趣的是，後來史巴克強調「討喜可人」的重要性，徹底打破白種美國人的長久觀念——這種觀念在十九和二十世紀初期的數十年盛行於清教徒之間，強調要透過服務他人，包括服務上帝和同胞，來砥礪品德。這種較古老的觀念認為，我們應該盡可能不把注意力放在自己身上，除非是為了控制難以駕馭的衝動。把別人置於自己之上，是一件正確也是優雅的事。

粗魯文化

優雅的最大威脅是我所說的粗魯文化，也就是絲毫不察自己對別人所造成的影響。當我們在會議上直接否定別人的點子、貶損他人來博取笑聲、當眾批評同事，我們就是不顧慮別人的感受。或者，其他更有趣的人出現時，我們立刻讓身邊的人覺得自己無足輕重，這也是一種粗魯。有一次我和某同事共進午餐，她發現外面人行道走過一個她認識的人，便立刻趨前，力邀對方進來跟我們一起坐。對方來到我們的桌位後，她都還沒介紹我跟他認識（我選擇相信她會懂得這麼做），她的手機忽然響起──從頭到尾她的手機都放在桌上，就怕有人打電話來。想當然耳，她立刻接起電話──這時，她老早忘了我和她原本正在商談，卻因為她逕自邀請路過的某人進來坐而打斷的事情，此外，她還把我和一個陌生人晾在一旁，不顧我們無話可說有多尷尬。顯然，她把我們兩個都給忘了。

電子產品耗光了我們的優雅。「要寫email喔！」有一次我巧遇久久未見的朋友，她轉頭大聲這麼告訴我，因為那時我們沒時間停下來聊一聊。電子郵件和簡訊很方便，但也讓我們變得社交遲鈍，身體愈來愈蜷縮，阻絕了跟周圍的人的溝通。地鐵裡甚至出現幼稚園才有的景象：雙腳故意張得開開，懶懶地坐在長椅上，擺明不讓別人坐在旁邊，或者某些女生會用包包占住旁邊的位置，不理會其他乘客沒地方坐，必須用站的。要不，就是忙著傳簡訊，沒注意到你的存在，好比某間玩具店的老闆娘一直坐在櫃檯後方，怎樣都不願意起身幫我挑選我要送給小姪子的生日禮物。真是蠢啊我，那時我還以為她是忙著在把某個重要日子寫在行事曆上，後來是我那十來歲出頭，比我更精明的女兒發現她在偷偷打簡訊。

鎮日伏首於鍵盤前，無怪乎起身後會笨手笨腳的。臀部緊繃，脖子鬆垂，背也駝拱。我會觀察別人的走路和站姿，結果發現多數人的身體都往前垮，肩縮胸陷，而這很可能是源於久坐或開車，走路太少，或者走路姿勢不正確，比如腳步過重，走路時眼睛看地上或者看手中的物體。到最後，我們失去了抬頭挺胸，輕盈自在的肢體能力。優雅不只是由內而外的最終表現，也是超越肢體的氣質展現。

然而，現代人卻變得愈來愈不優雅。網路上最能吸引點閱率的標題都是那些保證很糟糕的行為：「億萬大亨被潑灑香檳，暴走發飆」；美國女演員琳賽・蘿涵（Lindsay Lohan）被轟出旅館；加拿大歌手小賈斯汀（Justin Bieber）在社交網站Instagram上對著粉絲露出屁屁。

電視實境秀更助長了這類不優雅的行徑。這類節目的影迷看著隱藏錄影機所拍下的難堪時刻，比如忽然被公司告知得捲鋪蓋走路，面臨人生最遜的一刻，自己變成最失敗的弱者。而素人歌手選秀節目《美國偶像》（*American Idol*）中，評審賽門・科威爾（Simon Cowell）對參賽者的毒舌霸凌更成為該節目的賣點之一，但事實上這些參賽者是自願當眾被羞辱，以求上鏡頭。難道這些人真的那麼蠢？當然不是。生存競賽節目《倖存者》（*Survivor*）中參賽者不僅在言語上彼此批評，還會出手動粗。而實境節目《舞蹈媽媽》（*Dance Moms*）中，那些送孩子到舞蹈教室的媽媽們，其誇張粗鄙行徑，讓地鐵乘客的無禮行為，相較之下，只是小兒科把戲。至於看戲的觀眾，發現自己跟他們一比，文明優雅多了，自我膨脹之餘，還能透過移情作用，參與那些鬧劇，卻不用負任何責任。

當然，粗鄙的狂歡鬧劇也存在於電視外的真實世界中。二〇一四年五月，伊旺・斯皮革（Evan Spiegel）——他是曇花一現的照片分享軟體Snapchat的創辦人和執行長——在幾封電子郵件曝光後公開道歉。他在史丹福大學念書期間寫給兄弟會成員的電子郵件裡，得意洋洋地仔細陳述他如何把參加聯誼的女孩（「聯誼騷貨」）灌醉，還說他當時一度考慮要在他的約會對象身上撒尿。[4]有人說，這又沒什麼，不過是大學兄弟會常見的作樂方式。

是我們太容易小題大作，激動憤慨嗎？或者，因為我們太常過於憤慨，導致我們對於真正荒唐粗暴的事情麻痺沒感覺（打從一開始，這類事情就稱得上折磨虐待）？網路公審已經成為現實生活的一部分，尤其在經過推特或臉書等社群媒體的不適當散播後，義憤填膺成了必然的儀式。這是一種能讓參與者獲得滿足的循環過程：一開始是某名人幹了蠢事，於是被冒犯者上推特或臉書等社群網站尋求公道，冒犯者知道後，在部落格等地方貼文反擊，或者在臉書上相互攻擊，大家開始花時間去追蹤這個事件——相信我，這時，連最稱頭的主流電視台或報紙都會開始報導這件事——為什麼？因為有蠢事可以讓閱聽人瘋狂追逐。

我們處在一個獲得或給予的環境中：占便宜、控制權、為己著想，這些都是屬於獲得的層面。相反地，優雅跟給予有關。比如希臘神話中的「美惠三女神」就是魅力、美麗與自在的給予者。

在許多活動中——運動比賽、娛樂遊戲，商業競爭——成功所代表的不只是贏，還要壓倒性的贏。大家渴望的是一種全面宰制的形象，因此權力凌駕於優雅，贏取受到讚揚。付出被看輕，甚至被視為是脆弱表現。現在這個時代，崇尚一種誅族滅群式的控制，以及無所不用其極的知覺轟炸，整個社會彷彿被現代運動所瀰漫的類固醇美學給迷得神魂顛倒。

有位企業分析師詢問飛機製造公司波音的執行長吉姆·麥可勒尼（Jim McNerney），會不會在該公司規定的退休年限六十五歲時辦理退休，麥可勒尼回答，不會，而且他的說明方式顯然是要把自己塑造成可怕巨獸——此舉就是要讓某些人對他印象深刻。「只要我的心臟仍跳動，員工就會繼續瑟縮發抖。」他說：「我會賣命工作，無止無盡打拚下去。」[5]

這顯然又是一樁令人難忘的公開辯護。然而，從麥可勒尼自己的措辭，尤其是最後一句話，就可知道他的真正想法。**無止無盡**。永遠掌權。正在得勢，好運當頭時，何必放棄呢？位高權重，可取可得時，幹麼放棄呢？相反地，如果下屬有什麼是可以拱手交出來的，比如要求他們放棄福利、加薪、穩定的工作，讓他們畏怯抖縮，那就從他們下手，因為這是可行的。

愈多愈好，愈大愈好，最好是巨大到無人能敵，不管是利潤好處，或者美國饒舌名歌手肯伊・威斯特（Kanye West）和社交名媛金・卡達夏（Kim Kardashina）的世紀婚禮，或是好萊塢巨片的特效。比如溫馨樸質的《綠野仙蹤》前傳《奥茲大帝》（*Oz the Great and Powerful*），前幾年開拍時就徹底改頭換面，除了3D特效，連布景都是電腦合成，還有轟隆的音效、爆破場面，以及矯揉造作的嚴肅感。

從整體趨勢來看，慈悲謙遜，慷慨體諒，端正內斂，不露鋒芒，閒適自在，不直白唐突——換言之，優雅舉止——這些似乎被認為落伍了。

「特地為某人做些事，可以讓心溫暖起來。」這句話出自一九三五年的行為指南《討喜的個性！如何優雅地長大》（*Personality Preferred! How to Grow Up Gracefully*）。[6]就和同年代的其他書一樣，這本指南也從整體角度來討論優雅，認為優雅必須透過身體、心智和心靈的鍛鍊才能擁有。

「優雅不只是某些場合才需要展現的東西。」伊莉莎白・伍德沃德（Elizabeth Woodward）對其年輕讀者諄諄叮囑：「它是你每天都該具備的東西。」

《女性家居雜誌》（*Ladies' Home Journal*）的編輯伊莉莎白・伍德沃德收到成千上百位女孩的來信，尋求諮詢，後來她把這些信件和她的回覆加以整理出書。二十世紀社會文化出現紛擾騷動之前，伍德沃德寫給年輕人的這類成長建議通常是遵循古人的教誨。待人處世之道是藝術，需要反覆練習，以求精進。在某些方面，它也像是終身都要跳的一支舞，有舞步規則和舞目，也需要經常排演練習。這種生活藝術不只必須展現在晚餐或起居室裡的言行舉止，也要融入日常生活的大小層面中。透過儀態和適當的身體語言來掌控肢體，長久以來一直是「行為準則書籍」的主題，比如《討喜的個性！如何優雅地長大》這類書籍就屢屢重申，肢體的掌控，是優雅生活不可或缺的條件。

儀態展現

儀態的展現不僅關乎姿勢——雖然姿勢確實很重要——也包括態度從容緩慢，如此一來，舉手投足才會尊貴自在，也才不會礙著他人。「匆忙會讓女孩顯得笨拙，舉凡樓梯踩空、撞到人、踩到別人的腳、飲食潑濺到衣服、說錯話等，都是匆忙造成的。所以，慢慢來。」伍德沃德寫道：「讓腦子有時間想好該怎麼做，才不會莽撞誤事。」

「那女孩進入房間，渾身充滿魅力，因為她優雅從容，能掌控全局。」這句話出自美滿家庭促進會的手冊《好人緣》。[7]一九三〇年代和四〇年代出現許多自我成長系列的郵購出版品，這本手冊便是其中之一。當時家政被視為一門藝術，也是一門科學，所有女性都被期望能自我學習，懂得音樂鑑賞、園藝、地毯編織，以及「經濟上如何節流。」因此可以想見，如何讓自己討喜可人也同樣重要。

該手冊裡有篇名為〈身體之美〉的文章寫道：「我們舉手投足時，每寸肌肉的收縮伸展都要像彈出一個音符，而每個音符組合起來必須變成一首和諧美妙的樂章。」

美國禮儀作家艾蜜莉・波斯特（Emily Post）對此極表贊同。在她那本一九二二年出版的經典著作《社交界、商界、政界和家庭之禮節》（*Etiquette in Society, in Business, in Politics and at Home*）中，她在讀者面前虛構出一位已婚的社交名媛，把讀者的注意力引到這位社交名媛的步態上。

> 歐德婻太太的走路姿態如何？或許可以藉由俄羅斯偉大芭蕾女伶安娜・巴芙洛娃（Anna Pvlowa）的舞姿來回答。肢體平衡，胸挺腰直，卻一點兒都不死板。步幅適中，而且，如同舉止優雅的任何人或舞姿精湛的舞者，她走路是從臀部的肌肉啟動，而非從膝

蓋。她的手臂不亂擺動，也不會一手扠著臀！走路時雙手絕不會左搖右晃。[8]

歐德嫡太太極可能事先做好心理準備，才進入宴會大廳穿梭其中。該指引教導女孩，在跨出第一步前就必須展現優雅。也就是說，優雅始於靜止狀態，一種準備迎接美好時光的沉著狀態。你準備好去參加宴會了嗎？「要先集中心思意念。」伍德沃德女士說。在她看來，沉穩機靈的心思和態度正是優雅的精髓，而適當的準備才能具體展現出優雅。在宴會前幾天就先穿上華服，練習穿著它四處走動，然後忘了它，專注在你的情緒和心思上，這樣你才能讓周遭的人和你一起感受那種輕鬆自在。聆聽美妙樂音（別聽太多爵士，她寫道，因為那會讓你無法鎮靜——無法鎮定可是優雅之大敵）。走進會場前先讀讀法文，讓腦袋清醒。從這觀點來看，美麗動人不只在於外表穿著，也不只在於牢記禮節規範——雖然本書也會強調這些——伍德沃德說得很清楚，重點在於你的外表和行為品質，以及你所傳遞給人的高貴、自在與溫暖感覺。如果，當今年輕女子之間所盛行的是這種觀念，而不是購物商場可以買到什麼新貨，那會是什麼光景呢？

《好人緣》手冊建議：「當你覺得害羞不自在時，就想想其他人。一心無法二用，所以當你想著其他人，就不會因為注意力全放在自己身上，而感到害羞不自在。這是好人緣的第一步。」

低調

這本手冊和那年代的同類書籍所一貫強調的主旨，都是低調的美德，目的是要不引人注目，除非你有貼心知己陪同，且置身在適當的歡慶場所。這些指南手冊提醒女孩，要盡可能不著痕跡地融入環境中，避免在公共場所引起注意，免得招致尷尬與難堪。此外，凡事要先顧慮他人，因此去看戲或觀影時，要想到其他觀眾，入座時別碰撞他人的膝蓋或踩到別人的腳，盡量保持安靜，低調內斂。安靜地進食，低聲說話。內斂，再內斂，甚至外出遠行時把香水留在家裡。「很多人在飛機上會不自在，所以，應該為他人著想。」伍德沃德寫道。這樣的叮嚀，在一九三五年肯定相當先進，因為當時的飛機是很新的交通工具，機艙內噪音很大，而且顛簸厲害。

自制

自制是高貴、體貼與優雅舉止的基礎。衣物的下襬長度和鞋跟高度等流行標準經常在變，但以優雅而言，重點不在於個人對禮節是採取隨興或謹守的態度。優雅是一種源於自制的自在感：能純熟地駕馭自己的反應、需求或掛念，專注在別人身上，創造出更和諧的互動和愉快的氣氛。然而，對多數人來說，自制這種能力不是自然而然就有的，它是技巧，需要練習，需要有可信任的長者持續但溫和地提醒我們，需要有日常的諸多例子當範例。

自制這種美德重要到足以成為一系列古書卷軸的主題，而且被反覆謄寫，悉心保存，以便源遠流長。相較之下，同時期的其他古書卷軸都已化為塵埃。這系列的古書卷軸就是四千多年前埃及王朝的大臣普塔霍特普撰寫的禮儀書，他透過這些卷軸來強調社交優雅及自制的重要性。

「內心可以熱情澎拜，但務必謹守口舌。」他寫道。他對世人的勸誡內容包括要行好施善、留意他人，別人說話時要帶著慈悲心，安靜地聆聽。他尤其在意失控的怒火：「切勿帶著怒氣出聲打岔或回答，遠離失控的怒氣，控制自己。」[9]

普塔霍特普訂下的這些準則（在埃及的象形文字中被描繪成「心的控制」，可說極為貼切，因為當時的人把心視為理性的所在處[10]）預示日後行為準則等相關文獻的主要基調，從摩西的《十誡》到國際新聞稿件供應社「禮貌夫人」（Miss Manners）的文章。自制是秩序與和諧的關鍵要素，以埃及人的意象來說，若能控制心，控制身體的引擎，各方面就能運作順暢，包括情緒、身體和人際往來。優雅小舉動要能有助於人際關係，必須透過一些方式來約束精鍊個人，使其能量不至於失控，比如不操控談話過程，禮讓別人說話，或者冒犯到他人時，無論是否有意，都要道歉來緩和尷尬氣氛。自古以來作家們便說，優雅是美的象徵——舉止之美、表達之美，行為之美——然而，這些美要能綻放，必須靠紀律。

換言之，優雅是建立在努力之上，包括內在和外在的琢磨。練習、專注、自制，讓自己融入優雅中。如此一來，你就能獲得智慧——這智慧可說是透過不斷練習而養成的習慣——懂得怎麼保持靜默，怎麼反覆思忖腦袋冒出來的第一句話或第一個念頭。

一九三〇年代對優雅的普遍看法——將之視為一種慣常的練習，這種練習跟一個人的整體面向有關，並能反過頭來強化個人的身心靈等整體層面——正是文藝復興時期的義大利所盛行的價值觀，這個時期的作家和藝術家念茲在茲的就是該怎麼定義優雅的理想典範。[11]畫家米開朗基羅和拉斐爾追求的是完美的人體型態，詩人則透過筆來淬鍊人類行為，以臻至美學及靈性的完美境界。十六世紀佛羅倫斯的詩人暨主教紀凡尼・德拉・卡薩（Giovanni Della Casa）把優雅等同於精緻工藝，從他的描述來看，優雅就是藝術，因為優雅是遵循一種永恆的設計準則來與人相處，而這種準則就是平衡、秩序與和諧。這種精緻優雅的淬鍊概念，凸顯了藝術與廉價品之間的差異，也構成他對社交優雅的定義。

「做好事不夠，還必須帶著優雅的舉止用心來做。」德拉．卡薩在 *Il Galateo overo de'costumiu* 一書中寫道，這本書通常被譯為《卡拉提歐：或禮貌行為之規則》（*Galateo: Or, the Rules of Polite Behavior*）。[12] 他這本輕薄的暢銷書出版於一五五八年（他死後兩年），讓義大利式的社交優雅風靡整個歐洲。正如德拉．卡薩所言：「優雅無他，不過是一道禮儀之光（請容我這麼說），照亮了行事得宜及樂於助人，並讓這些行為完美均衡地整合在一起。」

他說，沒有「均衡相稱」，就算是好事也不「公允」或美麗。「而公允本身並不討喜。」

德拉．卡薩也具體說明了如何才能行事得宜。掌控肢體至為重要，目的是一舉一動都能協調順暢，整體看來自然有優雅之感。重點是，做動作時要關注到身體的每個部位。

坐，不得伸手亂抓亂搔，或亂吐唾涎。站，不得頹肩縮背，或東倚西靠。行，不得衝撞或奔跑，免得「疲累汗流，氣喘吁吁。」

言辭的藝術不僅是展現聰慧機智，還包括肢體訓練。「再者，對自己的舉止反覆思量，乃必要之反省，想想你是如何移動身體，尤其與人交談之際。」德拉．卡薩寫道。饒舌者很容易在說話時忘形，變得魯莽輕率，所以經常可見「這人搖頭晃腦，那人擠眉皺眼，另一個嘴歪唇斜，還有一位口沫都橫飛到別人臉上。」

德拉・卡薩的書名《卡拉提歐》（Galateo）乃借用朋友之名，但說不定是取自希臘神話人物皮格馬利翁（Pygmalion）的故事。相傳這位雕刻家為自己創作出一個完美女人，甚至愛上她，還藉由他愛的力量，設法讓她變成真人，而這個女性雕像的名字叫做卡拉提亞（Galatea）。或許德拉・卡薩想藉此告訴世人，優雅的行為舉止就是一種雕琢自己的方式，可以把我們日常舉動提升成生活藝術。（把禮儀學習等同於藝術創作，不獨德拉・卡薩一人。愛爾蘭劇作家蕭伯納那齣探討社會轉型的戲劇《賣花女》，原名《皮革馬利翁》〔*Pygmalion*〕，就援引了這個故事。不久之後又有更多類似的作品出現。）

淡然

在《卡拉提歐》這本禮儀書中，德拉・卡薩指出了優雅的矛盾性。在肢體層次，「這道禮儀之光」——他給了優雅如此迷人的稱呼——來自於偽裝過的努力。熟練優雅這套技藝，或者試圖精進此技藝的人，想必能明白德拉・卡薩這句話的意思。比如二十世紀的美國知名舞者暨演員金・凱利（Gene Kelly）就藉由變化多端的踢踏舞來訓練肩膀，讓它保持柔軟穩定。瑞士網球名將羅傑・費德勒（Roger Federer）的前臂之所以能靈活如水流，正是因為他打過成千上萬顆球。他們兩位之所以不同於其他舞者和網球選手，就在於他們的優雅身軀，而這優雅，正是來自於他們能成功遮掩這些費力辛勤的努力過程。

其實，這種遮掩努力過程的能力，是一種天分，而且數世紀以來被認為是優雅的重要關鍵，無論是肢體優雅和社交場合的優雅。在德拉・卡薩之前，一五二八年有位義大利詩人暨外交使節巴爾達薩雷・卡斯蒂利奧內（Baldesar Castiglione）創造了sprezzatura這個詞，來陳述一種淡然狀態——在這種狀態中，艱困的努力看似輕鬆，而優雅也因此渾然天成。卡斯蒂利奧內的著作《廷臣論》（*Il Cortegiano*，英譯為*The Book of the Courtier*）描述一群貴族和烏爾比諾公爵（Duke of Urbino）的密友聚集在一起，討論理想的皇家親信和充分具有文藝復興精神的人應該具備什麼特質——當時該皇室可說是義大利文藝復興運動的重鎮。本質上來說，《廷臣論》是一本歐洲貴族的自我成長書籍，教導他們如何從人文角度來處世。卡斯蒂利奧內最為人所著稱的是他的願景：一個以美、理性和慈悲來運作的和諧社會，這樣的願景讓拉斐爾感動到幫他畫了肖像。這位冷靜自持的畫家對這位外交使節的好感，展現在肖像眼睛所流露的脆弱和諒解上。這幅肖像畫跟收藏於羅浮宮的名畫《蒙娜麗莎》的構圖有諸多相似之處，從優雅的側身姿勢，到柔和的色調和靜謐的光線。卡斯蒂利奧內對優雅的論述，使得他成為當時備受讚譽的作家，人人敬仰的英雄，其影響力更流傳至今。數世紀以來，《廷臣論》始終是國際性的暢銷書，也是禮儀書的典範。

我們可以把這本書視為十七世紀版本的《與成功有約：高效能人士的七個習慣》（*7 Habits of Highly Effective People*）——這本暢銷書的作者是企管大師史蒂芬・柯維（Stephen Covey）。卡斯蒂利奧內認為廷臣應該熟練兵器、馬術、舞蹈等技能，然而不可或缺的首要能力是「言行舉止充滿優雅氣質。」[13]

貴族血統固然有助於優雅的養成，但並非唯一條件。卡斯蒂利奧內筆下最博學多聞的盧德維柯伯爵（Count Ludovico）說，「縱然俗諺幾乎一面倒認為」，肢體的優雅無法學習而得，但事實上是可以的，只要「盡早開始，而且受教於最好的老師」，此外「自己要竭盡所能去仿效——如果這行得通——改變自己，使自己能像老師那麼優雅。」

這時，就是Sprezzatura這個讓卡斯蒂利奧內聲名大噪的詞彙起作用的時候。沒有Sprezzatura這種淡然，就不可能真正優雅。Sprezzatura意味著不受他人影響，同時「言行舉止渾然天成，毫不費力造作。」

盧德維柯伯爵說，熟練的技能「可以創造最了不起的奇蹟」，而勉強費力「會洩漏你有多渴望優雅。」這種信手拈來的優雅是義大利人最了不起的地方，比如義大利國寶級演員馬切洛・馬斯楚安尼（Marcello Mastroianni）和蘇菲亞・羅蘭的優雅就輕鬆自若到讓人看了賞心悅目，而且充滿活力、渾然天成。

Sprezzatura（淡然優雅）這個詞彙讓人想起優雅的另一個義大利式概念：bella figura，直接翻譯就是「美麗身形」，意思是衣著光鮮亮麗，舉止高雅，讓人留下深刻印象。換言之，在你走出去面對世界之前，要確定自己是處於最好狀態，這種態度不同於那種想跟上潮流而學習仿效的表面虛榮。

Sprezzatura是一種不著痕跡的藝術，如果你是為了想讓別人讚賞你下了很大功夫才練就優雅，那就不是Sprezzatura（淡然優雅），或者，那是適得其反的Sprezzatura。換句話說，那是試圖透過矯揉造作，來費力對抗矯揉造作。要小心這種心態：「喔，我只是隨便穿」或「隨便煮一煮」，但事實上在誇耀自己精心準備，力求完美的服裝或餐點。這類虛假的淡然反而會讓說話者本身成為遙不可及的光芒，迥然不同於我們這些經常壓力很大，永遠追趕著最後一分鐘，最後還是忘了準備沙拉醬的凡夫俗子。在料理方面的優雅標竿，非作風務實的茱莉亞・柴爾德（Juila Child）莫屬。這位美國名廚暨電視節目主持人看起來永遠天不怕地不怕，充滿魅力。她輕鬆真誠地在流理台前搗馬鈴薯泥，舀起一坨，扔進熱鍋裡，準備做馬鈴薯餅，同時開心地跟電視機前的觀

茱莉亞・柴爾德，攝於一九八八年。

眾聊天。只要有她，任何事情都變得輕鬆自然，就算失手搞砸也是小事一樁。這就是Sprezzatura（淡然優雅）！

最棒的是，Sprezzatura可以軟化伴隨著完美主義而來的冰冷僵化。有些人一心只想展現出自己有多厲害，比如晚宴的主人只顧著照看鮭魚千層酥皮派，卻把客人晾在一邊。或者某些客人口若懸河，妙語如珠，說個不停，不讓別人有機會開口，只因他們永遠都想成為注目焦點。此等殫精竭慮之舉，絕無優雅可言，因為這些人沒能表現出從容，好讓旁人輕鬆自在，而且也沒能察覺到旁人最需要的東西，並加以回應。別人需要的東西是接納、溫暖的連結，以及少許的歡樂。優雅可說是一種平衡技巧，可以讓你愉快地表現從容，並回應別人的需求。

優雅之劇的插曲：禮貌警察所示範的不優雅

跟嚴厲要求相比，愉快自在以及內斂低調這類小舉動才能真正發揮德拉・卡薩所說的「禮儀之光」，也就是說，要享受取悅他人所得到的樂趣，不要拘泥在枝微末節上。小題大作只會顯得你想引人注目，沒辦法讓你成為一個更好相處的人。

然而，我們很容易——應該說太容易——去感嘆這世界只會瘋狂追逐膚淺的東西和稍縱即逝的滿足感。的確，上個世代很看重人格品德，而界定品德的標準是能否自制，是否服務他人，忠心信仰上帝。但我們得小心，別太緬懷那樣的日子，因為當時的社會規約可說僵硬到會讓人窒息。作家凱瑟琳・安妮・波特（Kathrine Anne Porter）對於二十世紀早期充滿嚴厲評斷的美國社會有深刻的觀察，她說那是一種「教條式的道德觀」[14]，行為規範嚴格到規定什麼樣的人可以愛，可以娶嫁，哪些行為只適合男人，不適合女人，怎樣的人有資格成為天堂的一等子民，怎樣的人沒資格——喔，這扯遠了，不過，回想一下，前文提過了，希臘神話中代表優雅的「美惠三女神」的母親是愛神愛佛蘿黛蒂，父親是酒神戴奧尼索斯，換言之，優雅應該是愛與愉悅的產物，不是教條和嚴苛所培養出來的。

劇作家蕭伯納以他如寶石熠亮的犀利目光，一針見血地揭露只想透過行為來炫耀的人會有什麼下場：情緒滯礙、缺乏慈悲和人性情感。

在蕭伯納的劇作《巴巴拉少校》（*Major Barbara*）中，布莉托瑪特・安德雪夫特夫人（Lady Britomart Undershaft）代表的就是那種會仗勢欺人的上流階級，當她斥責糾正她那戰戰兢兢的兒子，引經據典的模樣彷彿把華盛頓那本《與人相處和談話中的文明守則與得體行為之準則》背得滾瓜爛熟，然而，那得理不饒人的姿態又像背棄了這份準則的精神。她叫別人要自制克己，卻錯誤地讓這種美德變成阻礙，讓自己變成一個沒有同理心的人。她不屑地表示，只有中產階級才會對這個世界的邪惡墮落產生一種

「無助恐懼的愚鈍狀態」。「沒什麼能讓咱們這上流階級心驚意亂，因為咱們有權力決定該怎麼處置那些惡人。」

蕭伯納在創作《賣花女》（*Pygmalion*）時，是否想故意諷刺扭曲德拉・卡薩的《卡拉提歐》？這齣劇以希臘神話中的雕刻家皮革馬利翁為劇名，而劇中主角希金斯教授就像雕刻家皮革馬利翁，以及曾經研讀過德拉・卡薩那本禮儀手冊的人，念茲在茲的就是優雅。他也想創造出一個完美的優雅化身，於是因緣際會之下，決定把說話帶著濃濃考克尼腔✤的賣花女伊萊莎徹底改造，鉅細靡遺地把上流階級的言行舉止灌輸到她身上。她成功地蛻變成高貴教養的英國淑女，同時保有自重的特質，也就是說，她就像希臘神話中的女雕像卡拉提亞，擁有一個全新的生命，然而跟卡拉提亞相比，伊萊莎擁有真正的自由，這種自由來自於她對自身所屬的社會意識有所覺醒，而她之所以能覺醒，都要歸功於希金斯身邊的人。蕭伯納讓觀眾看到，真正具有高貴教養的人是她，而不是那個受過教育，卻傲慢勢利的希金斯教授。儘管出身上流階級，希金斯卻是一個冰冷、粗鄙、喜歡嘲諷的勢利鬼。他的手，是用來贏賭注，不是用來幫助別人。

✤一種倫敦特有的方言，普遍使用於下層工人階級。

「親愛的孩子，為了優雅，在所不惜！」

美國建國之初所採取的禮儀規範非常嚴苛，肯定會讓《賣花女》中的亨利・希金斯教授大為讚賞。在當時仍有殖民地氛圍的社會中，階級分明，年輕人從小就被教導要服從於權威，這正是華盛頓那本備受讚譽的行為準則的基調。

後來，強調輕鬆自在而不刻意行事的觀點如雨後春筍冒了出來，推翻舊有思維，讓美國人開始想撼動既有的社會秩序。一七七四年在英國出版的《致兒書信集：成為頂天立地男子漢與紳士之藝術》（*Letters to His Son on the Fine Art of Becoming a Man of the World and a Gentleman*）是在作者齊斯特菲爾特伯爵（Earl of Chesterfield）去世後一年付梓的，這本書信集一上市，立刻成為當時大西洋兩岸的暢銷書。雖然美國殖民地的人民迫切想要拋開英國統治的種種餘跡，但對於英式的優雅教養仍稱頌不已。這本書內容豐富，深入地侃侃論述：任何男人都可以自然而然地表現出優雅，享受美酒、女人和摯友相伴。齊斯特菲爾特伯爵，本名菲力浦・斯坦霍普（Philip Stanhope），長年擔任外交官，曾任英國駐荷蘭大使，與法國思想家伏爾泰和孟德斯鳩等人交好，但若非留下了這本書信集，恐怕也會為世人所遺忘。這本深具意義的著作透過三百多篇父致子的書信，來傳達生活的藝術，堪稱為他畢生的最大成就，每篇都是身為父親的肺腑之言，而且書寫時沒想過要公開出版，因此數百年後展讀，格外生動，真誠自然。

齊斯特菲爾特伯爵就像所有關心子女的父母，努力想協助孩子備妥面對現實人生所需的一切。他寫道，他最希望聽到別人說他的兒子，「真有禮貌，真是優雅，簡直像個賞心悅目的精緻藝術品！」[15]因此伯爵花了好大心思把兒子教養成一位紳士。但事實上，這個大膽承襲了父親名字的小菲力浦・斯坦霍普，其實是個私生子。

真是諷刺啊，美國人最愛的禮儀聖經竟然是一位私生子的教養手冊，然而，對義大利畫家卡拉瓦喬來說，這正是他覺得自傲的地方——這位畫家經常畫妓女和身上沾滿汙泥的聖徒，因為他想彰顯這些人身上的超驗美感。齊斯特菲爾特伯爵對私生子的諄諄教誨和期待所反映的是一種極為民主的本質，而這種本質吸引了普羅社會去感受之前沒想過的東西。換言之，即便不是王公貴族或波士頓的上層名流，也能優雅地過生活，而且不會因此變成矯揉造作的虛偽之人。齊斯特菲爾特伯爵對兒子的優雅教育偏向義大利式，也就是把焦點放在鉅細靡遺的行為守則，而非白種美國人盛行的道德教條式箴言。[16]如果說他沒什麼談到道德責任或服務他人，那是因為他認為讓別人覺得愉快是更重要的事，不過，大體而言，他最看重的還是優雅的言行舉止。

在他看來，優雅是一種細膩幽微但不可或缺的東西。這種東西，只要你親身感受過——比如和優雅的人相處一段時間——就可以靠直覺辨別出來。他認為法國人已將優雅當成宗教來崇拜，也因此巴黎成了「優雅之都」。在巴黎，交談是一種藝術，能留神聽出對方所使用的語言之精準，言談內容之優雅者，才是最好的聆聽者。此外，優雅的部分精神就展現在迷人風采上，也就是法文的「Enjouement」，即歡樂，「其所在之處，都充滿歡樂。」

優雅會顯現在你的穿著、儀態、舉止和言行上，也會表現在你的情緒中。「親愛的孩子，」一七四八年三月時，齊斯特菲爾特伯爵寫道：「**為了優雅，在所不惜。**」（他寫這句話時還特別用大寫強調）。

> 同一件事，無論說或做，有無優雅之效果差異，難以想像。帶著優雅，就能深入人心，而人心的影響力遠大於理性的理解，因此，優雅值得我們投注心思……
>
> 幾千件無法一一區分界定的小事情，共同打造出優雅，這種je ne sais quoi⚜常能取悅他人。漂亮的人、教養的舉止、合宜的穿著、和諧悅耳的聲音，開朗歡樂的表情……這些加上其他，都是組成那令人愉悅的je ne sais quoi的必要成分，這種難以言喻的優雅人人都可以感受到，卻沒人能具體描述出來。

⚜ je ne sais quoi 為法文，字面意思是「我不知其為何的東西」，引申為「難以言喻之物」。

幾個月後，齊斯特菲爾特伯爵在書信中提到卡洛・馬拉達（Carlo Maratti）的一幅畫，這幅名為「繪畫之學派」（The School of Drawing）的畫作所描繪的是「美惠三女神」，在她們的下方有個橫幅寫著：「沒有我們，一切都是虛工。」齊斯特菲爾特伯爵提到，所有畫家都知道，這三女神是所有女體畫像的範本，但很少人想到，「任何言行舉止，若沒有這三女神所象徵的優雅，一切都枉然。」

他寫道，如果你問問自己，為什麼有些人能取悅你，有些具有「同樣優點」的人卻無法讓你想親近，你經常會發現：

> 能取悅你的人通常具有美惠三女神的特質，而後者沒有。我認識很多女人身材完美，增一分則太肥，減一分則太瘦，體態勻稱，比例無懈可擊，然而她們無法取悅任何人。相反地，有些女人身材和五官都很平凡，卻人見人愛，為何如此？因為，維納斯若沒有美惠三女神相伴，就不可能那麼絕美傾城，然而，就算沒有維納斯，美惠三女神本身就會讓人想與之為伍。

他說的對。根據這個道理，我們就不難理解為什麼美麗出眾的女星安・海瑟威（Anne Hathaway）經常招致各種批評，而親切如鄰家女孩的珍妮佛・勞倫斯（Jennifer

Lawrence）則怎麼做怎麼對。後者具有美惠三女神的特質：自然、從容——就連裸照外流都能處理得泰然自若——而且感覺上她比安・海瑟威好相處多了。

齊斯特菲爾特伯爵的許多建言具有永恆價值，不受時空限制，比如他嚴厲批評讓人不舒服的言行舉止。「在大家面前拿起一封又一封的信來讀……這是非常無禮粗魯的事，彷彿要告訴對方，跟你們談話真乏味。」（就像跟人聚會時自顧自地滑手機，閱讀一封又一封的電子郵件。）他認為生命是一場饗宴，我們胃口大開地去享受這場盛宴。他叮囑兒子，要有學者的淵博知識，廷臣的周到禮節——也就是能整合「書籍與真實世界」——如此就能充分享受生命給予的一切好處。齊斯特菲爾特伯爵所說的「世界」，是指完整全面性的真實世界。「任何事物都值得見識一次。」他論道，鼓勵兒子去聽歌劇、戲劇，就連「街頭珍奇偷窺秀」都要嘗試，因為就連伯爵都不以偷窺秀為恥。

良好教養意味著能輕鬆自在地跟人交談，尊重不同階級，「對任何人都同樣用心，而且身體能自然放鬆」。要在各種場合，都能肢體不彆扭，必須透過訓練——齊斯特菲爾特伯爵把這歸功於他到了這把年紀所養成的自制功夫以及歲月的歷練——此外，也需要透過規律適當的日常作息。他叮囑兒子要黎明即起，趁著早晨時光處理公事，下午則運動健身，晚上與家人或朋友相處。

小心那種「因羞怯而侷促不安所導致的肢體僵硬」！這種狀況可以透過「翩翩神采」來消除。「你無法想像，而我則無法充分表達，翩翩神采、彬彬有禮、迷人的言行舉止會給你帶來多少好處，不只讓你置身女人當中無往不利，就連在同性當中也是，甚至適用於公務或生意場合。這樣的風采可以讓你迷倒眾生，獲得特別青睞，贏得任何人的心。」

就像卡斯蒂利奧內所說的Sprezzatura（淡然優雅），翩翩神采也需要透過一些技巧手段才能辦到。不能故作翩翩，這樣就不夠放鬆自在。你要看起來樸質自然，但唯有透過練習，才能給人這種感覺。這正是齊斯特菲爾特伯爵在書信中一再強調的重點：你的表現要有說服力才行。其實，他有點主張要先造作——或者應該說他堅信必須先造作——因為他認為，得先假裝翩翩神采，最後你才能真正融入翩翩神采的狀態。

在此敬告讀者，他這番建議值得採信，畢竟，如果他的兒子都能根據他的方法學習到優雅，那任何人也能如法泡製。或許伯爵一開始並非刻意走平民路線，但他的作法確實很平民。「Les Manières（禮貌）、Les agremens（贊同）、les Grâces（優雅），不能透過理論來習得，唯有把它們運用在已具備這些特質的人當中，才可能駕輕就熟地展現翩翩神采。」他寫道。因此，他力促兒子要模仿上流社會的言行舉止，觀察四周的人，仿效他們，設法打入那個圈子。透過這種方式，就算平凡人也能在社交場合展現出優雅，藉此提升自己的氣質，即便他們非上流出身。

不過齊斯特菲爾特伯爵的有些建言甚顯誇張，比如他認為女人「是比較大的孩童」，無法被交託任何嚴肅事物。義大利哲學家馬基維利（Machiavelli）認為，我們可以藉由研究別人的弱點，知道「用什麼當釣餌，來讓對方上鉤」，這種觀點並不會招致批評，反而被認為是政治上的精明表現，然而，伯爵主張透過優雅的行為來晉身上流社會，過著紈褲子弟的生活方式，這種觀點卻受到頑固者的批評。所以曾有某出版商在出版他這本《致兒書信集》時，為了提醒讀者而特別標明：齊斯特菲爾特伯爵「無視於較高層次的人性利益。」然而，他的書信集之所以暢銷，也正是因為這種爭議色彩。許多編輯要不直接刪除跟女人有關的歧視作樂的章節，就是原文保留，但對讀者致歉。從一八〇〇年代開始，齊斯特菲爾特伯爵在美國的知名度大增，其書信集受歡迎的程度甚至超越其他的行為準則書籍。[17]甚至到一九〇〇年代仍有多種版本陸續推出，而且許多版本的書名都是《美國人的齊斯特菲爾特伯爵》（*The American Chesterfield*）。

最後，悲哀又諷刺的是，伯爵這些金玉良言對各年齡層陌生人的幫助，遠大於他鍾愛的收件人，因為他的兒子小斯坦霍普，在三十六歲那年溘然離世，而離世前夕所收到的書信就成了父親最後的作品。

二〇〇六年上映的電影《蠢蛋進化論》（*Idiocracy*）一語道破現代愈來愈粗鄙無禮，毫無優雅可言的極端趨勢。故事描述軍方的人體冬眠計畫出了差錯，讓主角被冬眠後受到遺忘，五百年後他自己醒來，發現世界變得愚蠢至極，愚拙的人類連話都說不清，每包零食都是超大份量，家家戶戶最主要的娛樂是一齣名為《唉呀，我的蛋蛋！》的節目。在那樣的時代裡，人人目不識丁，沒有智慧，連優雅也蕩然無存。

第二部

端詳優雅

Part 2

Looking at Grace

第五章

巨星的優雅
摩城唱片教我們的事

女子若典雅，就算坐在垃圾桶上也很美。

——美國禮儀大師瑪可辛．鮑威爾（Maxine Powell）

幾個人迫不及待把自己連同柏金包塞進狹窄座位，準備花九十分鐘觀賞一列眼神空洞，瘦骨如柴，穿著細跟高跟鞋的人在伸展台上走動。就連關在畜欄裡的荷蘭好斯坦種乳牛（Holsteins）所擁有的活動空間，都比紐約時尚週採訪記者的座位大得多。

正當你摸著黑，越過露天看台上的觀眾，越過皮草大衣和那些一動也不動的時尚達人，終於抵達你的座位時，忽見名人和隨扈迎面而來。他們漫步在走道上，氣勢猶如全能全知的神下凡來，榮登第一排貴賓席後，他們會假裝沒注意到四周那些瞠目結舌看著他們的旁人。在這種鎂光燈閃爍的場合，名人的出現當然會成為注目焦點。

總之，我之前對於時尚秀都是這麼想像的，直到那天早上，在華裔美籍名時裝設計師王薇薇（Vera Wang）的時尚秀開始前一秒，燈光黯淡下來，陰暗處奔出一名女子，在走道上小跑步，找到位子就坐。她穿著厚底的船型高跟鞋，奔跑時略弓著身子，目光低垂，彷彿不想引人注目。然而，由於她是超級巨星碧昂絲（Beyoncé），所以大家都注意到了。

她的打扮可說是那一週我看過最蠢的穿著（這正證明了某些事）——那件衣服幾乎蓋不住她的臀部，在腰間皺成一大圈，大腿處則呈收束狀。我甚至敢說她看起來就像把自己塞在一顆棉花糖裡。可是，那光芒之耀眼！其實，在幾近黑暗的光線下，很難辨識來者何人，可是，她彷彿隨身帶著一盞亮閃熠熠的聚光燈——這就是碧昂絲的奇蹟，有辦法成為所有女人的忌羨對象。會不會是燈光師特別喜歡她，幫她打了燈？如果是這樣，那就更叫人忌羨。算了，這不重要，我要說的重點是，真正引起我注意的是她抬眼看著伸展台時的開心期待眼神。

她靜靜地坐在椅子上，專注地融入現場的期待氣氛中，彷彿迫不及待要看看伸展台上會發生什麼事。

我很早之前就非常欣賞碧昂絲在舞台上能竭盡所能地性感撩人，下了舞台卻能維持典雅的形象。她的光芒，那道伴隨著她的聚光燈，似乎由內而外發亮，就像一種內在奇蹟，但其實這就是優雅所散發的魅力。她從小就被教導要善待他人，而且據很多人說，她的為人處世確實秉持這個原則。此外，她對工作的熱情和職業道德也是眾所周知，非常具有敬業精神——絕不會蓬頭垢面或失控地出現在媒體面前——更可貴的是，她遠離是非，少有醜聞見報。光是這些，就足以讓她成為楷模，更何況她大力倡導女性賦權（female empowerment，或譯為女力），配合的樂團不僅全是女性，歌曲也經常強調女人的能力和自我接納的重要性。

她或許不是唯一自律甚嚴，形象正面的明星，然而她的優雅肢體卻無人能敵。放眼望去，現今演藝圈沒人能像碧昂絲具有性感和肌肉，同時帶給人愉悅和力量。她肯定具備一種唯她獨有的超凡地心引力，否則該怎麼解釋她竟能踩著那樣的高跟鞋，做出激烈的旋轉和甩髮動，而且整個過程都在她的掌控中。她那修長婀娜的脊椎堪稱是最新的人體奇謎。此外，她擁有絕佳的藝術鑑賞品味。二〇一三年在足球超級盃中場的表演，可說是對三〇年代電影女星瑪琳・黛德麗（Marlene Dietrich）那種夜總會風格的時尚感及泰然自若的性感致上最高敬意。（感謝妳們，各位女星——還有妳，瑪丹娜——讓我們偶爾回味黛德麗的才華。）

關於碧昂絲的優雅實例，俯拾皆是，比如當她接受訪問或出現在公共場合時，總能散發出溫暖氣息，還有她在歐巴馬總統第二任就職典禮上演唱美國國歌〈星條旗歌〉（*The Star Spangled Banner*），被人爆料她是對嘴演出，面對此軒然大波，她卻能冷靜以對。這正是避免捲入紛爭的其中一堂課：她在指責聲沸沸揚揚時保持沉默，等到恰當時機才以兼具美感和說服力的方式來封住批評者的嘴。這個時機就是一週後，在超級盃前夕的記者會上，她在一群媒體面前，忽然現場清唱起美國國歌，讓媒體樂壞了。「這樣還有問題嗎？」等最後一個高亢音符慢慢沉澱後，她愉快地問道，終結她之前無法嚴正反駁的臆測。

有一次，在林肯表演中心所臨時搭建的帳篷底下，我親眼見到下了舞台的碧昂絲展現出一種難得在明星身上見到的優雅。她沒有超級女星的出場架式，沒有安全人員簇擁，也沒有擺出我是目光焦點或一副屌樣，相反地，她態度謙遜，尊重現場環境，而且身上穿的就是參加時尚週時的奇怪衣服。片刻後，三位模特兒穿著同樣的洋裝昂首闊步地走在通道上。其實碧昂絲大可成為該設計師的活招牌，但她沒四處招搖，而是一貫地保持低調。

為什麼那一刻的碧昂絲會停留在我的腦海？因為在那一刻，女主角故意不當女主角，她沒讓自己成為搶了別人風采的孔雀。她沒仗著自己的名氣大聲嚷嚷，要大家都注意到她的存在。多數明星會不耐煩，有時更狂妄自大到人神共憤的地步，然而碧昂絲卻提醒我們，要隨時反省自己出現在該場合的緣由。她那種精神，就是讓人讚歎。

置身在車水馬龍，熙來攘往的人群中，我都忍不住憎恨起這個世界了，起碼，紐約曼哈頓中城幾乎盡是這樣的景象。然而，當世界猶如幽閉恐懼症的陰暗角落，這位流行天后平易近人的優雅表現，給人帶來一種超脫的感覺。

我們已經很習慣那些流行文化的明星們變得狂妄自大，成天惹麻煩，比如美國歌手克里斯小子（Chris Brown）毆打同為歌手的女友蕾哈娜（Rihanna），饒舌歌手肯伊・威斯特（Kanye West）在女歌手泰勒絲（Taylor Swift）贏得葛萊美獎時，無禮地批評她沒資格。還有小甜甜布蘭妮（Britney Spears）那身穿著打扮，就連妓女看了都會臉紅，而且她還在全國性的電視頻道上哭泣哀鳴。至於夜夜派對不停的琳賽・蘿涵則墮落到反覆進出煙毒勒戒所。

顯然，金錢和名氣不保證你能順遂地優游於人世。在優雅的人身上，見不到妄尊自大，然而，很多明星出道成名時不過是個孩子，怎能要求他們知道該如何面對自己的成功呢？

「優雅是習慣逐漸累積茁壯而成。」十八世紀的法國倫理學者約瑟夫・朱貝爾（Joseph Joubert）寫道：「若要讓這種迷人的特質持續下去，非得靠練習不可。」[1]

想像有一個機構，教導年紀輕輕就成名的孩子該怎麼表現出優雅儀態，對於把他們捧紅的人該如何體貼相待，如何謹慎地掌控自己的肢體語言，維護名聲，並喚起別人以相同的尊重來對待自己。

美國摩城唱片公司（Motown）初創那幾年，就在公司裡設立了這樣一個單位。而碧昂絲，可說間接地受惠於該單位。她鎮定沉著的個性，其實可以追溯到她童年之前，即便這個關聯輕如羽毛，不算明確。我們可以把她在休士頓的童年生活，跟上千哩外的摩城連結在一起，因為在她出生前幾年，有個嬌小的女人以罕見的恢弘氣勢改變了流行文化的成功模式。

碧昂絲的父親馬修・諾利斯（Mathew Knowles）有將近二十年的時間仰賴摩城打理女兒的演藝事業，從她和其他女孩所組成的女子團體「真命天女」（Destiny's Child）開始。諾利斯信任摩城唱片創辦人貝利・高迪（Berry Gordy Jr.），因為他保證旗下的藝人會受到全面式的調教，以適應成名之後的生活。

高迪「會教導藝人禮儀之道，他的藝人培訓部門是真的有在做事，所以他旗下的藝人各個都能閃閃發亮。流行音樂圈應該像那樣才對。」諾利斯這麼告訴生活性綜合類雜誌《*Ebony*》。[2]而且，就跟同公司的前輩黛安娜・蘿絲（Diana Ross）和葛蕾蒂絲・奈特（Gladys Knight）一樣，碧昂絲不只接受歌唱舞蹈訓練，也要學習身為明星的各種細節，而且會由高迪親自監督，包括如何穿著高跟鞋走路，接受採訪的訣竅，以及學著在任何情況下都能處變不驚。

碧昂絲可以說獲得了禮儀大師瑪可辛・鮑威爾（Maxine Powell）的真傳。瑪可辛・鮑威爾個頭嬌小，但意志堅韌，曾當過模特兒和演員的她，優雅氣質舉世公認，因此她的禮儀大師頭銜深具說服力，而且對二十世紀的美國文化具有深遠影響力。一九六〇年代，她在摩城的藝人培訓部開辦了禮儀訓練所，負責指導旗下的少女藝人在坐、立、行等方面的規矩，以及如何穿著打扮，如何跟歌迷和記者交談，以及如何避免在公開場合犯下可能重創事業的大錯。

「禮儀訓練所」聽起來或許怪，但事實上鮑威爾女士是賦予新意，讓歷史悠久的高貴傳統、工整得宜的衣履外貌及正直品格呈現出新面貌。英國流行樂壇入侵美國最盛之時——占據排行榜的盡是披頭四和其他英國樂團——鮑威爾女士卻把美國新一代的藝人打造出持久難忘的外表和儀態，強調在歌迷面前展現優雅舉止，甚至用個人風格來打破膚色藩籬。

「你們優秀到足以在國王面前表演。」她對第一任的學員說道，這批新秀包括至上女聲三重唱（Supremes）、奇蹟合唱團（Miracles）及其主唱史摩基・羅賓森（Smokey Robinson）、女子團體「瑪莎與凡德拉」（Martha and Vandellas）中的團員瑪莎・瑞芙斯（Martha Reeves）、以及還是少年的天才盲人歌手史提夫・汪達（Stevie Wonder）。「別忘了，當時他們都還只是孩子。」許多年後，鮑威爾女士告訴《時人》雜誌

（*People*）：「他們來自街頭和廉價國宅，原本就粗野無禮，不懂得跟人說話要注視對方的眼睛，也不懂得握手。」[3]

她成功地讓害羞的馬文・蓋伊（Marvin Gaye）戒掉唱歌時閉眼的習慣，雖然有些女人覺得他這樣很性感。鮑威爾女士堅信，唱歌時應該雙眼注視著聽眾，所以她告訴蓋伊：「你長得很帥，我要你唱歌時使用走路會用到的每寸肌肉。」[4]受教的他，沒多久就把害羞拘謹的個性轉化成低調優雅卻撩人的氣質——那種氣質，絕對是你渴慕見到的。蓋伊那種泰然自若的神情，以及帶點揶揄的輕快舉止——膝蓋輕緩顫動，給人一種潛行窺探，不對觀眾全面敞開自己的感覺——就像他高亢甜美的歌聲，成為他個人獨具的特色。

瑪莎・瑞芙斯告訴我，儘管鮑威爾女士要歌手時時展現出最佳的外貌和舉止，但她也希望他們在這個很容易以自我為中心，過度自戀的環境中，能不受影響，懂得考慮到其他人。

「她教我們要抬頭挺胸，留意周遭的所有事物，以便尊敬他人和別人的私人空間。」我有一次打電話給瑞芙斯，請教她早年摩城唱片的一些事，她這麼告訴我。

多年前鮑威爾女士曾表演單人秀，因此知道該怎麼掌控舞台效果。她會把書放在歌手的頭上，藉此糾正他們的姿勢，並要他們直線走過舞台。此外，還要學習從豪華禮車下來時該怎麼把雙膝併攏。在她的管轄下，摩城這個金曲之家不准有淫穢或者露胯部的情況發生。

對於當今歌壇流行的性感露骨風格，她有何看法？事實上，鮑威爾女士對二十歲歌手麥莉・希拉（Miley Cyrus）在二〇一三年的MTV音樂錄影帶大獎頒獎典禮上，穿著膚色比基尼，翹起屁股，顫動臀部，後面還有個男星緊貼著她的那種不得體表現頗有微詞。在整場表演中，有泡沫塑料製的手指頭道具，也有填充玩具熊，粗鄙的姿勢也沒少，但大家的焦點都放在這位從迪士尼頻道出身的女星的骨盆部位，看著那裡又扭又磨，還上下拍動，簡直像黑線鱈垂死之際的痛苦掙扎。而觀眾也普遍表示噁心，不堪入目。底特律一家地方性的電視新聞台，曾就麥莉・希拉的行徑訪問鮑威爾女士，當時這位九十八歲的禮儀大師提出鏗鏘有力的批評。

「跳舞是用腳，」她說：「不是用屁股～。」[5]她還拖長了最後一個字的尾音，融入女王般的尊貴語氣。

然而，她要說的不只這些。她畢生致力於從內而外改造客戶，除了外在的優雅舉止，她也培養他們的內在優雅。而且，她自己就身體力行，所以在全世界譴責麥莉・希拉的丟臉行徑時，鮑威爾女士提供了一套優雅之道，讓年輕女孩有機會脫穎而出。

「我對她的建議是，做都做了，別太自責，」鮑威爾女士說，年邁的聲音雖顯顫抖，卻透露著溫暖。「現在最重要的是，努力變成熟，成為更好的女人，而且承諾自己，永遠都不再讓自己處於那種尷尬中。」

鮑威爾女士永遠不會讓她在摩城所帶的藝人出現那種丟臉行徑。她的首要準則就是：不准「翹屁股」。永遠都不能背對觀眾。尊重歌迷。

還有，名氣來來去去，要約束自大的心。

「被稱讚時，」鮑威爾女士告訴《時人》雜誌：「我教導他們要說『很謝謝你的誇獎，不過我們還在學習，希望下次你會發現我們的表現更出色。』」

有些藝人會對她的教導感到不耐煩，但這不會改變她的原則。「不管你的演藝事業處在什麼階段——唱紅了多少暢銷金曲，全球的知名度有多高，」二〇一三年鮑威爾女士去世前沒幾天，在表揚她的一個典禮上，史摩基・羅賓森說道：「只要回到位於底特律的摩城，就得一週兩天到藝人培訓部重新接受她的訓練。摩城的所有藝人都必須遵守這個規定。」[6]

在認識摩城唱片創辦人貝利・高迪之前，鮑威爾女士在底特律已經擁有一家宴會廳、禮儀進修班及模特兒訓練所——汽車廣告的第一批黑人模特兒就是由她訓練引薦的。一九六四年，她決定到高迪的摩城任職。她的專長除了訓練模特兒，對舞蹈及演戲也有所研究。此外，她還接受過演說訓練。這種歷史悠久的重要技能強調良好姿態、肢體表達，以及聲音語調和發音咬字。十八世紀，接受演說訓練的人包括演員、政治家和傳教士，但百年後這項技藝開始盛行於中產階級的聚會場所，因為在當時，朗讀成為一種優雅的休閒活動，備受中產階級的歡迎。尤其是女人，在無法受高等教育的社會裡，正好可以透過演說來提升自我能力。[7]

「演說無法讓女人變成演說家或演員，」傑出的演說訓練師安娜・摩根（Anna Morgan）在一八九三年說道：「也無法讓人變得更聰明，或者讓人培養出得使靈魂更芬芳的好品味，然而，它能掌控失調的儀器——亦即身體——調整出更好的狀態。」[8] 透過演說術，你的身體儀器會調整到優雅狀態，言詞也會更加流暢，並能因此獲得社會地位，即便教育程度不高。

就算出身於底特律的廉價國宅——如至上女聲三重唱的團員和史摩基・羅賓森——也能藉由演說術提升自己的地位。

想當然耳，鮑威爾女士的影響力也讓她調教的歌手所唱的歌曲更加暢銷。高迪想要製作出能吸引所有人的唱片，無論階級或種族。他的目標是創造出不受時空限制，永恆流傳的音樂。想想至上合唱團的黛安娜・蘿絲、佛蘿倫絲・巴勒德（Florence Ballard）和瑪莉・威爾森（Mary Wilson）：三個漂亮女生穿著（鮑威爾女士親自挑選的）晚禮服，在舞台上婀娜搖擺，款款流露若有似無的撩人姿態。

然而，優雅的外在表現也僅只於此。所以，決心讓蘿絲的表演更精緻的鮑威爾女士要她重新思考她那超長的睫毛是否真有需要，並要她在鏡頭前停止睜大眼睛，不准再擺出拍大頭照的表情。可是，即便有鮑威爾女士的指導，蘿絲唱歌時肩膀仍呈現緊繃的不優雅狀態，而且這種緊繃還會悄悄地爬上她的下巴，表現出防禦性的姿態。這不經意流露的身體語言透露出明星在璀璨日子所承受的壓力。至上合唱團或許成了六〇年代首屈一指的女子團體，但暴紅並沒能讓她們的日子更輕鬆。

我們得拋開晚禮服和姿勢訓練這些表面的東西，才能看到鮑威爾女士的深遠影響。她心目中真正的優雅，並非來自這些表象，而是另一個截然不同的地方：內心。「她教導我們的，是氣質和自我價值。」瑪莎・瑞芙斯在紀念恩師的文章中寫道。[9]

在壓力下仍能展現優雅嗎？這句話是海明威說的，但他對這話的體悟恐怕不及摩城藝人在民權運動高漲期間所做的一件事。鮑威爾女士訓練這些藝人，無論面對何種不當對待，都要保持尊嚴。瑞芙斯寫道：

> 我們藝人不是抗議人士，不上街遊行，也不打架爭權，我們必須透過心智和精神來突破藩籬。她教導我們，若去一個地方不受歡

迎，該怎麼表現優雅——彬彬有禮地離開那裡，另覓他處。我們被教導要忍讓、要承受、要不屈不撓。她說得對。聽從她的教誨，讓我熬過來，並存活下來。當時很多人不知道如何克服種族歧視，展現堅忍不拔的精神。

克服歧視，堅忍不拔：這才是真正重要的優雅。尤其摩城早期的藝人，得設法在不傷害其藝名品牌、演藝生涯和士氣鬥志的情況下，應付那年代針對膚色而來的屈辱。

對有些人而言，鮑威爾女士的教導只是強化了藝人既有的沉穩個性。比如史摩基・羅賓森原本就性情平和。他從容的神情，高亢宛轉的聲音，輕鬆的姿態，讓女孩瘋狂尖叫——甚至被譽為摩城的貓王——表演結束後還得拿著外套遮頭，佯裝離去，以免被歌迷團團圍住，不得脫身。然而，他那渾然天成的優雅，也有著更深刻的影響力。

一九六三年，在阿拉巴馬州的首府蒙哥馬利（Montgomery），幾個摩城的頂尖團體在跑馬場表演——這是摩城唱片的眾星搭著巴士巡迴全美各地，每個地方只辦一場的「摩城趣談秀」（Motortown Revue）——這場演出的觀眾因當時種族隔離政策而

「黑白分明」。他們的野台秀除了到東岸各大城市，也會深入南方地區，但那個地方可不是永遠好客。在蒙哥馬利地區表演時，他們得在舞台上插著兩種旗幟：一面是美國國旗，另一面是南北戰爭期間南方聯盟的旗幟。旗幟前面站了女子團體瑪莎與凡德拉（Martha and the Vandellas）、瑪佛列特女子合唱團（Marvelettes）、瑪莉・威爾斯（Mary Wells）、誘惑合唱團（the Temptation）、奇蹟合唱團，以及年僅十二歲的「小」史提夫・汪達，連同十二人的樂隊。表演尾聲，他們上台合唱奇蹟合唱團的暢銷曲〈米奇的猴子〉（*Mickey's Monkey*）。

這時有兩個拿著棒球棒的男人走上舞台，站在藝人前面，一邊各站一個，監視觀眾，不讓他們跳舞。

「如果有誰敢站起來跳舞，就等著挨棍子。」在電話另一頭的瑪莎・瑞芙斯跟我聊起這事。

這是當時南方慣常的作法：演唱會的觀眾席上，警察以繩子隔開白人和黑人。那晚的主秀是史摩基・羅賓森和奇蹟合唱團，而〈米奇的猴子〉正是摩城早期最暢銷的歌曲，這首輕快的歌曲一放，保證大家都會起身跳舞。它的旋律能帶動現場氣氛，節奏會讓人不由自主想拍手，所以曲子一上市，就成為全美各地的舞曲首選。因此，當史摩基・羅賓森率先開口唱出這首深具感染力的壓軸曲，現場氣氛立刻嗨到高點。舞台上的人都知道，觀眾的雙腿已經蠢蠢欲動，舞技難耐，但這也代表被棒球棍毆打的危險即將在他們眼前發生。

這時，羅賓森走到麥克風前，決定做點不一樣的事。他先對拿球棒的人說話。瑪莎·瑞芙斯回憶道：「他告訴那兩個人，『我們準備跳舞，開心一下，因為這歌曲剛好是適合跳舞的曲子，所以麻煩兩位先退到一旁休息。』」就靠著他這番話，現場一觸即發的衝突氣氛立刻緩和下來。

「他的聲音冷靜高亢，」瑞芙斯繼續說：「完全不帶憤怒，而且那親暱語氣就像哥兒們對哥兒們說話。那兩人照他說的，離開了舞台，彷彿心裡想著：『好吧，老兄，既然你都這麼說了。』羅賓森有足夠的威嚴感，得以讓他們乖乖聽話離開。」

接下來，羅賓森開始唱起大家耳熟能詳的歌詞，朗德朗德來，那兩個手持球棒的傢伙竟然「跟著跳起舞來。」瑞芙斯說：「接下來，底下的觀眾扯掉分隔繩，大家開始擁抱、親吻和歡笑，頌讚這美好的音樂。」

「這是史上第一次樂團在南方表演，沒有觀眾被打頭。這都要歸功於史摩基，是他阻止了這種事發生。」

他用他優雅的聲音和姿態，友善地訴諸以理，成功地化解了可能的暴力。他憑著善體人意的心、創意的想像力，以及最了不起的，他的勇氣，讓可能的醜陋場面昇華成振奮人心的感人經驗。羅賓森的身心狀態造就了優雅的典範時刻。

優雅扭轉了乾坤。他的話語和態度散發出的電流，讓原本準備把觀眾的頭給打爆的那兩個人，感受到自己沒預期到的某些東西——驚訝、納悶，甚或尊重——而這種奇蹟也發生在觀眾之間。是因為他們聽到了無聲的逆火劈啪作響的聲音，看見了權力易位？事實上，他們不只看見，而且感受到了。

這一晚，在歧視黑人的南方，優雅讓原本黑白分明的族群融合為一，歡笑共舞。

第六章 日常優雅

廚師、侍者和樂團道具管理員

終於，藝術的主題涵蓋了日常生活的簡單親切面。

——法國小說家暨文評家路易・埃德蒙・迪朗蒂（Louis Edmond Duranty），著有《新畫作》（*The New Painting*）

以前我辦公室附近有間中菜小館的炒菜做得很棒，有時我會去那裡外帶午餐，不過兩年前在櫃檯點餐得碰運氣，才不會被人擺臭臉。因為其中一個負責點餐的傢伙根本是討厭鬼來著。我想，以他那種服務態度，他應該沒能在那裡做太久。一看到客人進門，他的模樣彷彿客人毀了他的人生，而且他還會以冷若冰霜的表情——冰到足以讓你頸背上的寒毛直豎——讓你知道他的確這麼覺得。你點的菜做好後，他會用力推到櫃檯的另一側給你，然後扭身背對你，讓你沒有任機會機會麻煩他。如果你想跟他要叉子，像我那次開口，那你最好自求多福，因為他的表情會告訴你，他真心希望朝我扔過來的，其實是比塑膠叉子更銳利的東西。

那傢伙不只態度差，整個人更是僵硬蜷縮，T恤底下的肩膀明顯揪緊，一看就知道長期處於緊繃狀態，任何人從遠處就能感覺得出他的憤恨苦悶。他實在不該從事這種跟人接觸的工作，因為這類工作多少都需要優雅。或許他老早就對服務業感到厭煩，心中積累的怨恨已經汩汩沸騰。對某些人來說，服務他人是苦差事，這種人愈早脫離這類行業愈好。

但對某些人來說，這種工作是很有意義的天職。

好的服務是一種藝術。而優雅的本質在於選擇——選擇成為出色的人——選擇對別人奉獻。

不久前，我去紐約的古根漢美術館參觀加州藝術家詹姆士・特瑞爾（James Turrell）的展覽，他的作品主要是以光和空間來做實驗，展覽廳中燈光昏暗，空無一物，牆上開了個小窗戶。我繞著展覽廳走一圈，納悶自己是不是漏看了什麼，後來發現一群人排隊準備進入另一個展覽廳，我便加入他們。一次只能有幾個人進去看裡面的展覽：一道暗影投射在一面更暗的牆壁上。但我認為更有趣的經驗來自於展覽廳外頭，一個矮小結實的警衛負責管理隊伍秩序，他的黑檀色肌膚如天鵝絨般光滑，豐富開朗的肢體語言簡直可以照亮天空。

他成了隊伍的控場人員，我看著他，心想，他這個人是隨時都這麼歡樂開朗，還是今天心情特別好？他張開雙手，像揮翅般要大家排好，並以大大的擁抱姿勢把參觀者分散開來。「兩分鐘喔。」他咧著大笑臉說道，語調愉快輕鬆。我看著他管理排隊秩序，對著剛來的人動動手指，示意他們排入隊伍，或者大步走到甬道，看看還有沒有人要進來，接著身體往後一傾，一腳往前踢正步，一副自得其樂的模樣，彷彿內心正播放著某種旋律節奏——某種無聲的音樂——他正隨著那音樂節奏做出各種行為。他那樣子，讓我起了好奇心，很想知道他來自哪裡。

輪到我進展覽廳時，我正好在記事本上迅速寫東西，他以濃濃的捲舌音，友善地告訴我：「別急兒，把東西寫完再進去。」見我收好了筆，他張開雙手，以大大的擁抱姿勢把我和排隊的另一些人請入展覽廳。

我走出來後，問他他來自哪裡。「妳沒從我的口音聽出來？」他笑著問我，眼神發亮。「呃……」我支吾，默默地思忖各種可能性，腦中並開始出現非洲傳統舞蹈與地緣政治學之間的溫氏圖❦。他看出我打算猜猜看，便好心地給我一個提示。

「聯合國祕書長科菲•安南（Kofi Annan）……？」他說出這個名字的語氣彷彿我們正在參加電視益智節目《暗語》（*Password*）。

「呃，」我支吾著，一方面想玩這個遊戲，但又怕記憶力不夠應付。最後，我記

❦溫氏圖（Venn diagram）即指數個圓圈的某些部分重疊的交集圖。

憶庫的某個封塵抽屜開啟了，這肯定是因為他臉上的鼓舞表情。「西非的迦納？」

「答對了～！」他說，給我一個更燦爛的笑容來獎勵我，同時秀了一口捲舌音。

這位仁兄舉手投足都充滿了歡樂，他知道如何利用肢體跟他人產生連結。稍後，我在圓形大廳又遇到他——這裡放的是藝術家特瑞爾創作的炫幻燈光，堪稱此次最好的展出——或者，我之所以有這種感覺，是因為我又見到了那個警衛，心情大好之下，所以不論看什麼都覺得很棒。美術館關館時間到了，他也準備下班回家，我看到他脫下外套時，動作一次到位，流暢迅速，讓衣服在他的四周飛旋，構成一個布料套索似的弧徑。他伸手跟我道別，又彎腰行禮，如此風采，讓我在快速通過旋轉門，走到第五大道時，開心得腎上腺素激升。

他讓我覺得自己備受關注，覺得自己受邀跟他一起共舞，而這就是優雅舉止帶給人的感受。事實上，我們都曾有過這種經驗：當你拿著一杯熱騰騰的咖啡和大包包，準備離開店家時，從外面推門而入的人幫你撐著門，挪步到一旁，讓你先出去。或者，當你搭地鐵時不確定在哪一站下車，地鐵月台上的某個女人拿下耳機，親切地用她的手機幫忙搜尋你的目的地，回答你的問題。

這種一對一的連結可以讓人感到突如其來的喜悅，而這種連結若是大規模的層次，更能讓人感到愉快。在沒犯錯空間的忙碌職場，如果大家對自己份內的事情都能駕輕就熟，而且配合別人的節奏，那就是一種集體優雅。這種集體優雅，你可以在交響樂團中那些演奏起來如行雲流水的弦樂手身上見到，還有美國賽車競速組織NASCAR裡的車隊維修人員、上緊發條運作順暢的手術團隊，以及用餐尖峰時間，在忙碌外場有條不紊服務客人的侍者。他們的協調動作就是一種舞蹈，如果細細近瞧，你會看出隱藏在動作背後的一套舞目。你應該聽過眾志成城，或者人多力量大這類俗語，這種說法之所以為真，是因為當一群人以和諧的節奏共事，除了能發揮鎮定效果，也能增強力量，讓彼此更緊密團結。

大自然的動物喜歡這種集體優雅，在整個自然界中，隨處可見集體舞目。在我提筆的這個時空——八月的華盛頓州——成千上萬隻的單身蟬群棲在樹梢，展開年度的求偶音樂會。牠們一群群唱歌、飛翔，再高唱，震耳欲聾的蟬唧絕對是昆蟲世界中最響亮的集體約砲聲。

蜜蜂或魚群聚在一起時，會出現同步一致的動作，而馬群也會步伐一致地優雅奔跑。我們之所以覺得馬群跑起來很優雅，部分原因就來自這種一致性。即使路面崎嶇，路途遙遠，馬群也能看似毫不費力地行動一致，步伐協調，彼此之間維持等距。這種靈敏的身體方位感，肯定是任何想把學生訓練得動作整齊劃一的芭蕾舞老師所欽羨的。

火鶴是一種很古老的鳥，其出土的化石可追溯到五千萬年前，或許正是因為經歷過這麼長的演化，所以牠們有充裕的時間排練，才能發展出聞名於世的群體意識。不管棲息在潟湖或一般湖區，牠們跳起求偶舞時，動作精準一致，簡直可媲美知名女子舞團「火箭女郎」（Rockettes）的大腿舞。在水畔左搖右擺，翅連翅，整齊劃一地昂首闊步、上下跳躍、急速扭頭。研究人員認為，火鶴就是藉由這種跳舞儀式來找伴侶。只要足夠敏銳，懂得辨識出優雅，就能理解火鶴舞的用意——為了找出動作行為能與之配合的伴侶。[1]

這些優雅行為的本質，無論是鳥或是人類，都是讓自己臣服於集體流暢中。參與者融合成一個生命體——會呼吸的有機物——這時群體就置於個體之上，因此你會忘記自己是單獨的個體。當具體可見的團隊合作達到最和諧的狀態，就會產生一種跟某種更大存在體之間的連結，不再只關注於自己的超驗感受。

看看軍隊的密集隊形操練。歷史學家威廉・麥克尼爾（William McNeil）在其著作《恰如其時的聚集：人類歷史中的舞蹈和軍事操練》（*Keeping Together in Time: Dance and Drill in Human History*）中寫道，軍事操練這種歷史悠久，「透過肌肉操練而發展出的同袍情誼」，已經超越戰場上的實用性，就算在平時，也能藉此讓新兵之間的連結更加緊密深入。他回想自己在第二次世界大戰時所受的軍事訓練，仍可以感受到當時那種幸福的感覺，以及「存在感滿溢，覺得自己變得更巨大。」[2]

在人類的存在經驗中，整齊劃一的動作可以促進團結，強化連結感。或許我們多數人的生活欠缺這種經驗，但透過觀察別人，就可以一窺其所帶來的愉快和優雅。

其中一個可能性就是觀賞軍校學生的閱兵操練。另外，隨著開放廚房逐漸成為餐廳的趨勢，你也有機會在晚餐時間一瞥集體優雅。厲害的廚房人員所展現的姿態藝術，可媲美操練場上的精準動作。而優秀廚師能同時展現軍人的服從精神及舞者的優雅姿勢。

有個週六晚上，我在華盛頓特區的西南區一間叫「城市禪」（CityZen）的餐廳見到了集體優雅。那裡的主廚艾瑞克・季柏德（Eric Ziebold）提供了一場兼具優雅和效率的無聲秀。[3]

季柏德是在二〇〇四年才來到華盛頓，在此之前，他在加州揚特維爾鎮（Yountville）的「法式洗衣坊」（French Laundry）做了八年。許多令人尊敬的美食家一提起這間由米其林三星名廚湯瑪斯・凱勒（Thomas Keller）經營的頂級餐廳，屢屢讚賞不已，所以稱它為美食界的聖地麥加並不為過。季柏德在那裡擔任高階行政主廚，也協助凱勒在紐約開設超頂級餐廳Per Se。

凱勒不僅對於食物吹毛求疵，就連服務客人的方式也嚴格要求。「他經常說，服務就像跳舞。」曾在他的餐廳擔任領班的菲碧・丹洛許（Phoebe Damrosch）說。凱勒甚至找了法式巴洛克宮庭舞的專家凱薩琳・涂洛西（Catherine Turocy），來教侍者小步舞曲。為什麼要這樣做？涂洛西告訴我，為了讓侍者舉手投足都能展現優雅，畢竟對侍者而言，「接東西」及「給東西」這種動作，非常重要，務必優雅才行。源於路易十六時代的小步舞曲能具體表現出宮廷禮儀，目前在法國正興起一股風潮。丹洛許說，這種舞曲所具有的體貼內涵，以及隨時保持回應的狀態，正是侍者最該有的服務精神。

「餐廳老闆所傳達出來的訊息就是，這些非常重要，我們是一個團隊，必須相互合作，否則成不了事。」她回想道：「我們會討論身體的重心，以及拿盤子時手肘的正確角度。若角度正確，即使被人撞上，你也能穩住手中的盤子。重點是身體要保持舒適穩定的狀態。」

季柏德就是受到這種氛圍所薰陶，從中摸索出自己開餐廳的一套方法。他的個人特色就是話不多但深具權威感，而且十足的工作狂，一週工作七天。此外，他的舉手投足也經常為人所傳頌。

「我看見艾瑞克在廚房裡的舉手投足，就愛上了他。」他的妻子西莉雅・蘿倫・季柏德（Celia Laurent Ziebold）說。她就是在「法式廚房」認識季柏德的。

「我看到這人在非常狹窄的廚房內移動時，動作仍能精準無誤，而且身邊的人都跟他配合得非常好，感覺自然流暢。」蘿倫・季柏德說：「我覺得那種狀態美極了。」

電視實境秀裡的廚師會讓人以為專業的烹飪世界就是利用醋和內臟下水當食材的瘋狂創作。要不，就是為了展現自我風格而尖叫、怒吼，或者在叢林小徑上尋找亞馬遜特有的齧齒類動物來當食材。事實上，在專業廚房裡，真正重要的是即時反應、一些毋須動腦的反覆性動作，以及有效率的流暢運作。現在餐廳所採用的法式廚房團隊制度，是百年前根據軍隊層級加以調整所制定而成。有將軍（主廚）、兩個中尉（副主廚），下面則是一群二廚——他們算是步兵團——依照菜單上的分類各司其職，如開胃菜、魚、肉等。

非得如此精細分工不可，因為廚房是一個高度運用肢體的地方，要是調味師傅奔向爐子時撞到肉廚，肉廚重心不穩，把盛有鵪鶉的子甩向侍者，可能會造成骨牌式的一連串災難。所以，主廚就像將軍，知道自己只有兩個選擇：紀律或混亂。

當季柏德穿上硬挺雪白的主廚袍——白袍衣領上還繡有他姓名第一個字母組成的圖案——那英姿煥發的模樣就算把英勇勳章別在胸前，也不為過。從他清癯的身形和俐落的外表就可看出他是一個非常有紀律的人。他笑容可掬，一張娃娃臉看起來很友善，但鑿刻分明的顴骨和下巴讓人想起在九局下半的棒球投手即將完成一場無安打比賽的專注與嚴肅。

他的員工每晚必須端出上千盤菜，但季柏德已精心規畫好菜單，所以準備工作會平均地落在每個廚子身上。即便菜色種類繁多，也能以控制得宜的穩定節奏提供餐點給客人。

「我讓他們專注在重複性的工作上。」他說，朝著那幾位二廚點了點頭，好似談的是他旗下的芭蕾舞團。「獨一無二的工作則由我和副主廚來負責。」當第一組客人就坐，很快就可以證明他所言是否屬實。好戲上場。

廚房裡，八位廚子挨擠在一起工作，彷彿置身潛水艇中，但仍能輕鬆優雅地迴身，一會兒切、一會兒炒、把湯鍋放上爐子、彎腰從矮櫃型的冰箱裡取出肉，然後身手俐落地把它拋入平底鍋中。

這群戴著廚師帽的部隊鎮定地一次又一次重複同樣的動作，稍有閃失，就會搞砸，或許差個兩秒鐘乳豬就燒焦、羊排就毀了，或者鴨肉料理過頭。而他們之所以沒鑄成大錯，沒傷到要送醫，就在於時間抓得精準，反覆演練，以及訓練到幾乎變成反射動作的優雅反應。

兩位副主廚監看魚和肉的料理，肉廚的手上貼滿了繃帶，至於那些負責開胃菜的人則是廚房雜役，此外還有一個身材瘦長，名叫艾力克斯・布朗（Alex Brown）的人。這位仁兄可說是一人樂隊，靈活地使用各種烹調器具，鍋子、攪拌器、湯匙、平底深鍋，製作開胃熱食——溫泉蛋佐玉米肉餅淋肉汁、義式燉飯和湯。

廚房流理台上的出單機吐出一張張點菜單，季柏德撕下後，開始大聲唸出客人點的菜。他沉著冷靜，不疾不徐，揮舞著長抹刀的樣子就像拿著指揮棒。

「三顆蛋，三份韃靼生牛肉！」

平底深鍋冒出裊裊熱煙，布朗抓住鍋柄，翻炒，試嚐，繼續煮，最後往檯子用力一放。在一連串如迅雷速度的咻咻動作中，他攪拌了燉飯、熬煮了蘑菇醬，加熱了白菜湯。他就像鯊魚，永遠動個不停，而且永遠不會忘了擠眉歪眼檢視他的作品。

「兩份韃靼生牛肉！一份燉飯！」布朗腳跟一轉，接下從窗戶另一頭遞過來的一疊鍋子，然後走入洗碗間，接著又腳跟一轉，回到爐子前。接下來把一鍋裹上培根的鵪鶉滑到檯子上，季柏德及時轉身抓住。

幾步外，在燭光搖曳的外場，優雅的肢體語言處處可見，比如，侍者一轉身離開桌位，身材瘦長的侍酒師立刻以優雅的步姿來到桌邊，在絲毫不打擾客人的情況下替他們斟上義大利的頂級葡萄酒巴羅洛（Barolo）。又如客人詢問洗手間，侍者會以螃蟹的側走方式來帶路，這樣就不會背對著客人。或者透過豐富的手勢動作，一定能順利把客人引領到洗手間。

廚房熱鬧滾滾。負責管理魚肉工作檯的副主廚柯文・涂加思（Kerwin Tugas），在另一名二廚的身後俐落穿梭，動作輕盈，身體平衡，控制得宜。一眨眼又以靈巧如貓的姿態回到自己的工作檯，而且所經之處，沒碰著任何東西。他靠單腳支撐，身體一旋，繞過其他人，抓到了他要的鍋子，然後在兩個廚子身體間的空隙闔上之前，及時抽回身子。

這些穿著圍裙的高手都染上了腎上腺素激升的快感癮頭，所以愈忙碌就愈有活力。布朗拿著煎鍋柄，一抽一播地來回晃動食物。另一個廚子以溜冰選手的姿態從一個工作檯滑到另一個，拿到香菇後放在韃靼生牛肉的上方。

「就像大廚說的：『沒有完美，只有追求完美的過程』。」涂加思說：「所以，我們只能反覆地練習，練習，再練習。」

接近午夜十二點，外場賓客散去，廚子開始擦抹工作檯，把塑膠的食物容器裝水浸泡。這時的季柏德卻仍像開始營業的那一刻，精神飽滿。他走到吧檯，去找正忙著把酒杯擦亮的邁爾思，開始聊起他是怎麼踏入烹飪這一行。

他的餐廳之所以供應玉米肉餅和俗稱為「紅眼肉汁」（red-eye gravy）的咖啡醬⚜，是因為這兩道食物和他的童年具有情感聯繫。在愛荷華州艾姆斯市（Ames）長大的

⚜ 紅眼肉汁的做法為將煎火腿或香腸所剩下的油脂，加入黑咖啡，混和做成醬汁時，火腿的微紅色油脂會浮在咖啡醬上，類似紅眼睛，因而得名。

他，父親在報社工作，母親是老師，每天下午三點離開學校，她就會回家煮晚餐，六點整全家準時用餐。

「要是你超過六點才坐上餐桌，就只能祈求老天爺保佑。」季柏德說。

季柏德母親的烹飪方式可說是最原始的慢食：自己做罐頭，自己做鹽醃牛肉（corned beef），然後拿到儲放蔬果乾糧的陰涼地窖裡，擺在能完美密封食物的梅森玻璃罐（Mason jar）旁。

現在，季柏德對自己的鹽醃牛舌深以為傲。這道菜可說是他過往歲月的參照點。「有人尋找的是能讓人驚訝讚歎的食物，」他說：「有人則想尋找具有情感連結的食物。對我來說，後者才是能啟發鼓舞我的東西。」

回憶是他的兵器，對食物的渴望也是。對他來說，吃已變成一種可以讓身心高度滿足的事，而這都是拜愛荷華州另一種文化型態所賜：摔角。季柏德在國高中都是該州的摔角選手，還因此獲得大學獎學金。然而，減重是這種嚴苛運動的必要部分。因此，他長年都有食欲不得滿足的感覺。「我和隊友去雜貨店時，經常告訴他們，『等到秤完體重，我就要吃這個和那個』。」他回憶道。每次練習完回家，他總是累得全身虛脫，肚子餓到幾乎發抖。

高中之後，他對摔角的興趣已經燃燒殆盡，所以決定放棄摔角獎學金，改去唸烹飪學校，盡情地徜徉在食物的世界裡。季柏德的身高只有一百七十二公分——而他父親超過一百八十公分——他相信，這是早年為了練摔角而限制飲食所造成的結果。除了這個遺憾，其實這項運動在他身上也留下其他的正面影響，比如專注熱情和軍事化的紀律。

而且，從他的舉手投足也見得到摔角對他的影響。他的耐力和協調性，就是運動員的優雅展現，還有他能輕鬆地左右開弓，一下子處理這個工作檯，一下子忙那個工作檯，就算是尖峰時間，忙得不可開交時，也能充滿自信。

佳餚的美感，精心烹調出的美味，全都來自於這位大廚的身心經驗——飢餓感、回憶，以及對體力勞動的喜愛。他的廚房之所以能注入優雅，最後呈現在客人的叉尖上，都要拜一連串的優美動作所賜。那優雅，會從廚師的身體延伸到客人的身上。

要成為優雅的侍者，除了要有耐力，以及驚人的記憶力來記住個別需求，還必須在別人預期見到優雅的時候，默默地展現優雅。

「你必須留在外場，隨侍在側。」曾在頂級餐廳Per Se擔任領班的菲碧•丹洛許說道：「到桌位替客人服務，留在附近，倒水倒酒。基本上不用開口說話。」但如果客人有任何需要，在一旁的你必須在客人開口之前察覺到。「你要能感受同一個空間的其他人，而且隨時用肢體語言和他們溝通。」

她的回憶錄《高級餐廳的潛規則》（*Service Included*）記錄她長年在名廚凱勒的鷹眼底下工作，在男性主導的四星級餐廳一路爬升到領班的歷程。她說，好的侍者就像社工，能透過直覺知道別人的需求，辨識出他們的焦慮並加以化解，讓客人覺得受到關心但沒有壓力。侍者一舉一動的背後用意都是「要讓客人覺得輕鬆自在」，而對肢體的謹慎運用就是其中一部分：不疾不徐，流暢完美的步伐，靠近客人時不是從他面前直直逼近，而是走到他的側邊，此外，絕不能從客人的背後接近客人。

侍者也要根據不同的客人調整自己的行為舉止。「也就是說，你要同時變成多個不同的人。」她告訴我：「單獨用餐的客人可能需要更多陪伴。而一群老粗可能需要你偶爾跟他們來點小嬉鬧……讓人感到輕鬆自在的方式，因人而異。」

丹洛許已經沒在餐飲界服務，她離開Per Se後結婚，現在是全職家庭主婦，所以倒香檳的技巧或許沒辦法像以前那麼細膩——細縷金涓，緩緩流入杯中，一滴都不濺灑——但迄今仍保有擔任侍者時所學到更重要技能。她認為，在餐廳服務客人是很好的生活訓練，從中你可以學到無言的溝通，包括肢體語言，並學習如何在舉手投足之間，或者回應他人時，都讓人感到舒服自在。此外，也學習單純存在所具有的力量。

「我認為優秀侍者有一種與生俱來的天分——能專注在他人身上，懂得聆聽。你必須對人有感覺，想讓人感到快樂。我記得有次我在工作時，有個侍者攔住我，告訴我，我永遠都要讓客人先走。不管那時我多忙，都必須停下來，因為客人的動作永遠比我的動作更重要。」

「我非常看重在餐廳外場服務客人所具有的意義。」她說：「我認為社會應該提升這份工作的重要性，因為，想要做好這份工作，必須很專注，非常努力，偏偏社會文化並不這麼認為，真是悲哀。」

* * *

有個夏天，我忽然想了解搖滾音樂會中舞台道具管理員的工作內容，所以找了一天造訪華盛頓特區市中心的運動場地。那是星期六早上，天還沒亮，在水泥地面的上方高處，有幾個被稱為高空裝配員的工作人員已經忙著懸吊燈光和其他設備，為了晚上珍妮佛・羅佩茲（Jennifer Lopez）的演唱會架設場地。

我置身在離地一百呎的狹窄通道上，四周儼然成了萬丈深淵。[4]在我和下方的水泥地之間，唯一有的東西是一根鏤空的鐵欄杆，欄杆兩側則是會讓人心臟病發作的步橋。

然而那些高空裝配員——他們的臂部纏著安全繩索——從步橋走到狹窄桁樑時，儘管步步驚險，卻能展現從容自在。在這迷濛如煙的高空中，基本上他們得靠優雅身軀才得以倖存。

我緊貼著欄杆，站在上面，嚇得心驚膽跳，卻看見有個身材像足球後衛球員的壯碩男人輕快地漫步在狹窄高空通道上，彷彿今天心情特好，愉快地走在大街上。沒猶豫，沒膽怯，只有歡喜。他身上掛滿了一捆捆繩索，胯下的安全繩索讓他非得雙腳張得開開，所以他必須以略為彈跳的方式來移動，那模樣彷彿像參加牛仔競技賽，剛從野牛身上跳下來的牛仔，只是身材比一般牛仔大一號。他的輕盈有如美國喜劇演員傑基・格黎森，平衡功力有如走高空繩索的表演者，力氣大如舉重選手，這些特質全都融會在他一連串優雅的移動姿態中，使他得以越過欄杆，移動到桁樑上。

桁樑上分布著其他高空裝配員，宛如電線上一隻隻泰然自若的鳥兒。其中一個跨坐在桁樑上，用他刺青的小腿夾住桁樑，穿著工作靴的腳懸空盪呀盪，緩緩地伸長身子——就像延展太妃糖那樣流暢——抓住一節由滑輪吊上來的纜繩，一方面看起來像小飛俠彼得潘，另一方面又像高空體操員，而底下還沒鋪上安全網呢。

在高空那些人——以及我這個綁著馬尾，全神貫注，噤聲不語的女人——仰賴的不只是力氣。在風險那麼高的環境下，還必須倚靠流暢彈性的動作，以及細膩的腳步，才能安全無虞。我沒那個膽往下看，但這些高空裝配員非得低頭看不可，因為他們每一個都得跟下面的裝備員合力跳一齣你推我拉的探戈，好讓懸吊式馬達、纜繩及鏈條可以往上送。我的雙眼定睛在高空裝配員身上，因為他們那宛如特技表演的優雅身軀，以及優雅心境，深深吸引了我——在如此危險的工作環境下竟能有如此表現，真是讓我等凡夫俗子驚愕不已。以分秒為單位的肢體協調當中，仍可見從容淡定。

此外，甚至還能有溫馨幽默的待客之道。「妳現在要離開市內最舒服的辦公室了嗎？」在我一路抓著狹窄通道的欄杆，準備走向充滿安全感的電梯時，一個正在使勁拉扯一綑繩索的人喊著問我。他說話時注視我的眼睛，對我露出鼓舞笑容，然後從我旁邊跳過去，遁入空氣稀薄的高空和他的香菸煙霧中，臨走前又回頭給我一個歡迎的大笑容（或者那是一種摻混著同情的理解笑容，笑我這個蹩腳粗工？）

從這些穿著工作短褲的超級英雄所展現的優雅，我同時見到了危險及祥和。他們所樹立的愉快典範弭平了我的恐懼，讓我的情緒轉為驚歎，而這些體驗，在高空作業的風險對比下，更加令人振奮。

第七章

藝術中的優雅

解放身體的雕塑家

優雅，是自由狀態下的一種形式美。

——十八世紀德國詩人暨哲學家弗里德里希・席勒（Friedrich Schiller）

我開車前往巴爾的摩市（Baltimore）的沃爾特斯美術館（Walters Art Museum）時，被一場秋天的暴風雨搞得心煩氣躁，還全身濕漉漉。濃霧籠罩街道，讓早晨成了破曉。我停好車，奔入美術館，感覺寒氣都凍到骨子裡了。

然而，當我走上二樓，卻如沐浴在五月溫煦燦亮的陽光底下。站在希臘藝術品的展示廳，我凝視著那尊名為《倒酒的薩提爾》（*Satyr Pouring Wine*）的雕像，或者該說我看的是這尊雕像的主要部分。

薩提爾雙膝以下被砍斷，雙手也不見了，但從他的愉快表情、腰間的柔和曲線，以及男孩般的臀部呈現*contrapposto*的放鬆姿態⚜，都可看出他極為優雅的體態。這尊大

⚜ contrapposto 為義大利文，意思是與上半身呈相反方向扭擺，多用於視覺藝術的領域中。

羅馬時期所複製的《倒酒的薩提爾》，這是希臘雕塑家普拉克西特利斯的作品。希臘神話中長著羊耳的少年薩堤爾是酒神戴奧尼索斯的追隨者，崇尚歡愉。

理石雕像是古羅馬人仿造希臘偉大雕塑家普拉克西特利斯（Praxiteles）的作品所雕鑿的——西元前四世紀的普拉克西特利斯，是第一個讓石頭展現優雅的人。

這位藝術家留下來的作品並不多，他的許多古典銅塑品在很久之前就被拿去融化，幸好他也以大理石來創作，不過經歷千百年後能留下來的真跡並不多。但這位古希臘藝術家實在太受敬重，因此後代許多雕塑家紛紛認真複製他的作品，而且就算真跡完全佚失，在筆墨書寫的傾力保存下，後人仍得以一窺其雕塑精神。

其實原因不難想見。從複製品和他那些殘缺不全的真跡，都可見到他對於感覺的熱情信仰。他所創作的人物不只有身體層面，其所具有的柔和曲線和個性乃是根植於情緒，光是這一點，就可以讓普拉克西特利斯從藝術前人當中脫穎而出。

自從兩千多年前開始將裸體當成藝術形式，希臘雕塑家就在苦思該怎麼把解剖學意義上的人體做最好的處理——畢竟人體是不完美的幾何構造，有凸出物，有長有短，足以讓雕塑家苦惱不已。[1]當時，情緒的表達不是首要之務，甚至可說沒人重視這個層面。他們認為，只要把身體型態雕塑得極盡完美，雕像的動作就能栩栩如生，比如《克里提奧斯的少年》（*Kritios Boy*）。這個西元前五世紀的雕像可說樹立了裸體雕塑的里程碑，因為這是目前所知最早呈現歪臀 *contrapposto*（臀部與上半身呈相反方向）的裸體雕像，而這種姿勢正是讓石頭素材得以展現出淡然卻撩人姿態的關鍵。

（想想米開朗基羅那尊極為性感，讓人看了體溫升高的《大衛》雕像）。《克里提奧斯的少年》面貌俊美，但那種不可一世的得意神情讓人覺得他更像神，此外，他缺乏溫度，凝視觀賞者的表情彷彿不想被打擾的大明星。普拉克西特利斯之前的裸體雕像所呈現的多是這種姿態：英雄、完美、高高在上。

這種現象被普拉克西特利斯徹底扭轉。他的石頭主角不只看起來栩栩如生，彷彿會動，而且其姿態動作讓人一看就覺得開心。換言之，他的雕塑品是可親可近的。普拉克西特利斯超越前人之處，不僅在於他解放了藝術上的人體型態，更在於他連雕塑的內在生命也一併解放了——這點最能顯示出他的天分精髓——讓觀眾得以進入雕塑品的內在生命裡。他的藝術創作不只呈現出美感，還融合了感覺和感情，因此我們見到他的雕像，立刻就有一種親近熟悉感。他的雕塑品透過誘人的微沉臀側，謙虛的微收下頷，以及自然迷人，流露開心的唇部線條，讓我們跟它們之間的兩千年時空差距得以拉近。這就是優雅啊。普拉克西特利斯的作品描繪出人類柔軟的那一面，感官情色、感性脆弱，以及身體所能表達的真實情緒。

普拉克西特利斯也不是一個勢利的藝術家，他身處古典時期的高峰期，當時的主流藝術是以至高神祇為雕塑對象，但普拉克西特利斯卻反其道而行，雕塑較低位階的人物。比如在我眼前的羊耳少年薩堤爾根本連神都稱不上，他只是一個尋常少年，酒神戴奧尼索斯的追隨者，在喧鬧的歡宴場合跑腿打雜的鄉下孩子。

為了更進一步把他的創作對象和主流的完美追求區隔開來，普拉克西特利斯不賦予薩堤爾健美選手的身材——如雅典的運動員和奧林匹克的選手。薩堤爾的身軀是尚未完全發育的柔軟少年身軀，而這正是他之所以迷人的地方：原本普通尋常的少年在普拉克西特利斯的創作下變得絕美非凡。從肢體的流暢節奏所呈現的優美姿勢，我們可以想見他幫人斟酒時跟人聊得很開心。（他手上的酒壺佚失了，不過從他右肩的上揚角度，以及他低頭看著隱形飲酒者時的勸酒姿態，可以具體想像他正在倒酒。）

還有那笑容清楚顯示出他很喜歡做這種服務。說不定他還跟飲酒者調情嬉鬧了一下，或者給自己拿個酒杯，周旋在賓客之間，像卡萊・葛倫那樣，確保賓客都能盡興而歸。

普拉克西特利斯的雕像中最出名的就屬《尼多斯的愛佛蘿黛蒂》（*Aphrodite of Knidos*）——事實上跟所有古文物相比，它的知名度也名列前茅——目前沃爾特斯美術館裡就收藏了數個古代的複製品。西元前三百五十年左右，這座雕像的真跡栩栩如生到讓人產生遐想，以至於流傳一個故事：永恆不朽的愛神愛佛蘿黛蒂見到自己的這座雕像，驚訝不已，心想：「普拉克西特利斯何時見到我的裸體？」這位受人崇敬的愛神也看出了這座雕像的栩栩如生：雕像中的她姿態放鬆，舒服地把重心放在單腿上，

這是普拉克西特利斯的《尼多斯的愛佛蘿黛蒂》在羅馬時期的複製品。這座古希臘最著名的雕像賦予愛神豐腴的曲線和人類溫度，讓她變得可親可近。

彷彿剛出浴，身體暖烘烘，清新暢快。這賞心悅目的姿態既撩人又端莊，連現在的展場女孩都會擺出這種姿勢。

這尊愛佛蘿黛蒂略顯豐腴，曲線玲瓏，線條柔美。全尺寸的複製品當中，最忠於真跡的都收藏在梵蒂岡和慕尼黑的美術館，即使她垂視的目光迷離夢幻，引人遐思。普拉克西特利斯透過愛佛蘿黛蒂來奚弄古希臘的道德和貞操教條，讓她在輕解羅衫的同時，又讓她蒙上感覺和情欲。在她身上，我們看見一顆有情有感的心可以讓雕塑變成有血有肉之軀。最重要的，這座雕像也因此展現了優雅。

就像薩提爾，這樣的愛佛蘿黛蒂傳遞出某種溫柔的東西。若說她的凝視讓人難以捉摸，那是因為那凝視充滿了人性。可能是因為羅馬人覺得把希臘雕像複製品放在庭院裡風吹日曬雨淋是很時髦的事，所以沃爾特斯美術館裡的大理石雕像才會坑坑疤疤，然而，這些雕像的撩人風情仍具體歷歷。或許，就連複製希臘藝術品的羅馬工匠的雙手，也能因著這種真實情感的呼應而變得神乎其技。據說普拉克西特利斯創作愛佛蘿黛蒂時的模特兒，是一位叫做芙萊娜（Phryne）的名妓，而普拉克西特利斯是她的情人之一。

是什麼東西給了普拉克西特利斯靈感——情欲、愛，或是地中海的陽光——讓他手中的大理石散發出溫暖和律動？

他的作品具有劃時代的意義，不過其源頭仍是深植於古希臘文化對人體的執著迷戀——因為這種迷戀，希臘人無所不用其極地要將所有東西具象化為人，就連最難以捉摸的抽象事物也不例外。因此，任何東西都有相對應的擬人化神祇，包括優雅。

希臘神話中的「美惠三女神」（The Charities）——象徵喜悅和幸福的女神——被羅馬人改成Gratiae，而這個羅馬字正是現代英語grace（優雅）的字源。在古希臘詩人荷馬的史詩《伊利亞德》（*Iliad*）中，美惠三女神之一嫁給了赫菲斯托斯（Hephaestus），他是鐵匠之神，被譽為「具有神性的藝術家」。這是人類早期歷史中，優雅和最高層次藝術品產生關聯的例子。

跟荷馬同個時代的詩人還包括赫西俄德，他寫道「面頰酡紅的美惠三女神」眼神散發出的「愛可以讓人四肢癱軟。」

畫家筆下的美惠三女神通常裸體，三人相互碰觸，散發溫馨恬靜，以及青春盛綻的活力。她們的姿勢傳達出人類彼此連結所能產生的振奮撫慰效果——這種視覺上的特徵非常迷人，而且具有深刻意義，因此能歷久彌堅，亙古不朽。

繪過美惠三女神的畫家不計其數，其中最出名的是文藝復興早期的波提切利（Botticelli）。他在十五世紀那幅名為《春》（*Primavera*）的畫作中，鉅細靡遺地清楚

波提切利在他那幅《春》（*Primavera*）的畫作中所畫出的美惠三女神，又像天使，又像文藝復興時期的金髮美女，具體展現優雅的靈性活力和感官愉悅。

畫出優雅的肢體面向：三個女人手牽手跳舞，就像小女孩牽手繞圈唱兒歌，身上的拖尾禮服的飄逸線條襯托出她們的繞圈步伐。她們又像天使，又像文藝復興時期的金髮美女，具體展現優雅的靈性活力和感官愉悅。幾年後，拉斐爾則以清新的蜂蜜色調畫出三個拿著水果的女人，呈現出優雅的質樸自然面。波提切利和拉斐爾所畫的美惠三女神都承襲了普拉克西特利斯筆下的愛佛蘿黛蒂（而愛佛蘿黛蒂的樣貌則源於他的情婦），都具有柔軟身軀和搖曳生姿的姿態，而且很清楚地傳達出：優雅就是對自己的外表肌膚感到自在。法國人所說的bien dans sa peau（感覺良好）十分貼切地形容這種狀態——自在、溫暖和感知力。

儘管備受西方許多偉大藝術家所青睞，美惠三女神在眾神國度裡的地位並不高。她們經常被認為是崇高愛神愛佛蘿黛蒂的女兒，然而她們主要的服務對象也是神祇。她們肩負的使命算輕鬆：透過喜悅、美麗和豐裕來提高生命的歡樂程度。就像普拉克西特利斯所創作的雕像「倒酒的薩提爾」，美惠三女神也在社交場合扮演緩和氣氛的潤滑角色。音樂中的裝飾音⚜就像香水，輕巧地讓旋律更為繽紛，同樣地，美惠三女神的作用也是讓已經發揮娛樂效果的任何東西更能帶來愉快。我發現，這種概念尤其美：優雅，就發生在我們忘了自己，一心只想把歡樂帶給別人的時候。

⚜裝飾音的英文 grace note，就帶有優雅的意涵。

第三部

動態優雅

Part 3

Grace in Action

優雅的線條、充滿律感的動作，
以及靈巧的平衡。
費德勒稱得上是網球界的王子。

第八章

運動員
羅傑・費德勒、奧兒嘉・科爾布特，以及其他優雅的運動選手

相信洋基隊吧，孩子，想想那偉大的迪馬喬。

——海明威，著有《老人與海》

二〇一二年七月八日，英格蘭的溫布頓區。雲朵懸在中央網球場上方，這裡正舉行男子網球決賽，瑞士網球選手羅傑・費德勒（Roger Federer）輕鬆地擊敗英國選手安迪・莫瑞（Andy Murray）。費德勒這位瑞士網球名將一路領先，讓英國人真不是滋味。在「全英草地網球和槌球俱樂部」（All England Club）——這是位於英國溫布頓區的一個私人運動俱樂部，世界知名的溫布頓網球錦標賽就是在這個俱樂部舉行。這裡的氣氛總是寒暄客氣，彬彬有禮——來自蘇格蘭的莫瑞是觀眾私心偏袒的選手。在這裡參賽的選手不是男子或

女子，而要稱為「紳士」和「女士」。這次比賽的正式名稱是紳士組總決賽（Gentlemen's Final）。全英國人熱切希望七十六年來能有英國選手第一次贏得冠軍，因此觀眾席上賓客雲集，包括劍橋公爵夫人和滾石樂團的吉他手朗•伍德（Ron Wood）。

即便希望落空，觀眾仍對球場上的景象折服不已：費德勒打起球來如行雲流水；費德勒朝球網卯勁衝刺，拿下一分；費德勒往後一滑，揮出前臂；費德勒靈巧地跳左跳右，彷彿在遊戲彈簧床上跳躍，彷彿連地心引力都改變了自然法則，對他幾乎不起作用。

仔細解讀他的表現，你會發現這不是一般透過力氣和痛苦而贏來的運動勝利。體育記者沒把他的勝利歸功於肌肉爆發力、企圖心或者鋼鐵般的意志，而是用超驗的詞彙來描述，比如說他贏得「很藝術性」、「愈來愈神乎其技」、「難以想見的完美表現」。此外，大西洋兩岸的體育專刊都用了一個字來形容費德勒的網球生涯：**優雅**。[1]

關於費德勒在網球史上的定位仍爭議不休，然而有一點很確定的是：他在球場上的優雅無人能及——包括他的體態、舉止，以及他在比賽時所展現出來的品質。

他這個人在空間的體態永遠靈活且飽滿，比如他呈弧形跳躍時，腳尖一定往下壓；往前移動時的節奏就像海浪律動，還有他揮舞前臂時有如展翼。總之，他的動作幾乎就像如抒情詩，連續流暢並富有節奏感。不管賽事有何變化，他總是能精準地把重心放在雙腳上，輕鬆如螃蟹般左右移動。往旁邊大步一跨，雙腿一穩，定住步伐！他迷人的動作給人俐落乾淨的感覺，而且源源不絕，我們只能在他移動下一步之前的剎那看見他的姿勢——而這種流暢感正是舞蹈老師最希望見到的。不管他飛掠的步法和定步有多急促，你仍可見到他的動能始終連續不絕。每一步之間的連貫時間如此短暫，因此就算有所停頓，也能立刻融入整體節奏中，就像鋼琴琶音中閃過一個鮮明的中強音，他就在出現這個中強音的剎那，跨出下一步了，呈現出充滿趣味的動態美學，而不是紊亂不定，時停時動的隨機模式。

難道是他的腳踝裝了什麼模仿生物的厲害電子裝置？他那雙腳彷彿有氣墊似的，不管費德勒讓它們承受多少壓力，它們都能不受限地加速或躍起，說不定它們根本沒感受到任何壓力。他的動作像裝了彈簧般收放自如，不會驚嚇到人。他的爆發力細膩緩衝而且放慢速度，所以即使步伐既飛奔又旋舞，也能保持平衡。

「美極了。」某位電視評論員如此讚歎。費德勒收斂力量，以一半的精準速度將球往前一戳，剛好掠過球網的上方。

很多人經常以瑞士製作鐘錶的精準風格來比喻費德勒的網球風格，然而他的球技可一點都不機械化。他生動鮮活，無法預測，打球時就像數百個合奏出奏鳴曲的其中一個琴鍵，流洩出巴洛克音樂天才多明尼哥・史卡拉第（Domenico Scarlatti）所創作的天籟：悠揚旋律如歡喜漣漪，間或穿插著民族舞蹈似的充沛活力。費德勒打球時會特別強調韻律節奏，因此他的表現給人一種活潑律動的流暢感。

相較之下，西班牙選手拉斐爾・納達爾（Rafael Nadal）和塞爾維亞的諾瓦克・喬科維奇（Novak Djokovic）雖然都是世界級的頂尖選手，戰績卓越，卻稱不上優雅。納達爾氣勢驚人，但動作給人笨重粗俗感，沒有費德勒那種凌空輕盈的靈活感。他奔向球網時，動作就像足球後衛球員般橫衝直撞，而且捶拳動作總讓人覺得他在嚎叫，發洩他的侵略性格，完全沒有自制的優雅。喬科維奇的動作或許比較平和一致，但欠缺費德勒那種天鵝絨般的優雅修養，所以兩個動作之間沒有流暢和諧感。他的前臂使出的蠻力讓手臂在劃過身前時彷彿一根粗繩，而他的身體則會因著球拍的反作用而猛然抽搐。當這位精瘦結實的塞爾維亞選手撲向側邊接球時，延伸那隻腳經常會翹起、收縮，就像雜耍團的小丑失去平衡快跌倒時會做出的動作。

我希望自己的動作能像費德勒，當我在拍打蒼蠅，或者發現湯匙掉入攪拌機，急著去關掉電源時，動作快速，卻能流暢敏捷！平常的我，無法做到這樣，但看了費德勒打球後，我相信我有這種潛能，因為他讓我覺得人類這個物種比我想像來得更優秀。

運動競技是對全盛狀態的身體的禮讚。如果說優雅是最美好，最賞心悅目的身體展現，那我們應該可以普遍在運動員身上見到優雅。運動員的站姿比我們更有機會展現優雅，因為他們的身體高度使用，經過無數次的反覆訓練。健全體態和反覆練習是優雅肢體的基本要素，然而，身為運動員勢必要經歷某種形式的格鬥衝突，而競爭通常無法展現優雅。比如美國網球女將小威廉絲（Serena Williams）在球場上經常氣急敗壞，一副要捏爆球的模樣，絕對稱不上優雅。（少數幾位頂尖女性選手已經毫無優雅可言，因為健身房的爆發式力量取代了一切。）你在多數的運動員身上會聽到嘟噥抱怨、看到辛苦汗水和費力使勁，然而，要成為優雅的運動員，要像神一樣莊嚴尊貴，就不能給人費力使勁的感覺。費力使勁的表情或許吸引人，但沒有這種表情，反而更讓人驚豔：他到底是怎麼辦到的，竟能如此輕鬆自在？

這就是優雅運動員的藝術。優雅的運動員像活的藝術品，像流動詩句。多數的運動員把自己鍛鍊出肌肉厚實的魁梧身材，而優雅的運動原則是根據藝術原則來雕琢自己，所以，在這種運動員身上——以及從他的表現——你會見到賞心悅目的比例和平衡，動作井然有序，帶著活潑盎然的節奏。他的肢體會給人和諧一致的感覺，因此能創造出整體感。

對我來說，最優雅的運動員會讓人想隨著他或她逃離現實世界。他們體態美麗，彈跳移動時彷彿長了一對隱形翅膀般，讓平凡當中乍現卓越非凡。優雅的運動員可以在大家呼吸的同一方空氣中輕盈飛躍，而且用的是與我們相同的血肉之軀。我們看著他們傳達出那難以言喻的力與美，情不自禁想隨著他們騰空遨翔。

不管稱他們為男子／女子或紳士／女士，我們把自己投射到他們身上，想去感受這些完美的身體代理人是怎麼運用身體的。我們把自我貼附在他們的比賽表現上，盡情地融入其中，隨之興奮、焦慮，匿名地把情緒偷渡到他們身上，跟著他們一起體會達陣得分、以推桿打出左飛球，以及短跑選手任憑兩根粗壯大腿如鐵鎚咚咚撞擊過一寸又一寸的地面，被雄心驅使著往前狂奔的喜悅。

競爭性格如虎狼的古希臘人極為推崇運動員，認為他們是最高等級的勝利者。此時亦如彼時，我們仍得仰賴田徑場上的英雄替我們釋放掉肩頭上的任何壓力。其實日常生活就跟體育場上一樣充滿競爭，充滿不確定性，危險和敵意處處可見。（非得跟那個嘴皮子先生好好爭論一番不可，好讓他同意我的看法……得留意，千萬不能讓那個吝嗇老女人打我錢包的主意……）在生活中，風險和不確定性永遠存在，不管那些風險和不確定性讓我們身心俱疲，或者振奮開心，要超越這種情緒得靠一股衝勁。運動賽事提供了一個有規則可循的平行宇宙，讓我們看見人類的逞勇好鬥可以以一種更容易測量，更好理解的形式存在著。

而優雅的運動員之所以能脫穎而出，被人欣賞，正是因為如此。即便輸了比賽，競賽時所表現出來的優雅，是運動員最令人讚歎的地方！有了優雅，那些會讓別人絆倒的東西——不管是具體層面或心理層面——對他們就不構成影響，甚至能讓他們超越地心引力，變得輕盈自在，看起來賞心悅目，如白俄羅斯的女子體操選手奧兒嘉・科爾布特（Olga Korbuts）、羅馬尼亞體操選手納迪婭・柯曼妮奇（Nadia Comanecis），以及前美式橄欖球選手林恩・史旺（Lynn Swann）。他們在賽事中所展現的優雅之美，超越了比賽本身，而且讓觀眾在當下直接感受到平凡人類所具有的神聖面向。

梵蒂岡西斯汀教堂（Sistine Chapel）的天花板上，米開朗基羅繪了二十個裸男（Ignudi），讓這些裸體的運動健將陪在神的身旁。這些裸男繪得非常具有美感，肌肉結實、生氣蓬勃、對稱均衡，肉體上令人讚歎，精神層面卻流露怡然自在。

他們為什麼會出現在教堂的天花板上？這些裸男（Ignudi），並非聖經中的人物，雖然有可能是天使，但始終沒人確定他們的身分。然而，可以確定的是，在米開朗基羅的眼中，優雅的軀體趨近於神聖。他知道沒有什麼比優雅美麗的運動健將更能激勵人心。

自在vs.摩擦力

運動員的哪一種體態或姿勢最能傳遞出優雅？其實，運動界就跟其他領域一樣，判斷優雅的標準就是自在，然而，不同的運動項目所展現的自在各有不同。

我期望看到的，是被無形力量所牽引驅動的身體，輕盈無重量，滑順無摩擦力，彷彿潺潺流水或裊裊輕煙。看看二〇一四年的世界盃足球賽，德國選手馬里歐・格策（Mario Götze）是怎樣在總決賽中先來個長傳，然後射門得分，打敗阿根廷，贏得勝利。當隊友往格策的方向高空傳球時，他彷彿憑空冒了出來，胸口接球後往上一頂，腳步輕盈，流暢略旋，球便越過了守門員，成功射門得分。多精湛的協調啊：跳躍、胸口頂球、扭身、射門。地心引力大概會被發現沒善盡職責吧？因為當格茲慢動作似地轉身，身子如跳躍的鱒魚一屈，朝他而來的球就完美地懸浮在空中。

「他創造了三個奇蹟！」電視評論員興奮地大聲讚歎，指的是他靈活越過防守的敵隊、跳起來胸口頂球，以及精準射門的功夫。

力抗地心引力不是展現優雅的唯一途徑。以滑順姿態擊敗摩擦力，也是一種很酷的優雅。在這方面，法國自行車選手理查・維杭克（Richard Virenque）堪稱箇中翹楚，連在越野單車這個特別需要技術的運動中都能獨樹一幟。精巧簡單的機器和人體合而為一，纖細脆弱的血肉之軀搭配光滑流線的工程構造，可謂以實用運作為目的的陰陽結合。自行車和騎士結合，創造出人車一體的推進式靈巧感。

說起單車輪上的細膩優雅，沒人比得上維杭克。這位頂尖的山路騎乘者以單槍匹馬，遙遙領先的姿態廣為人知，他流暢的騎乘動作無人能及，就連在最激烈的較勁時刻，仍不失優雅。在阿爾卑斯山區的地獄級爬坡段，他的腿部肌肉不停推擠背部的支點，徐徐爬坡的姿態就像迎風的帆船，只見優雅，沒有一絲浪費的氣力。熱愛滑雪的他，很清楚騎單車時想迅速有效率地滑下山，必須很細膩地轉移身體重心。親眼看著他咻咻飛過——如同我在二〇〇四年到法國觀賞環法賽時親眼見到的許多幕[2]——那畫面美到讓人看了忍不住幫他配起音樂。

維杭克的優雅也展現在其他方面。環法賽的其中一天，他自願落後來幫助有難的湯瑪士・沃可勒（Thomas Voeckler，另譯為湯瑪士・維克勒）。湯瑪士・沃可勒是他的法國同胞，但分屬不同車隊，當時沃可勒已經穿上了領先者才能穿的黃衫。然而，資歷較深的維杭克仍願意騎在前面，幫沃可勒破風，好讓這位較年輕的單車選手可以重新加入主車群（peloton），及時在當天賽事結束前坐穩領先位置。或許，維杭克感覺得到在接下來為期三週的賽程，沃可勒不可能領先，所以願意幫助他，但即便如此，他這麼做仍稱得上慷慨行善之舉。有位評論員就說那天的維杭克是「bon Samaritan」（好撒馬利亞人）⚜。

環法賽跟美國人喜歡的運動賽事很不同。美國人要的不是聲勢壯觀的驚人賽事，就是雄壯威武，背厚肩寬的肌肉型運動員，然而，對法國人來說，自行車環法賽就是

⚜「好撒馬利亞人」出自《聖經路加福音》第十章第二十五至三十七節，耶穌所講述的寓言，大意是說有個人受傷躺在路邊，猶太人的祭司和利未人路過都不理睬，後來一個撒瑪利亞人路過，出錢出力幫助傷者，被耶穌稱為好撒馬利亞人。

他們的「超級盃」（Super Bowl，美式足球聯盟的年度冠軍賽）。但這場賽事不需要買票也能參與，只要在比賽所經的路線找個地點，就可以觀賞。換句話說，除了終點和起點，你在多數路段都能近距離接觸到高速奔馳而過的選手，但前提是你的膽量夠，有公德心，不會故意貼近，干擾比賽。在這場賽事中，維安所仰賴的，是對人類行為的高度信任。

對於如此自由的觀賽環境，法國人以無比的自律來回應，因此少有干擾情事發生。常見的景象是全家人花一整天漫長等待，就為了一睹疾駛而過的車隊，但他們不會喧囂粗暴地開狂歡派對。即使在不舒適的山區道路，觀眾也會展現優雅的一面，比如在溪谷旁攤開戶外桌，拿出食物和美酒，彷彿在戶外野餐。或者躺在休旅車陰影處或者巨大海灘傘底下的草坪椅上，聽著車上收音機報導目前賽況，或者看書讀報。

運動員也出奇地平易近人。每天開始比賽之前，他們會很樂意替觀眾簽名，和欣賞仰慕他們的人聊天，那種謙謙親切的模樣在運動賽事當中實屬少見。

優雅不是上流階級專屬，或者少數菁英所有，它可以展現在尋常的人際接觸上。

喬．迪馬喬的問題

許多運動員擁有肢體上的天賦，但個性彆扭，要不就是私下時無法像在運動場上那樣親和自在。

優雅的身體也可能表現出笨拙的矛盾性，而名氣會放大這種矛盾性。英雄可以展現優雅嗎？或者，優雅需要某種程度的柔軟和脆弱，而英雄通常不允許自己表現出這一面？這些，正是紐約洋基隊中外野手喬・迪馬喬（Joe DiMaggio）所面臨的兩難。

這位傳奇的棒球明星舉手投足極為優雅。他長相俊美，體態輕盈，穿著打扮無懈可擊。就像卡萊・葛倫，迪馬喬隨時保持優雅外貌，梳整光滑的頭髮永遠不會有一根錯位。他的行止姿態就是其優雅外表和脫俗的運動精神的延伸——每一個長長步伐都那麼放鬆，步履輕盈猶如飄懸而行。

「感覺起來他就像凌空走路。」曾幫他寫過傳記的作家毛瑞・艾倫（Maury Allen）說道：「他在體育場，在餐廳，走起路來像滑行。」[3]

迪馬喬拿起球棒時，揮棒的姿勢讓人嘆為觀止，直呼不可能，因為你可以感覺到他的力量是同時朝兩個不同方向施展。腿往前，上半身往後，力量全都匯聚在球棒與皮革球接觸爆點的周圍——流暢的弧形軌道。在身軀呈螺旋狀扭動之後，他立刻又能像絲綢一樣舒展開來，一鼓作氣奔向一壘，毫不遲疑，毋須讓身體笨拙地重新設定。從球棒揮出的偌大振福中，他俐落地把自己的身體重心導引到直線形的能量。

當他站在外野位置，也是這種輕輕鬆鬆的奔放能量讓他得以快速衝向那顆重擊而出，橫越大半個場地的高飛球，來個高飛接殺。英國出生的作家暨棒球迷威爾弗利德・雪德（Wilfrid Sheed）說：「在夢中，我仍能看見他追逐高飛球時的滑行姿態，那姿態就像在無重力的月球表面飛掠而過。」

他的一舉一動都如此輕鬆自在，甚至在對手一雙打量的利眼裡，也有相同評價。「即使三振出局，迪馬喬也能泰然自若。」他的主要對手，波士頓紅襪隊的偉大打者泰德・威廉斯（Ted Williams）如是說。威廉斯的邋遢、粗魯和人情味，就跟有「洋基快艇」（Yankee Clipper）之稱的迪馬喬的莊嚴高貴氣質一樣受人注目。

大家對洋基隊的支持除了是一種死忠式的熱情，以及打從心底，無法克制的亢奮情緒，也因為迪馬喬的舉手投足優雅到讓人難以抗拒地投入全部感情。幾乎像個英雄般被崇拜的他，不只身段優雅，也不辜負他身為運動員的角色，戰績連連，屢屢幫助洋基隊拿下十面錦旗和九次世界大賽（World Series）的冠軍。而他的連續上壘記錄更高達五十六場——直到一九四一年才中斷——如此佳績讓全美為之瘋狂。不過，最引人迷戀的是他那難以置信的優雅風采所帶給人的萬分驚歎。

迪馬喬的打球方式，讓社會大眾對他的看法超越一般運動員，認為他是個真男人，甚至超越真男人。對於這種看法，迪馬喬表示尊重——或許他內心是感到困擾的——但事實上他的回應冰冷又拘謹。因為他生性害羞，討厭出名，跟外界總是保持冷冷的距離。

我父親曾在大西洋城一間飯店的大廳遇到他。父親和伯叔父成長於三〇、四〇年代的紐約，經常在洋基球場看迪馬喬出賽。有一次是雙重賽，他們竟然在連續兩場比賽中看見他打出三壘安打。三壘呢！所以，多年後，當他們忽然發現他出現在眼前，獨自站在大廳角落，近到可以直接上前跟他說話，當然興奮不已。我爸抓住機會，走過去跟他說，嗨，你好。結果迪馬喬應聲嗨後，就把頭撇開。就這樣。

「我一直希望有機會跟他說話，可是我也很害羞。」我爸告訴我：「他就在那裡欸，喬・迪馬喬。」

這位球員的第一任妻子說，他經常幾個星期不會主動跟她說話。他的第二任妻子，著名女星瑪麗蓮・夢露（Marilyn Monroe）曾提到他個性陰鬱，還會叫她滾開不要煩他。他們的婚姻只維持短短九個月，但她死後，從迪馬喬哀悼她的方式看來，他彷彿很懊悔自己當初的冷漠：他安排她的葬禮事宜，決定哪些人可以來參加，哪些人不可以來，之後二十年，每年一定送玫瑰花到她的墓前。這個男人的內心比一顆棒球的內部更緊繃，而且創傷累累。老菸槍的他，深受潰瘍所苦。他能輕鬆面對棒球賽事，卻無法應付他想像中那些難以計數，伺機而動的威脅和敵人。他曾經鎮定地替自己辯護，努力捍衛他的英雄地位，甚至在出席活動時規定媒體應該怎麼描述他，以及何時何地才可以見到他。

迪馬喬處境艱難，一方面他優雅的肢體吸引了許多人，但因此受到的青睞也讓他壓力大到失了優雅風範。

他有機會成為佼佼者、偶像及崇高的神，但他始終陷在掙扎中。對喬・迪馬喬來說，最困難的就是當一個平凡人。

延展vs.緊繃

法國哲學家雷蒙・巴耶在一九三三年出版的重要巨著《優雅之美學觀：結構均衡之初探》中說得好：想想我們自己這個有機體的內部運作方式——比如動脈的一緊一鬆、心臟收縮的微妙節奏，以及呼吸的起伏——我們就會知道人體的最佳運行方式是彈性延展，而非乍動乍停。

巴耶接著寫道，因此，我們應該體認到，流暢及彈性是很自然且吸引人的身體運作方式，甚至可以傳達積極向上的生命觀。而這樣的身體運作方式，就是優雅。

然而，要理解運動員的優雅並不是那麼容易。每次看到優雅運動員從容展現彈性和靈活度，我就會納悶：運動需要的力氣呢，被他們藏到哪裡了？

在籃球場上，氣勢驚人可以恫嚇對手，讓球迷興奮——雷霸龍・詹姆斯（LeBron

James）最清楚這一點——然而，被譽為傳奇飛人始祖的朱利葉斯・厄文（Julius Erving）的輕盈姿態卻更賞心悅目。厄文穿梭球場時，就像打水漂在水面上彈跳的小石子。他騰起身子碰籃框的姿態彷彿飛翔而上，還能在半空流暢地轉身。從手臂延伸到指尖的細膩姿態將他的動作昇華到藝術層次。他不是以驚人力道衝向籃框，而是乘著一股無形的波浪順勢而上。這是怎麼辦到的？是因為腳踝上有彈簧？因為肢體協調完美精巧？還是因為重心控制得宜？誰知道呢？總之，他就是有辦法讓動作看起來輕鬆自在，毫不費力。跟球場上一個個壯碩魁梧的球員相比，他顯得靈活輕盈，就連灌籃，都能展現芭蕾的優雅姿態。

厄文靈活的優雅球技在七〇和八〇年代的籃球界可說無人能及，不過，在這個以力量稱霸運動界的時代，有些年輕一輩的運動員卻能靠著優雅屢創戰績。明日之星史蒂芬・柯瑞（Stephen Curry）以其輕盈的跳躍姿態，名副其實地贏得「籃球聯盟中最美飛人」的稱號。

一九八〇年代英國板球隊長大衛・高爾（David Gower）也有那種身心一派輕鬆的優雅。板球本質上就是一種優雅的運動，因為球員的打扮如紳士名流蓋茨比（Jay Gatsby，《大亨小傳》主角），而長達一整天的比賽多半時間都是悠閒地漫步，中間還有午餐和午茶時間，非常地*comme il faut*（符合禮儀社交）。然而，在這樣的文明社交場合中，高爾仍能展現他的獨樹一幟。他的金色鬈髮和深邃迷濛雙眼散發出英國詩人拜倫式的氣質。他揮動球杆的姿勢就跟他的外表一樣浪漫，但姿勢的啟動卻由鋼鐵般的有力雙手來執行，這點光從這位擊球員那如絲綢的流暢動作是看不出來的。高爾不用蠻力揮球，他是輕輕一擊，鏟起球，輕鬆地讓它們飛向空中。

高爾打板球時展現出身體比例的細膩平衡及肌肉，能抓住連厲害板球手都可能錯過的擊球時間點。這般能耐，正如完美抓住重心的舞者能夠踮起腳尖輕鬆地轉呀轉，毋須靠著上緊發條似的扭力來硬轉脊椎。

澳洲頂尖的網球女將伊文・古拉貢（Evonne Goolagong）活躍於一九七〇和八〇年代，拿過三次溫布頓比賽的冠軍（兩次單打，一次雙打），她在球場上的奔馳姿態宛若穿上裙子的飛盤，腳步輕盈的跳躍反映出她的輕鬆活力，而纖柔如柳的身材完全不見對手的壯碩豪邁。

如果在今天，她大概會被活活吃掉吧。

輕盈 vs. 笨重

運動員的優雅跟舞者跳舞時一樣，很重要的關鍵點在動作的結尾。我們的視線會追隨結尾動作的弧度，希望它無止盡延伸下去，彷彿這樣一來它就能帶著我們一起遨

被暱稱為J博士的朱利葉斯・厄文，以其流線飄浮似的球技，讓人類生命中的艱困疲累有了緩解喘息的機會。

翔。人類會被連續性的流暢動作所吸引，比如從頭上飛過的鳥兒、慢跑的馬匹，尤其是動物園裡從一根樹枝盪到另一根樹枝的長臂猿。畢竟，曾經是牠們同類的人類也曾在樹上盪來盪去。從原始的潛意識層次來看，流暢的動作就是讓人感覺舒服。

效率也是優雅的關鍵要素——沒有白做或多餘的動作，也沒有過度裝飾或美化的動作。我們很少見到費德勒去窮追對手打過來的球，卻沒能接到或半途而廢。他會事先估量要追的距離，判斷自己能否接到，如果接不到，他就不會浪費力氣。不過，效率本身並不能帶來優雅，比如德國網球名將約翰・馬克安諾（John McEnroe）的發球就非常有效率，但毫無流暢度可言。他的動作速度快但很突兀，跳躍時像炸開的爆米花，一副忽受驚嚇的模樣。此外，他的動作沒有收尾。從花費力氣的觀點來看，身體在每個跳躍或步伐之間靜止不動，是最省力的——馬克安諾就是這樣——但費德勒的每個動作卻是連續不斷。

優雅的運動員往往能體現我們一般人所渴望達到的境界——如果無法變成最頂尖，那就讓自己成為一個賞心悅目的人。卓越的運動技能只有少數人才辦得到，除了要有運動細胞，還得把自己鍛鍊到幾乎死掉的地步，但優雅呢？看起來比較容易達成，就算身為觀眾的我們也能辦到。這就是運動賽事有吸引力，能引人入勝的原因之一。美國網球選手亞瑟・艾許（Arthur Ash）的典雅氣質及精湛球技，讓他硬是比火爆浪子吉米・康諾斯（Jimmy Connors）更討人喜歡，更有資格成為榜樣。優雅的技巧似乎具感染力，能從運動競賽場中轉移到日常生活中——不管事實如此，或者這是出於個人的想像。我瘋了才會以為自己可以像雷霸龍・詹姆斯那樣灌籃，但我起碼有可能重拾平衡感，具有費德勒的靈活度，或者以女子體操選手奧兒嘉・科爾布特的真誠喜悅來待人，或者，就算承受莫大壓力也能像德國足球員馬里歐・格策或美國棒球員山迪・柯法斯（Sandy Koufax）那樣鎮定。

一九六〇年代布魯克林和洛杉磯道奇隊的左投手柯法斯整個人呈現出一種乾淨優雅的風格。他飛奔時宛如一條呈優美弧形甩出去的釣魚線，然而這種流暢動作卻隱藏著驚人的速度。就連洋基隊的米奇・曼托（Mickey Mantle）都曾敗在柯法斯著名的曲球下——虛幻如肥皂泡般難以掌握的投法。其實，柯法斯本身也是一個難以捉摸的人，拘謹自持的程度甚為驚人。一九六五年棒球世界大賽的開場賽，他拒絕上場投球——拒絕時一副就事論事的態度——因為那天正好是Yom Kippur，也就是猶太教的贖罪日，而他是虔誠的猶太教徒。那天過後，他帶著同樣低調的自制精神，回到球場幫助隊伍贏得世界大賽。一年後，他三十歲時，毅然決定退休，並讓世人知道，他那些完美的投球動作背後所付出的代價：他的手肘因關節炎幾乎廢掉。他說，他希望以健康的身軀來度過下半輩子，加上生性淡泊名利，所以決定退出棒球界，但他下台的身影就跟他縱橫球場的英姿一樣優雅動人。

優雅能帶來競爭優勢嗎？或者，優雅的運動員純粹只是讓人覺得賞心悅目？以實際的戰績來說——贏的場次、締造的紀錄——優雅的運動員不永遠都是贏家。費德勒有可能敗給力氣更大，攻擊性更強的對手，比如他曾敗在速度快，力氣大，但不算優雅的英國選手安迪．莫瑞的手下。二〇一四年，費德勒就因為敗給塞爾維亞的諾瓦克．喬科維奇，喪失了拿下第八座溫布頓獎盃的機會。

光是看費德勒穩穩大步走的模樣就比看其他選手更讓人開心。就連以研究美麗為專職的人，都會覺得他獨特的優雅舉止特別出眾。出生於丹麥，曾是知名芭蕾舞者，現任職於紐約市芭蕾舞團擔任藝術總監的彼得．馬丁斯（Peter Martins）告訴我，在他看來，費德勒是極致優雅的代表人物。

「我這輩子都在關注網球比賽，可說是瑞典網球名將比約恩．柏格（Bjorn Borg）的大球迷——由此可知我從很早就在追蹤網球賽事。」馬丁斯說：「可是，費德勒在球場上的優雅舉止，真的無人能及。我想不出有誰，就連每天跳芭蕾的舞者，都沒人能像他那樣。他的舉手投足毫不費力，看他打球，會令人驚歎連連。」

這就是優雅的優勢。運動員的事蹟若只建立在可被計算的事物上——如跳高紀錄，足球的射門得分，棒球的打點紀錄——久而久之勢必被遺忘，因為這些紀錄隨時都會被超越。比如美國職業籃球員查爾斯・巴克利（Charles Barkley）在ＮＢＡ的得分紀錄就被俠客・歐尼爾（Shaquille O'Neal）所超越，而俠客的紀錄又被柯比・布萊恩（Kobe Bryant）刷新。然而，得分紀錄擠不進ＮＢＡ前二十名的朱利葉斯・厄文，卻因其獨特的球場英姿而永被讚歎懷念。

到頭來，有資格被神化的是優雅的運動員，因為統計數字會被遺忘，但優雅流暢的雍容身影會永遠流傳，常駐人們心中。畢竟，保留並珍視跟美有關的任何表現形式，是人類很自然的本能。

柔軟 vs. 僵硬

有些優雅的運動員除了體態優美自在，還能表現出孩童嬉戲的歡樂感覺，看著這些運動員，會讓人快樂上好幾倍。在一九七二年和一九七六年奧運比賽中拿下多面金牌的白俄羅斯女子體操選手奧兒嘉・科爾布特，就是這類型的運動員。她的體操動作大膽無懼，俯衝動作怵目驚心到讓人屏息，但隨即又能不費吹灰之力地安全著陸，還眨著一雙嫣然燦笑的泡泡眼。在那種足以斷頸的高速下，她卻流露出稚氣的歡欣。在騰空跳躍的動作中，她在宛如定格的拋空狀態吸了一口氣後，優雅落地，但旋即彈得更高，充分展現出藝術家的不羈靈魂。

奧兒嘉・科爾布特跟當今的體操選手截然不同。現在的女子體操選手可說是重砲女孩，擁有鋼鐵般的意志，眼神冰冷如消防栓。她們把身體當成一個設備，只管把它充足電力，不管有無表情，以至於看起來就像個小機器人，只有排練過的笑容和僵硬的揮手致意。她們撞擊平衡木、跳馬和地墊時——砰！——簡直像一袋磚頭。

當今的運動界流行類固醇打造的壯碩美學。我的意思不是現在的體操選手都用藥——或許有，或許沒有——但他們矮胖結實的身材劃過空中時看起來確實雄壯威武，力道宛如美式足球員。力量、耐久力和爆發力是被稱羨的特質。在一九八四年的奧運，替美國拿下第一面女子全能體操金牌的瑪莉・盧・雷頓（Mary Lou Retton）就很有資格被稱為發電所。她一身結實緊繃的肌肉牢實地重壓在雙腿上，因此動作當中不斷發出宏亮的砰砰斷促音，表情儼然要跟人一決生死，甚至連呼吸的時間都不願意浪費，或者起碼給人這種感覺。看著她，我們也忍不住屏息，整個人緊繃。當然，欣賞雷頓的體操表演，有樂趣可言，這樂趣來自於她在混亂的緊張氣氛中終於順利落地時，她忽展笑顏的剎那。除此之外，沒有綿延潺潺的輕鬆感。體操的優雅輕鬆被留在過去，不得滲入現在，所以，在雷頓眼前的是地墊上的肌肉新紀元。優雅甚至沒機會提出異議來反駁她的表現。

相反地，奧兒嘉・科爾布特一方面輕緩柔美，另一方面又如猛獅出閘；一方面像

奧兒嘉・科爾布特對自己和地心引力駕馭自如。

熱狗平易近人，另一方面又如詩人出塵脫俗。她一九七二在奧運上的整套演出迄今看來仍如奇蹟——不是力量的炫技，而是以宛如舞蹈般的輕盈優雅，讓高超技巧相形見絀。（高低槓項目時，她在高槓上做出的後翻動作，困難程度前所未有，後來奧運比賽甚至禁止選手做出該動作。）科爾布特的地板動作由一個大跳躍開始，接著，就像海明威筆下，《老人與海》故事裡那隻巨大馬林魚破浪而出，她在空中以燕式跳水的動作定格了片刻，然後前滾翻落地。她有舞者的技藝，每個動作都經過精密估量的照拂，表現出獨一無二的優雅自在，也因此呈現多樣化的動感。這種特色在體操的其他競賽項目中也可見，比如在平衡木上做後軟翻的動作時，她移動雙腳的速度非常緩慢，並在半空做出大動作，製造出層疊式的效果，讓觀眾有機會慢慢仔細看著她那雙腳。在倒立劈腿時，她抓住停止點後，靜靜地盡情展炫她的動作。在天堂裡的一方細長小天地維持平衡倒立時，她只是單純地呼吸，讓雙腿筆直如手術工具般俐落，讓脊椎柔軟彎曲呈弧。

炫技？當然。她炫耀的是她在那種危險境地仍能優雅自在的感覺，而且她要讓人知道她就愛這種感覺。凌空、平衡木和高低槓，都讓她感到至喜極樂，而且她透過輕快的身體語言和天真樸實的笑容讓世人看見她的感受。就是她的笑容，消融了所有隔閡。照理說我們該鄙夷蘇聯這種共產落後國家，但一見到奧兒嘉・科爾布特的優雅，全世界都融化了。

她之所以成為全世界瘋狂愛上的寵兒，不只是因為她的笑容。在全能決賽中的高低槓，科爾布特搞砸了——她的腳趾碰觸到地墊，漏了兩個動作，以至於即將到手的金牌飛了，但她還是完成整組動作，穩穩落地，以軍人的英姿大步邁向自己的座位。

接著，她做出了蘇維埃共和國的人不可能做出的事情：蜷縮起來，頭埋進暖身夾克裡哭泣。那時我還小，深夜透過電視，看見地球另一端的她竟能完全反映出我當下的感覺。我記得當時那畫面讓我好驚訝，因為，若是我，我也會跟她一樣蜷縮起來哭泣！她還是個孩子呀，為自己搞砸了很在意。原來，她也是一個有血有肉，脆弱平凡的人。

那晚，完美演出，來來去去，但她所表現出的優雅永遠伴隨著她。真正讓人有所共鳴的，是柔軟的那一面，而她，讓我們有機會與之共鳴。即便失誤，她還是想到了所有大力支持她的人，因此，她把自己從悲劇邊緣拉回來：在當晚稍後的比賽中，她開心歡喜地在平衡木和地板動作上呈現出完美無瑕的演出，讓她的奧運出賽畫下完美句點。

「我就想像自己只是個七歲的孩子，在外面的草地上跳舞。」多年後在一場訪問中，科爾布特解釋為何當時她有辦法從比賽失誤的災難中優雅地恢復鎮定。[4]

四年後，羅馬尼亞的年輕選手納迪婭・柯曼妮奇（Nadia Comaneci）承襲了科爾布特那偽裝得宜的強悍及不費吹灰之力的優雅。才十四歲的柯曼妮奇就具備冷靜高貴的優雅氣質，她以舞者的修長步伐踏上地墊，態度隆重尊貴。氣勢非凡！而動作美到令人屏息：和諧線條，輕盈體態，不疾不徐，掌控得宜，風靡全場的動作韻律。

柯曼妮奇帶給我們的感官饗宴，其實讓她自己付出很大的代價。她沒有科爾布特那種開朗的陽光性格，她的憂鬱傾向讓她的表演蒙上一層陰鬱哀傷，反映出她殘酷嚴厲的訓練過程和黑暗艱辛的人生。最後，她逃離了那個桎梏囚禁她的國家。我們可以想見，小小年紀的她發現，當她身處競技場，在單槓上快速旋轉時，就能擁有一絲自由的感覺。從她身上，我們清楚看見她有能力以鎮定優雅的姿態跟人競爭，而這種能力是一種很細膩的堅強——精神上的堅強——在奧運比賽中，這種特質只能驚鴻一瞥，但不管在運動或生活中，柯曼妮奇表現出一貫的堅強韌性，而她的生命，也因著這種堅強韌性而得到救贖。

溫暖 vs. 冰冷

冰上的優雅，是人類最奇蹟的成就。冰冷無情的冰面，銳利的鐵刀——除了最頂尖的怪胎，有誰能在這種情況下優雅自在？

對我來說，冬季奧林匹克運動會當中，最讓人腎上腺素激升的畫面，就是電視轉播溜冰選手在冰上，一腿舉高，上半身略前傾，如迎風展翅般，做出芭蕾中的阿拉貝斯克式（arabesque），又如古帆船乘風破浪般自由遨翔的姿態。然而，現在溜冰就跟體操等運動一樣，愈來愈講求力道，排擠優雅。宛如悠揚樂曲，餘音裊繞的從容展現，能帶給人優雅的感覺，可惜的是，這項運動犧牲了這種細膩之美，轉而強調那種讓人一見就亢奮的特技式動作。

一九七六年的奧運金牌得主桃樂絲・漢彌爾（Dorothy Hamill）的溜冰姿態帶著溫暖和柔軟。二十多年後，當我在首府華盛頓的甘迺迪表演藝術中心觀賞她的溜冰表演，她那種特質依然明顯。她在冰上移動時體態輕盈，靈活有彈性，像飄浮在冰上，給人一種飛翔、自由又恬靜的感覺。她一個人自在地待在冰上，沉浸優游在自己的世界中，怡然自得，不汲汲讓我們看見她的存在。即便場地侷促（艾森豪劇院的舞台用清冰機處理過，成了臨時的溜冰場），但她在冰上留下的軌跡仍能流暢如絲，賞心悅目到讓人目不轉睛。到今天，回想起她的冰上美姿，我仍能感受到當初觀賞時的喜悅。

在描述拳擊的經典電影《洛基三》（*Rocky III*）中，記者問怪頭T先生：你對這場比賽有何預測？

「預測？」T先生說——在電影中，他是主角席維斯・史特龍的對手——然後對著鏡頭，用一個字回答記者：「痛。」

這種目的是為了讓對方痛的運動，會有優雅嗎？

從拳擊比賽最能清楚看到運動競技的攻擊性，因為在拳擊中，受傷流血乃家常便飯。古希臘羅馬流傳下來的雙耳細頸瓶上，甚至繪著英雄姿態般的拳擊手鼻前掛著兩道鮮血。即使如此，優雅圓滑仍可以成為優勢，比如八〇年代在拳擊台上跳舞的傳奇拳王舒格・雷・倫納德（Sugar Ray Leonard）。

其實在拳擊場上，具備跳舞特質是很重要的。我在芝加哥唸研究所時修了一門運動報導課，自此開啟對拳擊的興趣。當時我的同學都爭相報導美國職棒大聯盟的芝加哥小熊隊，但我決定以業餘拳擊為主題。其實我在無意間就對這項運動很熟悉，因為我的舅舅是HBO電視台的資深拳擊評論員賴瑞・莫臣特（Larry Merchant），他曾在比賽告一段落時在拳擊台上訪問氣喘吁吁的拳擊手。（他經常說，訪問輸的一方有趣多了，因為們更會反省，這一點在我從事新聞工作時也有相同體會。）我認識一個聽不見的拳擊手，他不管怎麼打都處於劣勢，因為他的內心沒有音樂指引他，所以動作沒有節奏感。

想想拳王阿里（Muhammad Ali）在拳擊台上如行雲流水的自在。若不是見到他的表現，你不可能想像一個大塊頭可以速度那麼快，每一拳都瞬閃而過，看都看不清楚。他的力氣在哪裡？藏在他光滑絲絨的肌膚底下。他的動作有一種流暢的阻力感，彷彿力量一出去就碰到什麼東西而慢下來。他在拳擊台上總是站得挺挺，不會為了保護自己而壓低身子，這是一種目空一切，高貴尊嚴的姿態。他畢生都展現出這種特質，像個永不懊悔認錯的歌劇女伶——「我是最棒的！」——然而，他這種光芒外露的自傲態度並不張狂，也不是出於防衛心態，而是名副其實反映出他的能耐，因此能獲得大家的認同。阿里總能給人一種開心的感覺，看著他，你會跟著精神高亢。他不會以令人厭惡的傲慢和冷漠的優越感來區隔自己與他人——老實說，職業自行車選手藍斯·阿姆斯壯（Lance Armstrong）就有這種非常不優雅的態度——阿里用他的歡欣和溫和擄獲所有人的心。他不僅舉止優雅，傳達理念時也極盡優雅，比如他孜孜矻矻地呼籲大家要尊重不同的種族和宗教，就連在拳擊台上都不失優雅。

至於美式橄欖球（又稱美式足球）打起來醜多了。[5]拳擊和網球都是單打獨鬥，必須精心算計估量的運動，美式橄欖球則不然。此外，它沒有棒球的安靜和耐心，沒有英式足球的流暢性，也沒有籃球那種爆米花式的騰空跳躍感。美式橄欖球打起來左搖右晃，跑起來乒乒砰砰，在混亂當中移動，充滿時間壓力，一次又一次野蠻地連續衝撞，正因如此，偶見優雅的橄欖球員才會讓人無比興奮。在他們表現最精彩的時刻，野蠻當中必然存在著優雅。

榮登匹茲堡鋼人隊（Pittsburgh Steelers）名人堂的林恩・史旺可說是美式橄欖球界的芭蕾天王巴瑞辛尼科夫（Mikhail Baryshnikov）。他在一九七〇年代擔任外接手（wide receiver），控制身體的速度快如閃電，躍起時有辦法隨著球調整姿勢，這種本領讓男人看得如癡如醉，目不轉睛。

抒情詩人有辦法想出一個貼切的名稱，來形容這個既具備鳥禽飛翔能力，又能像牛般無畏衝撞的人嗎？史旺打美式橄欖球之前曾學過舞，小時候被媽媽拖去上舞蹈課。只不過長大後，長度一百碼的美式橄欖球場成了他的舞台。

舞蹈訓練「讓我得以擁有另一種面向。」幾年前他接受我的訪問時這麼說道：「讓我能在舒服的狀態下發揮技巧，抓住最好的時機，感受比賽的節奏。」他的踢踏舞老師告訴他：「一個動作的結束是下一個動作的開始。你必須永遠保持平衡，才能順利流暢地轉換動作。每個動作都有它最好的時間點和節奏。」

這種情況經常可用一句話來形容，他說：「你在腦子裡跳舞，感受旋律和節奏，一次又一次地排練。」

他談起美式橄欖球的策略模式和步法時，神情就像百老匯歌劇的舞蹈總監。他說，其實在美式橄欖球的訓練中，舞步早就是很重要的一部分。球員會仿效藤蔓，學習土風舞當中最重要的交叉側步以及爵士舞的交換步，以及一種稱為卡拉OK訓練的跑步法（karaoke drill）——雙手往兩側伸平，扭轉臀部，一腳在前一腳在後，橫向跑步。「你會經常見到橄欖球員做這些動作。橫向奔跑時，如果控制得宜，抓到重心，就可以很輕鬆地讓腳忽焉在右，忽焉在左，改變方向。若左腳先啟動，那就試著把右腳放在後方，然後換左腳。這就是藤蔓的交纏步法。」

如果你是那種只會把重心平均放在兩隻腳的人，就甭想防守史旺和他的隊友。事實就是如此。

「有一天我和隊友約翰・史都沃斯（John Stallworth）在準備出戰達拉斯牛仔隊之前，先觀摩一段他們比賽的影片。」他說：「我們發現他們那個防守後衛的步法真可怕，他就是搞不定他的步法。所以我研判，最是糟糕的打法就直接衝向他，因為他會往後退。」但如果能想辦法讓他非得左右奔跑不可，他的雙腳就會打結，這樣你就可以順利達陣。「我們知道，只要逼他轉動肩膀和腳，他遲早會跌倒。果然如我們所料。」痛呀！看著一個壯漢因為「舞技」不如一個苗條敏捷的外接手而吃鱉，那真是球隊光榮的一刻。

看到幾個肢體協調的橄欖球員在美國電視舞蹈比賽節目《與星共舞》（*Dancing*

with the Stars）中表現傑出，你會不會驚訝？他們打球時所練的快速小跑步，以及比賽時需要的肢體控制和平衡，都成功轉化成舞池裡風靡全場的演出。艾米特・史密斯（Emmitt Smith）在節目第三季中甚至以驚人舞技我們鏡球冠軍獎盃。傑瑞・萊斯（Jerry Rice）、賈森・泰勒（Jason Taylor）及重達一百三十六公斤的華倫・史瓦普（Warren Sapp）都拿掉護肩，換上閃閃發亮的正式禮服，腳踩著國標舞的舞步。還有退休的防守絆鋒華倫・薩普（Warren Sapp）跳起舞來竟能如美國喜劇演員傑基・格黎森般流暢輕盈。

長久以來，舞者就被優秀橄欖球員不可思議的優雅所深深著迷。美國知名舞者和演員金・凱利就邀請巴爾的摩小馬隊（Baltimore Colts）的四分衛強尼・尤尼塔斯（Johnny Unitas）在他一九五八年的電視特別節目《跳舞：男人的遊戲》中演出。編舞家崔拉・夏普（Twyla Tharp）在一九八〇年的電視特別節目《跳舞也是男人的運動》中，讓紐約市芭蕾舞團的團員彼得・馬丁斯和史旺搭檔表演（這兩個節目的主題都是最陽剛的運動員所表現出的「男性」優雅，以及最優雅舞者所表現出的「陽剛」。）結果，史旺的表現竟然比後來在芭蕾舞界享有盛名的馬丁斯來得更好。在排練時，這位橄欖球員甚至比馬丁斯這位高挺的丹麥舞者跳得更高。當時，在一旁觀看的編舞家喬治・巴蘭欽（George Balanchine）——他是馬丁斯的上司——大聲告訴他旗下的明星舞者：「你應該跳得更高一點，因為人家比你矮都跳得比你高。」史旺回憶道。

夏普也記得史旺那次的表現。「他的優雅真是不可思議，」她告訴我：「他的跳躍實在太精彩，而且有辦法停留在半空中。他的耐力源源不絕，憑藉那樣的速度、靈活度和機動性，他就是有辦法瞬間移動到角落，速度驚人……我從沒遇過這麼有天分的人。」

一些在運動場上深具創意的運動員，應該考慮退休後進入劇場表演。就以巴爾的摩烏鴉隊（Baltimore Ravens）優秀的前防守名將埃德・里德（Ed Reed）為例，這個美式足球游衛的演技精湛到足以贏得奧斯卡獎。他經常故意用動作告訴敵對的四分衛：「啦啦啦，我會在這裡唷，所以放心把球丟到那裡吧……」一次又一次，他們都落入他的欺敵演技中，最後讓他來個大攔截。

這一方面是欺敵戰術，另一方面是步法策略。藉由舞者的靈活度，里德無縫接軌地把自己的角色從防守變成進攻。在那場與費城老鷹隊（Philadelphia Eagles）的比賽中，他在達陣區接獲傳球後，悄悄轉變為接球手的角色，從一百零七碼底線反攻，動作轉換之巧妙，就連最自傲的芭蕾舞者也心生嫉妒。雖然敵隊的線衛（linemen）立刻壓制住他，但他依然能在一波波的攻擊中以跳舞似的動作脫困，閃掉那些想奪球的人。他以靈活的腳踝為支點，快速大步往前移動，動作流暢如滑冰，直接滑入NFT

（美式足球聯盟）的歷史紀錄中。

然而，外接手的演出並非永遠優雅。球員粗魯糟糕的行徑已經惡名昭彰，比如拳鬥、達陣後誇張暴力的慶祝行為，以及讓人激動的奚落嘲笑。近幾年出現把孔武有力的打者放在接球手位置的趨勢，如人高馬大的泰瑞爾・歐文斯（Terrell Owen）和原本叫奧喬辛科（Ochocinco），後改了名字的查德・約翰遜（Chad "Ochocinco" Johnson）。他們這些人魁梧有力，就算被擒抱摔倒，也能用蠻力掙脫，不需要像中鏢的魚扭動身體，靠技巧甩掉防守員。沒錯，這些人是主控球員，但他們的表現一點都不優雅。

「如果，我要被定位為跳水選手，」雷戈・洛加尼斯（Greg Louganis）說道：「我希望我留在人們心中的印象是，我很強壯，但我也很優雅。」[6]

沒人像洛加尼斯能這麼簡單直接地調合了跳水這項運動的兩種迥然特質。曾拿過四次奧運跳水冠軍的洛加尼斯，可說是史上最偉大的跳水選手，更是優雅運動員的最佳典範。他讓我們看到如何同時兼具剛與柔。他的身形完美無瑕，但毫不僵化，他劃過空中時身形柔軟，每個動作之間無縫接軌，上一個動作的尾聲必然預示著下個動作的起始。總之，他的跳水過程，猶如一首無聲的悠揚樂章。

洛加尼斯也體現了古希臘人的*Kalokagathia*概念。這個字是由兩個字所組成：*kalos*代

奧運跳水冠軍洛加尼斯。

表美，*agathos*的意思是善。這個理念深受哲學、藝術、文學和倫理學所稱頌，非常適合用來描述洛加尼斯這個具有卡萊・葛倫氣質的跳水選手。他平衡地活出兩種較勁的力量：外表的和睦，以及內在的尊貴。真正的美，乃是因行得美善。當他在跳水台上方，靜默冥想做準備時，展現的是一種恬靜的優雅感，身心皆達圓滿幸福的狀態。

洛加尼斯的軀體，是米開朗基羅設計的嗎？被性感雕琢的他，肯定有資格成為西斯汀教堂的天花板所繪的裸男之一。

因為這位奧運級的跳水選手跟他們一樣，完美地平衡了肉體與精神。站在跳水台上的他所傳遞出的感官之美，肯定能啟發古代的藝術家，創作出無數的詩詞歌賦和一整列銅製裸像。然而，當他離開跳水台的邊緣，一躍而下，他的動作脫俗出塵，超越了肉體世界，成了一種華麗高貴的抽象形式，一連串的幾何理念——球面、螺旋、直線——接著身心交融，只為一個精確的目標。鑽入水裡，他逃離了凡塵俗世，徹底消失，不為人所見，不為人所聞。

「我不認為我的跳水是一種機械式的動作，」他說：「我認為它更像是一首精心編創的舞日。」

一支連天使都要忌妒的舞。

因為，其實他跟我們一樣，也是凡夫俗子。

第九章

舞者
超然的優雅

優雅，是一種面貌多變的美感：
就算美的主體來來去去，優雅的美依舊能芬芳流長。
——德國十八世紀詩人暨哲學家弗里德里希・席勒（Friedrich Schiller）

在舞蹈界，扭曲身體，延展到極限，已經成為一種潮流，而這種潮流讓跳舞不再優雅。

新的芭蕾舞目（和許多重新詮釋的古典舞目），出現一種藝術趨勢：稜角分明的身體線條、立即的感官刺激滿足，以及搖滾演唱會式的體驗。舞者的身體又抽搐又旋轉，又鑽又俯衝，彷彿可以把鐵片鑽出洞。有時，他們的身體看起來就像要拆解開來，只靠關節連結，如芬蘭裔編舞家卓瑪・伊羅（Jorma Elo）所編的《雙惡魔》（*Double Evil*）的結尾：首席芭蕾女伶以腳尖旋轉的動作飛奔出來，身體呈拱狀奔向搭檔，搭檔把她甩上肩頭，最後，她躺在地上，雙腳敞開，胯部朝上。許多芭蕾作品，包括這一部，芭蕾女伶都會以某種方式來象徵理想的女性，然而在這最後一幕，她卻被蹂躪，被解構到露出內褲。她不再是芭蕾之后，身體反而像被一只殘酷的羅盤給影響，搖擺踉蹌成潦草凌亂的線條和弧形。伊羅的芭蕾是一種殘破、鋸齒似、突兀和諷刺的美學觀。但這不代表他的作品從各方面來看不夠藝術或不吸引人。不協調和讓人看了不安的風格也可以產生美感，比如畢卡索的立體派畫作和二十世紀現代作曲家史特拉汶斯基（Stravinsky）所創作的芭蕾舞劇《春之祭》（*The Rite of Spring*）——這齣芭蕾舞劇在巴黎首演時，觀眾對這支舞的評價不一，他們先是彼此叫囂，後來甚至拿東西丟台上的管絃樂團，騷動愈演愈烈，此事件隔日登上各大報——但即便如此，這齣芭蕾劇仍被視為具劃時代意義。立體派畫作和芭蕾舞劇《春之祭》絕對是藝術作品，但顯然非優雅之作。

近幾年，或許是因為想拚命抓住觀眾，或者要模仿電視舞蹈比賽實境秀那種讓人眼花撩亂的動作，也或者是因為全世界的芭蕾競爭太激烈，總之，芭蕾已經扭曲到有點走火入魔。你甚至可以見到芭蕾舞者作踐自己到要「使出花招」——如啦啦隊所說的——不管是一連串快速的旋轉，或者看似會在空中解體的飛躍動作，總之，就是要設法讓觀眾目瞪口呆。

芭蕾訓練的焦點多半放在技術層面——舞步技巧——而不是風格。風格是個人的東西，需要時間去發掘，去培養。

強調技術層面，把技巧推到極致，去分析技巧，這種作法製造出的是芭蕾品質是片段不完整的。許多當代的芭蕾編舞家或許是受到當代藝術或某些當代舞蹈那種斷促、不連續的美學所影響，所以開始偏好這樣的美學觀，揚棄了連續、綿長、無縫式的流暢動作。換句話說，優雅被視為落伍。典型的新芭蕾是由一連串厲害的動作所組成，沒有如詩如敘的超驗感受，因此其動作的爆發性會讓人看得目瞪口呆，但看了一會兒，你就會厭煩這種感官刺激。

當今許多舞者所沒有的東西，正是數百年前人們愛上芭蕾的原因：身體的和諧、平衡和自在。也就是優雅。「芭蕾讓我們得以擁有希臘人那種結合力與美的優雅動作。」十九世紀印象派畫家愛德加・竇加（Edgar Degas）曾這麼解釋他為何要畫舞者。[1]他非常清楚芭蕾的精緻運動性和感官吸引力，畫風充分反映出他對芭蕾這種藝術形式的著迷——在這種藝術形式中，舞者透過流暢且有節奏的曼妙舞姿，帶給人感官饗宴，讓人得以感同身受地體會舞者的喜悅。

在甘迺迪表演藝術中心觀賞一齣精彩的舞蹈表演後，離開時我常會覺得自己身心輕盈到彷彿可以飛上天，說不定哪天入戲過深，走出會場後，會失神到撞上劇院外那尊甘迺迪的巨大半身像。每次見到舞者橫越舞台時那輕盈優雅的身形，我內心就悸動不已，感覺像隨著他們自在愉快地完成一個又一個的高難度動作。舞者要能優雅，重點在於表演的連續流暢度，而非一個個的花招。這種連續流暢度確實有運動員的動作和快速步法，但即便飛到接近天花板的燈光架，即便踮起腳尖旋轉六、七圈，如巴瑞辛尼可夫這樣偉大的舞者也絕不會給人身體緊繃的感覺，而是能隨時融入其所詮釋的角色中。他完全投入於演出，一心舞出編舞家的意圖，毫不保留地對觀眾委以他的身心靈，毫無自我吹噓的矯揉造作（很多男舞者都喜歡張開雙手，手腕一翻，一副「看我這麼厲害」的模樣）。

此外，優雅舞者會讓人跟他產生情感連結。當然，舞者可以跳舞跳到讓觀眾震懾，目瞪口呆，以達到最大的表演效果，但只有優雅舞者才能跟我們產生共鳴，因為他們讓觀眾覺得，他們跟我們是同一種生物，為我們而舞，替我們去經歷舞台上的種種感覺。之所以能這樣，在於他們的舞動是建立在正常人類的動作範圍，因此我們看了備感舒服——無論觀賞舞蹈，拜訪某人的家，或者走進一棟建物，只要能感受到情感連結，就會有舒服的感覺。優雅舞者那種樸質內斂的自在呼應了我們的身體經驗，所以我們能感同身受地且愉悅地感覺他們的動作，認同那些在我們身體能力之內的動作。由於優雅舞者的表演屬於凡人等級，所以可以帶給觀眾一種更私密、更親密的經驗。這就是「少即多」的原則。優雅的舞者不需做出費力艱辛的特技動作，透過最簡單的方式就能喚起觀眾的情緒。

比如二十世紀的英國芭蕾女伶瑪歌・芳婷（Margot Fonteyn）只是靜靜站著，就有這樣的效果。

我第一次知道芳婷時，完全不懂任何動作等級或比例概念，但光是透過一張照片，我就愛上了她。我十二還是十三歲時，父親送我一張柴可夫斯基的芭蕾舞劇《睡美人》的專輯，封面就是她，看了那個封面，我立刻對芭蕾產生興趣，開始認真去了解。芳婷結婚當天，穿著飾演睡美人奧蘿拉公主（Princess Aurora）的白色芭蕾舞短裙，靜靜地站著，拍了一張照片，照片中的她頭微傾，彷彿在聆聽音樂——而看著照片，你也像受到邀請，和她一起聆聽同一首音樂。終於有機會見到她跳舞時——那次是透過影片，因為我太晚買票，沒機會現場觀賞她的演出——我又再次發現她的魅力果然在於那種高度專注的恬靜。

那張照片裡的瑪歌・芳婷永遠是我心目中芭蕾女伶的完美形象。鏡頭從後方拍攝站在門框裡的她——那扇門被陽光照得熠熠明亮——她的雙手往兩側延展，構成一副展翅似的剪影，指尖輕落在框住她的拱頂上。一雙眼睛望向手臂下方，彷彿視線循著一彎流水緩緩延伸向前。她的上半身微微扭轉，強調出背部和腰部的曲線弧度，一隻腿往後延展。從頭到腳趾，是縈繞著旋律的連續感，畫面滿滿都是自在。

而那張照片之所以動人，在於那是一種凡人皆可得的優雅。從門框裡，我們可以看見在她眼前的一方景緻，而她的姿態似乎在跟你保證，不管發生什麼事，你都可以跨入那道門，並在門外的世界找到如家般的舒適。

因她這種姿態而深受感動的，不只我一人。多年後，我很驚訝地發現，以盒子組合藝術而聞名的超現實主義藝術家約瑟夫・康奈爾（Joseph Cornell）的工作室就收藏著這張照片。

一個女人竟能光靠一個姿勢，就充分體現出優雅？這就是芳婷獨特的魔力，而這種魔力來自於她身為舞者的本質。恬靜自持可說是芳婷與生俱來的特質，在二十世紀初期，以及日後她悠長的舞者生涯中，她之所以與眾不同，正是因為這種柔軟、自在，以及如音符旋律的肢體動作。

芳婷從不是一個會讓人拍案叫絕的炫技型舞者。以芭蕾的標準來說，她的肢體天賦甚至稱不上完美，比如她的雙腿略顯粗短（編舞家佛德瑞克・阿胥頓Frederick Ashton就用「一坨奶油」來形容），腰和脊椎的靈活度不夠，雙腿的延展性也有限，然而，在她長年的芭蕾生涯中，她默默的專注精神，讓她得以把這些限制轉化成個人風格。在如迎風展翅般的阿拉貝斯克式中（單腳往後打直舉高，上半身略微前傾），她的後腳或許無法抬很高，但這正表現出她天生的內斂和低調，至於腳盤凹出的曲線很普通，反映的則是她拒絕過度使用身體以換得虛榮感。事實上，她那雙腿和腳結實有彈性，讓她的優雅來自於力量，來自於長時間連續做動作時仍能保持平衡和沉靜。

一九四九年，芳婷以違逆地心引力的能力風靡全世界。那年，英國百年戲院沙德勒之井（Sadler's Wells）旗下的芭蕾舞團——英國皇家芭蕾舞團的前身——從仍深陷二次大戰廢墟，亟待重建的倫敦抵達紐約。老實說，沒人看好這些年輕氣盛的男女舞者在美國首演的《睡美人》。沒人有所期待，直到芳婷上台。

她完全沒有首席芭蕾女伶的傲氣造作。在生日這天，這位十六歲的舞者只是表達出喜悅，奧蘿拉公主的喜悅，而這種喜悅全都出自於她對芭蕾的熱情。在第一幕的〈玫瑰慢板〉（*Rose Adagio*）中，奧蘿拉公主和四位求婚者共舞，輪流牽他們的手，然後一一放掉他們，不靠任何人的撐扶，獨自把單腿往後高高舉起，做足了迎風展翅般的阿拉貝斯克式。這位芭蕾女伶在一段困難的獨舞後，不靠人撐扶，做了四次腳尖點地的平衡動作：實在太厲害了。而且，每次的旋轉動作都像棉花糖機正在旋轉製作的棉花糖，穩穩地懸在半空不墜。她最後那個阿拉貝斯克式——這個動作她多停留了幾拍——代表的是重重壓力下的優雅勝利，彷彿戰後英國的抱負希望都在這位年輕的芭蕾女伶的肩膀上。

「就在那個不可思議的平衡動作中，」芳婷的搭檔羅伯特・赫爾普曼（Robert Helpmann）說：「英國整個芭蕾界的名聲就此建立。」[2]

在一部以她為主角的紀錄片中，站在練舞室鏡子前的她，貼近到幾乎能摸到鏡子。她正在研究自己轉身時的手部動作——每次旋轉，雙手就掠過身前一次，然後高高舉起——想弄清楚當她改變位置時，雙手的動作要怎麼才能保持流暢狀態。她專注在雙手線條的連續性——也就是是否優雅——而畫家竇加肯定也深入研究過舞者的雙手，才能栩栩如生地捕捉到手部姿勢。正如英國舞評人理查・巴克（Richard Buckle）寫道，芳婷想必認定自己會成為偉大的舞者。[3]

這種想法讓她的舞姿乾淨、俐落、清晰。她那毫無裝飾的風格讓人想起生命中那些簡單的快樂，比如草地上的野餐、悉心照顧的花園，或者一場下午茶。她的舞蹈遵循著古典的設計原則：和諧、比例、平衡和韻律。她可以這一刻流暢地在原地連續跳個不停，下一刻迅如閃電地奔到舞台另一頭——雙腿就像小兔子的牙齒俐落地嚙著空氣——動作與音樂配合得完美無瑕。

很多舞者忽略上半身所具有的表達力量，但這正是芳婷的主要資產。她微傾的頭，眨動的雙眼，都讓她的舞姿更添色彩與魅力。這個擁有豐富舞台經驗的的女人非常懂得善用上半身來吸引目光，所以你永遠不可能沒注意到這女人腿部以上的部位，

瑪歌・芳婷，攝於一九五九年。

不管這是意外造成的結果，或者出於她的精心設計，總之，她很聰明地掌握了自己最吸睛的地方。而從觀眾的角度來說，頭和手是觀眾最能跟舞者產生共鳴，最容易引發情緒的部位，因為我們多數人的腿永遠不可能做出舞者的那些動作，但可以輕易地想像我們的頭和手擁有舞者的優雅姿態。

她的智慧，以及有條不紊讓身體和諧運作的功力——而非胡亂用力拉扯肌肉，承擔受傷的風險——正是她之所以能成為芭蕾界罕見的長青樹的主因。就在芳婷四十多歲，考慮退休時，蘇聯芭蕾舞蹈家魯道夫・紐瑞耶夫（Rudolf Nureyev）來到西方世界，兩人的搭檔演出，享譽國際，讓她又多跳了二十年。芳婷在舞台上的真誠、開朗和優雅，完美地互補了紐瑞耶夫的混亂、激昂和熱力。芳婷讓紐瑞耶夫擁有典雅，而他給了她性的吸引力。最重要的，他把他在蘇聯所受的那套訓練傳授給她，在技巧方面指點她甚多。而芳婷並沒因為自己是全世界知名的芭蕾舞者——其獨特的個人風格，可說無人能及——而不屑他的指點，這也是她能跳到六十多歲的原因之一。她有足夠的優雅去不斷學習，調整自己，接受新觀念，重新思考她已熟練多年的角色。她也有足夠的優雅跟年輕的新進者培養真正的夥伴關係，平等地對待舞伴。

芳婷和紐瑞耶夫一起上台時，對彼此的全然理解和回應讓優雅一詞有了更深層的意義，從一九六六年兩人合作的《羅密歐與茱麗葉》可以清楚看到這一點。陽台那一幕的對話就具體展現了兩人的相互理解。一開始是害怕猶豫——芳婷要靠近紐瑞耶夫飾演的羅密歐時，身體出現不一致的動作：頭和腳靠近他，身軀卻往後縮，不過最後她還是歡喜地飛奔在舞台上。有趣的是，芳婷選擇讓肩膀訴說出一切。當她飾演的茱麗葉感到焦慮、想要爭辯，想要羅密歐傾聽她，她的肩膀就往前推，然而，當她決定接受命運的安排，把自己交託給羅密歐，肩膀就往後滑，雙手放鬆——優雅——呈屈服狀態。

優雅最重要的原則之一，就是讓人感到舒服，而芳婷的優雅完全做到這一點。把偉大的俄裔編舞家喬治・巴蘭欽帶到美國，並與之共同創立紐約芭蕾舞團的劇團經理人林肯・克斯坦（Lincoln Kirstein）曾說：「全美的芭蕾女伶中，就屬瑪歌・芳婷最能體現取悅之藝術。」當代有太多舞者用錯誤的方式來贏取觀眾青睞，他們以為表現得愈出力，觀眾就會愈喜歡。也就是說，他們努力時帶著啦啦隊式的心態——要踢得很高，靈活度無上限，身體能延展到非常人所及的橡皮筋程度——但這種作法反而把觀眾推開，因為觀眾會覺得自己跟舞者是截然不同的生物，還怕舞者會失控甩開來。總之，這種舞者帶給觀眾的是費力費心的功夫，但不是喜悅。

芳婷從不會讓觀眾看到她優雅舞姿背後的辛苦，只會呈現放鬆和歡喜的那一面。藉由她昭然的慈悲心，以及靈動的雙眼和輕快的舞步，她彷彿把觀眾拉上她的飛機，帶著我們一起體會遨翔優游於舞台的喜悅。

台下的她，也不失優雅風範。就像卡萊・葛倫和喬・迪馬喬，芳婷私底下的穿著無懈可擊，完全呼應她的藝術品味：簡單、潔淨、優雅。在時尚名牌YSL和Dior贊助她的衣著之前，她就以零缺點的打扮、迅速簡潔的髮髻，以及筆直的絲襪縫線而備受讚譽。

這樣說來，她在台上優雅，在台下也優雅，人生面面優雅，是嗎？不盡然。芳婷的感情生活可說一團亂，幾次遇人不熟，最慘的就是嫁給巴拿馬外交官羅貝托・阿利亞斯（Roberto Arias）。她在自己的傳記中寫到，他的視線經常梭巡其他女人，因此她打算離婚，不料這時阿利亞斯竟因一場失敗的暗殺行動而受傷，頸部以下癱瘓。[4]

芳婷不離不棄，成了他的看護，餵食、更衣，無微不至地照顧，那驚人的毅力和犧牲精神，來自於她的芭蕾訓練及傳統的成長背景。不管好或壞，健康或疾病，她永遠都優雅，不出言抱怨，忠實地守著丈夫到他過世。

老了之後，她仍是萬人仰慕的偶像，她利用自己這項本錢，穿上那些舊的Dior華服，公開亮相，就為了籌錢付阿利亞斯的醫藥費，甚至照顧他在前段婚姻中所生的孩子。他去世後兩年，她負債累累，最終被癌症折磨至死，享年七十一歲。

芳婷值得擁有更美好的人生，不過，她想必不這麼認為。

私人生活如此艱辛騷亂，芳婷卻依然保持優雅，這反映出優雅是她生命的核心價值，而不只是表演面向的東西。她獨有的優雅氣質最特別的地方在於恬靜沉著，這種特質展現於她不喧鬧的歡樂個性、流暢的舉止、舞台上的恬靜沉著，還有幹練處世，精益求精的精神，不管是面對自己靈活度不足的肢體，或者婚姻。靠著這樣的特質，她才有辦法克服一關又一關的困難。

十九世紀美國思想家拉爾夫・沃爾多・愛默生（Ralph Waldo Emerson）寫道：有困難就克服，一顆心若夠強大，就不會去抱怨它。「努力奮發的靈魂討厭隨便就可獲得的成功。」許許多多優雅的人——舞者、運動員等等——都有一顆不抱怨且強大的心。

俄國芭蕾女伶娜塔莉亞・馬卡諾娃（Natalia Makarova）也是其中之一。她的動作特質不同於芳婷——馬卡諾娃的表演比較強烈、熱情、奔放——但兩位都具備所有優雅舞者的特質：移動起來毫不費力，帶給觀眾的只有放鬆和自在，並因此提升觀眾的心靈。他們超越舞步、超越舞台，超越任何簡單的形容方式。

芳婷的優雅是以恬靜為基礎，而馬卡諾娃的優雅則展現在她的豪爽和奔放。矛盾的是，她這種不吝付出的特質竟是源於嚴苛苦行式的早年生活。

出生於一九四〇年的她，童年正值二次世界大戰德軍封鎖列寧格勒的期間，當時德國納粹包圍該城長達三年，物資斷絕，將近一百萬人因此喪命。

馬卡諾娃的父親死於戰爭，母親再嫁。戰後，他們的日子貧困難捱，馬卡諾娃曾因遺失了全家的月配給卡而遭繼父毒打。如果考試成績變差，也會惹來痛毆，每次母親都命令她主動開口求饒。

「絕不。」馬卡諾娃在一次午後的訪問中這麼告訴我。那天我去她位於加州納帕谷地，可以俯瞰葡萄園由嫩綠轉為黃澄的依山別墅訪問她。[5]當時已七十二歲的她，肌膚透亮，略顯憔悴，但一雙藍眼睛仍炯炯有神，露齒笑得十分燦爛。

「我永遠不求饒，寧可挨痛。」她說話時帶著濃濃的家鄉腔，R音捲舌得極為誇張。

馬卡諾娃十三歲才進入著名的瓦加諾娃芭蕾學院（Vaganova Academy）——這樣的起步算很晚——進去後努力跟上那些年紀都比她小的同學。日子過得很緊張，但也非常簡單：就只有跳舞、藝術和書本。

「活在當時俄羅斯的好處就是，其實可以過得很自由，」她說：「因為我們不被虛華瑣碎的事物所束縛。整個蘇聯世界，沒有食物，沒有娛樂，沒有華而不實的東西，可說非常純淨。你的心思全部集中在真正的寶貴事物上，這就是為什麼在這樣的苦日子中，精神生活反而更飽滿，靈性更提升。」

馬卡諾娃了解她最了不起的天賦是相互矛盾的。她的強烈自律性，以及無所畏懼的自發性，其實是來自於她天生的肢體協調和活潑個性。這些特質在她身上發酵成一種極為賞心悅目、無拘無束，看起來毫不費力的優雅，使得她於一九七〇年脫離祖國，來到西方世界後，能跟那些以技巧為主的芭蕾明星區分開來，甚至脫穎而出。

談起她二十九歲那年，在突如其來的衝動下，做出那個改變她一生的重要決定時，她的手指不自主地伸向耳朵上那只金色的圈狀耳環。那年，她和「基羅夫芭蕾舞團」（Kirov Ballet）到倫敦巡迴演出，已經爬到舞團高階位置的她，受夠了每次選角時，總敗給那些有良好黨政關係，舞技卻不如她的舞者。她也厭煩了自己的作品全是古典芭蕾，還有新上台的共產政權又老是要他們演一些名稱可笑的芭蕾舞，比如《俄羅斯的大船即將入港》。

最重要的，馬卡諾娃深怕她在舞台上最有價值的自發性演出會從此消失，因此，她嚥下淚水，告訴英國友人，她要過去找他們，然後打電話給警察。

這個重要決定，讓她成了第一個在冷戰氛圍最嚴峻時背叛蘇聯，向自由世界申請政治庇護的芭蕾舞者。

「最終，拯救我的，就是我的自發性。」她說。

最後她落腳在「美國芭蕾劇院舞團」（American Ballet Theatre），並進入「皇家芭蕾學院」（Royal Ballet）深造。她在舞台上的奔放演出——盡情揮灑，整個身心靈全然投入——讓她立刻風靡西方世界。她上半身和手臂的動作有如美妙旋律、她軀體的款款折擺，以及對其他舞者同儕的熱情回應，都讓觀眾為之瘋狂。美國芭蕾劇院舞團裡有以技巧見長的成員，而馬卡諾娃當然不是其中之一，因為她的起步晚，所以對於艱難的芭蕾技巧始終練得很辛苦，可是團裡沒人像她那麼優雅，把角色詮釋得那麼深刻。她的芭蕾，不是把身體扭轉到特技程度，也不是把腳慢慢挪向耳朵，舞步當然也不是重點。

「她那兩隻手，就是不可思議。」艾曼達・麥可凱洛（Amanda McKerrow）說——當時非常年輕的他，跟馬卡諾娃同在美國芭蕾劇院舞團表演。「她的胸口有一種奔放的感覺。她的手臂和背部也豪放不羈，很能傳遞情緒，令人嘆為觀止，這正是她的獨特之處。」

「她有辦法讓自己永遠看起來不倉促。」馬卡諾娃的門生辛西雅・哈維（Cynthia Harvey）說：「她的動作有一種流暢感，即便做的是急速快板（allegro）的動作，看起來也像是圓滑奏（legato）。總之，她永遠不倉皇笨拙。」

在演出《吉賽爾》（*Giselle*）的墓園那一幕時，馬卡諾娃所飾演的主角吉賽兒以鬼魂姿態現身。她的演出就是有辦法讓人覺得她從跨出第一步，就置身另一個世界的狀態中，她移動腳步的姿態，彷彿騰霧而行，不是踏在扎實地面上。馬卡諾娃改變腳掌骨的用力方式，成就了這種差異細微卻栩栩傳神的走法。但馬卡諾娃的厲害不僅於此，她還改變了呼吸和眼神，精準地傳遞出恍惚出神的感覺。

戲劇張力強的角色是馬卡諾娃的強項，比如編舞家佛德瑞克・阿胥頓的《鄉村一月》（*A Month in the Country*）以及約翰・克蘭科（John Cranko）所編的《奧涅金》（*Onegin*）中那些絕望激動的浪漫者——這兩齣芭蕾舞劇都源於俄國著名的愛情故事。此外，名編舞家傑若米・羅賓斯（Jerome Robbin）還專為她和巴瑞辛尼可夫量身打造《另方之舞》（*Other Dances*），並配上蕭邦的馬祖卡舞曲。這齣角色刻劃細膩豐富的芭蕾舞劇，具有成熟的民謠風格——比如踢腳踝、驕傲舉高雙手等動作——成功地捕捉了馬卡諾娃本身的雍容華麗，以及她身為南斯拉夫民族的直率，並展現她如行雲流水的舞姿。

馬卡諾娃的舞姿就像夢境變得具象歷歷。她透過其優雅特質給人這種感覺，而這特質就是充分運用整個身體，每一步之間都透過輕鬆自在來連結，並且以流暢的方式傳達給觀眾，而不是要大家注意她的個別姿勢。這樣的優雅，加上她驚人的芭蕾功力，讓觀眾清楚感受到那種難以明說的渴望和逃避。

「她完全不同於其他人。」巴瑞辛尼可夫告訴我。他和馬卡諾娃在聖彼得堡時就認識，當她叛逃俄國時，他也是基羅夫芭蕾舞團的成員，但小她幾屆。「她有一種神祕氣質、卓越的肢體協調力，以及奔放不羈的風采和坦蕩的氣度。」

馬卡諾娃灑脫又坦蕩，而且慷慨大方，難得的是這些特質不只表現在她的舞蹈上，就連下了舞台也是如此。她從不藏私，大方地跟其他舞者分享她的知識經驗：教導美國舞者如何跳出俄國的芭蕾水準，由裡到外重新雕塑新一代的美國芭蕾舞者。此外，她也把《神殿舞姬》（*La Bayadère*）這齣美國人罕知的芭蕾舞劇教給美國芭蕾劇院舞團。這齣劇的場景設定在十九世紀，鴉片煙霧瀰漫的印度皇室，劇情跟愛情及謀殺有關。這齣舞的編舞者是有俄國古典派芭蕾教父之稱的莫里斯・佩提帕（Marius Petipa），赫赫有名的芭蕾舞劇《天鵝湖》和《睡美人》就是出自他的手，相較之下，《神殿舞姬》就不若前兩者那麼出名。馬卡諾娃根據她在基羅夫芭蕾舞團跳這齣舞劇的記憶，將之搬上美國的芭蕾舞台。舞台上，二十四個女幽魂排成一列——那場面會讓人看得出神——以虛幻飄逸的放鬆姿態，呈十字狀地穿越舞台。這齣戲大為成功，使得向來表現平平的美國芭蕾劇院舞團被舞評家大為讚賞，甚至稱它是美國首屈一指的芭蕾舞團。

通常頂尖的芭蕾女伶不會在個人生涯最高峰時攬下教學指導的重任，但馬卡諾娃認為，她在美國芭蕾劇院舞團期間，學到了各式各樣的芭蕾技巧，收穫難以估計，尤其是從被譽為芭蕾現代化功臣之一的英國籍編舞家安東尼•圖德（Antony Tudor）身上，學到了表現派的舞法和內斂的舞蹈體態，因此，她想要回饋。

「我和他們的不同之處，在於我在俄國受過比較嚴謹的學院訓練，比他們更懂線條、姿態，雙腳的姿勢和使用方式。」她告訴我這些時，不自覺地拱起雙手，露出當年訓練過程留下的疼痛。「他們教導我當代的東西……我想要有所回饋，把我知道的告訴他們。而我所能回饋的，就是我在俄國所受的學院式訓練。」

一九七四年，巴瑞辛尼可夫追隨她的腳步，投奔西方世界，當時，馬卡諾娃是第一個和他連絡的人。她要確保二十六歲的巴瑞辛尼可夫毋須靠自己四處找工作——四年前的她，就是這樣走過來的。而巴瑞辛尼可夫在美國芭蕾劇院舞團的首演舞劇《吉賽兒》就是馬卡諾娃安排的。對此，他說：「她這份恩情，我一輩子都不會忘記。」

* * *

感恩：我從一位脫衣舞孃身上學到這項功課。

那年我和朋友到紐約東村一處據說是圈內人才進得去的搖滾俱樂部。那裡位於地下室，是那種你不會期望從中獲得任何啟示的地方。空間狹小，陰暗又悶熱，水泥地面踩起來濕黏，空氣中瀰漫著大學校園兄弟會的聚會場所會有的啤酒味。我們抵達時，正在表演的樂團是「奔比奇諾」（Bambi Kino）。這個團主要是翻唱早期披頭四的歌曲，他們的音樂有一種溫馨的懷舊感覺，隨興輕鬆，但就是沒人願意下舞池跳舞，因此放眼所見都是尷尬彆扭的氛圍。

直到脫衣舞孃小跑步進舞池。

她們共有三人，是今晚特地從高檔的滑稽歌舞俱樂部請來的。她們臉上帶著笑容，看起來很開心：低俗酒吧裡的美惠三女神。其中讓我印象最深刻的是艾可特琳娜小姐，她一頭白金色的秀髮披垂在一身白色的雪紡紗和羽毛上，宛如月光，照亮了陰暗酒吧。除了一條雪紡紗和羽毛，她全身上下只貼了一對閃亮乳貼，經過每個人時，視線牢牢地釘在大家身上，但根據我的觀察，以目光回禮的人並不多。

在一連串的花式動作後——倒退走、倒立劈腿、單腳放在耳朵上的完美平衡——她乍然轉身，讓雪紡紗滑到地上。根本是柔體雜技演員來著。她甚至成功地扭轉了整個氛圍，但靠的不是低俗的脫衣舞，也沒有玉體慵懶橫陳或身體前後戳動的腥羶動作，此外，她的丁字褲仍安分地留在原來位置——這真可算是奇蹟。她靠的是她的親和力，以及義大利表現主義派畫家莫迪里安尼（Modigliani）筆下的裸女所散發的閒適溫暖感覺，加上那直白的肢體表情帶給人的遐想空間。她不是「裝出來的」——通常，淫穢層次的脫衣舞孃出於自我保護，通常會兩眼無神，表情放空。而艾可特琳娜完全投入，表情自在，目的除了誘惑我們，也要讓我們投入其中。她不滿足於成為焦點，她要我們跟著她一起舞動。

這場演出想傳達披頭四早年在德國漢堡紅燈區表演的精神，因此才會邀請脫衣舞孃到場。樂手開始演奏披頭四的抒情歌曲——給人憂鬱哀求感覺的《吻我吧》（*Bésame Mucho*）——吉他手彈出綿延不絕，帶有回音，宛如海浪一波波的衝浪吉他聲，營造出間諜電影的氛圍，這時，艾可特琳娜開始慫恿大家進入舞池。

歌手低聲吟唱，她隨著音樂擺動臀部，視線一一鎖定觀眾，並輕晃閃亮乳貼，進一步勸誘觀眾下舞池。如果你表現出有何不可的神情，她就會伸手拉你，帶領你搖擺身體，來一段雙人舞。如果你清楚表示對這邀請感到不自在，她就會笑笑地走開，絲毫不給人壓力。

艾可特琳娜炒熱氣氛的原則只有一個：讓所有人感覺自己受歡迎。當她繞完一圈，這間破落的地下室已經成了地球上最甜蜜的地方。整個氣氛之所以能變得熱絡柔和，是因為她的裸露肌膚？如絲絨般柔滑的舉止？兩者都是，不過，最重要的，是她即便裸體暴露，也不怕穿梭在觀眾當中。她想和我們打成一片。

事實上，這位美麗女子似乎很看得起她眼前這些三教九流，並熱情地在我們當中編織出一張無形的網，把所有人串聯在一起，讓我們的精神為之一振——雖然這種說法聽起來很怪。

接受她邀請的人在舞池裡陶醉地搖頭晃腦，其他人則拿著裝有酒的塑膠杯，輕鬆地倚在磚牆上，明顯很享受這場精彩的演出。對我們這些憔悴受傷的人來說，這真的只是一場在地下室演出的滑稽歌舞雜劇，或者大帳棚裡的馬戲團表演？

其實，就連樂團成員也被脫衣舞孃的溫柔魔術給震懾，他們表面上低著頭，專注彈奏樂器，但偶爾會怯怯地偷瞄這些脫衣舞孃，只是不想表現出張目結舌或猥褻不敬的感覺。

老實說，在她們開始表演脫衣舞之前，我有點擔心，畢竟這個地方陽剛味濃厚，像是重型機車騎士聚集的酒吧，因此我已經做好心理準備，等著看一些喝醉的搖滾痞子變成淌著口水的智障豬哥。此外，我還有一絲絲的擔憂，害怕她們會挑上我，堅持要我上台共舞，這樣一來，我一定會膽怯失措地一把拉開廁所門，尿遁而逃。

沒想到，這些都沒發生。在這個嘈雜陌生的封閉空間裡，我卻感到熱情歡迎的愉快感覺。我沒期待，也沒預期會有這種事，然而艾可特琳娜對著我晃動那對閃亮的乳貼，微笑鼓勵我：「嗨，妳好！唷，妳當然可以很酷！曾是青春辣妞的妳，或許現在覺得自己是個不酷且隱形的老媽子，但妳可以在這裡露出本性唷！」

你瞧，脫衣舞孃就是這麼有智慧。他們不害羞扭捏，也不會狗眼看人低，她們知道重要的不是「完美」的肉體，而是你使用身體的方式，以及你的態度。她們當中的佼佼者有辦法在社交場合讓所有人開心，不會支配、恫嚇，或者以誇張突兀的動作來過度遮掩自己的不安全感。基本上，只要在不違法的範圍內，她們什麼都可以接受。她們藉由褪去衣裳，以及坐在你的大腿上——如果你願意的話——開啟了一扇通往世界，沒阻隔藩籬的窗，也讓你看到生命裡的無限可能性。

如果這三個女人在這麼令人不安，陰暗嘈雜的環境下能展現優雅，為何我們做不到呢？

節目進行到一個段落時，其中一位脫衣舞孃扭身走過樂團，羽毛圍巾上飄落一片羽毛，掉在鼓手的T恤，宛如一個飛吻，留在衣服上。這個隱喻，對剛剛的一切下了最好的註解：稜稜角角逐漸消融，緩緩飄入的是一種性感、有點懷舊而且具有救贖意義的氛圍。

第十章

優雅行步

伸展台、行人穿越道，以及總統的儀態

高貴之人的風采不僅表現在臉上……
也呈現走路、脖子，以及腰部和膝蓋的伸縮狀態。這些是衣著打扮所掩飾不了。
其美好至極的特質，強烈到足以穿透棉布和絨呢。
他所經之處，彷彿寫下完美詩句，甚或超越完美詩句
讓你流連往返，望著他的背影，凝視他的肩膀和頸項。

——十九世紀美國詩人華特・惠特曼（Walt Whitman）的詩，
《我歌頌帶電的身體》（*I Sing the Body Electric*）

我在時尚週的演出中，得知一件令人難堪的真相：多數的走秀模特兒都不會走路。

派我這個舞評家去時尚週，當然得不到對剪裁趨勢和褶襉品質的細膩分析，因為

我是去看表演的。不過，就算是注重細節的時裝設計師大概也跟我一樣，對模特兒的服裝說不出個所以然來，因為這場秀根本是搖滾演唱會來著，又是奇炫的燈光效果，又是砰砰震耳的音樂。模特兒以飛快的速度走路，以帶動現場的高亢氣氛。由於時尚是利用情緒感覺來達到行銷目的，因此時尚演出的重點就是要引發亢奮情緒，甚至意圖使人感官負荷超載。

然而，要是模特兒的移動方式不夠好，就發揮不出衣服該有的效果。換言之，不管場面弄得多豪華盛大，如果走路走得不好，效果就會大打折扣。

在模特兒當中，很難見到優雅，因為他們多半像瑞士雕塑家賈克梅蒂（Giacomettis）所創作的人物雕像瘦骨嶙峋，許多年輕女孩看起來甚至衰弱憔悴。這種對體態的要求把女性的形體抽象化，只強調線條和稜角——就算是薄柔質料的衣服，被走秀的模特兒一穿，都會出現稜角，因為她們的螳螂細腿兩側突出的髖骨，永遠又薄又尖。

最大的問題是他們的步伐。「要走得像後面有三個男人在追趕你。」已故設計師奧斯卡・德倫塔（Oscar de la Renta）曾這麼說道。是啊，一般的走秀模特兒走路時的確僵硬沉重但快速，兩眼放空無神，彷彿在後面追趕的是三個殭屍，而她是他們的殭屍皇后，剛從墳墓出來，身體仍像石頭硬邦邦。

但卡莉・克勞絲（Karlie Kloss）不一樣。[1]她的移動方式雖優柔但帶有力道，絕不是一般簡單的移動步法。當我第一次見到克勞絲，足足有一百八十公分高的她穿著名設計師卡羅琳娜・海萊拉（Carolina Herrera）設計的絲質禮服，走在伸展台時裙襬在身後款款波湧，讓人想起現存在世的最古老帆船「卡蒂薩克號」（Cutty Sark）。

克勞絲有足夠的優雅，知道自己出現在會場的目的：要推銷衣服，抓住觀眾的想像力，以她走秀時所展現的溫暖、魅力和智慧來擄獲觀眾的心，以及，拍出好照片。所以，她的秀也是為攝影師而走。她走向正前方的一排攝影機時，會放鬆身體，停步，以飢渴的眼神掃過每台攝影機，然後肩膀一轉，讓上半身的輕鬆感一路延伸到靈動的臀部，接著——攝影師最愛她的時刻來臨了——額外擺出其他姿勢讓他們盡情拍個夠，就連開始轉身，準備往回走，目光仍會注視著鏡頭。

就像芭蕾舞者在定點豎起腳尖不停旋轉時，會把視線鎖定在一個參考點，克勞絲轉頭往她要去的方向之前，目光也會停駐在鏡頭上，然後才慢慢消失在伸展台的另一端。

克勞絲之所以能在伸展台上脫穎而出，不只是她輕鬆自在的肢體動作，也因為她所散發出的氛圍。沒有無趣厭煩的呆視，沒有「誰在乎啊」的輕慢。克勞絲邁開大步往前走時，眼神閃露著靈巧聰慧，而且，她懂得略收下巴，好讓光線可以打在顴骨上，此外，她尋找閃光燈的專注程度宛如正在巡覓獵物的美洲豹。

「我就愛她的舉手投足。」一名設計師卡羅琳娜・海萊拉被我問起對克勞絲的感覺時，如此答道：「她的動作就像貓，我非常愛她走路的樣子，對我來說，那姿態比美麗更重要。」

走路是一種私人、動態的個人特色，而且透露許多關於該人的種種。

古羅馬詩人維吉爾（Virgil）在其所著的史詩《埃涅阿斯紀》（*Aeneid*）中寫道，羅馬神話中的愛神維納斯偽裝成另一種樣貌跟兒子埃涅阿斯（Aeneas）說話，完全騙倒他。狡猾的媽媽得一分！然而，當她走離時：

據說，當她轉身，
露出優美頸子，一頭散髮
披洩於肩，直落地面。
一股芬芳飄散開來
一席禮服下襬飄逸
接著，她優雅的步姿，讓愛神現身。[2]

聰明的維納斯可以改變穿著，甚至聲音，但無法掩飾她原本的走路姿態。偉大的詩人維吉爾對細節不多著墨，留給讀者自行想像，這種作法，讓人忍不住提出有趣的疑問：永生不死的女神，走起路來會是什麼樣？

一定比任何女人更莊嚴，更讓人銷魂吧。讓人隨之轉頭，目光緊緊追隨，或許，還帶點神祕感覺，就像一九四六年導演尚・考克多（Jean Cocteau）的電影《美女與野獸》（*Beauty and the Beast*）中，美麗的女主角貝兒飄浮似地走過城堡甬道。那截然對比的黑白畫面，呈現出魔幻效果和超自然的出世感，讓人聯想到十七世紀的荷蘭畫家維梅爾（Vermeer）畫作中的朦朧光線。

或許，維納斯具有的，就是二十世紀初期的模特兒朵若絲（Dolores）所散發的一種催眠似的莊嚴感（當時伸展台上的模特兒展現的是優雅，而非裝出酷酷的模樣）。一九一七年，身高超過一百八十公分的她，成為著名的齊格飛歌舞團（Ziegfeld Follies）裡走起路來最讓人神魂顛倒的齊格飛女郎。該歌舞團演出時，先是一群歌舞女郎上場表演，接著，穿著孔雀服的朵若絲從容地走過空蕩的舞台，華麗的孔雀尾巴在她四周恣意開屏，彷彿巨大光暈包圍住她整個人。這是齊格飛歌舞團最壯觀驚人的舞台效果，經常讓觀眾驚愕得一陣騷動。其實在歌舞團長達四小時的演出中，不乏深具異國特色的舞者和樓梯布景，甚至有能激發愛國心，會在舞台上行駛的戰艦，然而，朵若絲以其簡單的優雅風采——穿著豪華孔雀服的她，自持自在地緩緩走在舞台上——更大大擄獲觀眾的心。

她的腳步聲在演藝史上悠悠迴盪，半世紀後，她身穿孔雀服的幽魂似身影，和她優雅的步姿，出現在史蒂芬・桑坦（Stephen Sondheim）所執導的音樂劇《富麗秀》（*Follies*）。[3]

走路姿態可以透露的事情太多，所以偉大的當代舞編舞家保羅・泰勒（Paul Taylor）在面試舞者時，第一件要他們做的事情就是走路。

「光看走路姿態，我就能刷掉一半的應徵者。」他告訴我，手中的菸被他隨興揮動了一下。這天我坐在他位於紐約下東城的舞團總部[4]，聽著他繼續說：「他們的走路姿態要不是太過自信，就是自信不足，或者，看起來就是怪。總之，從走路就可以看出很多東西。」

他對臀部移動的誠實要求促成了他二〇〇五年的作品《禿鷹盛宴》（*Banquet of Vultures*），這齣舞描述的是美國前總統小布希（George W. Bush）可怕的殘酷面，尤其在他招牌紅領帶的襯托下，更顯他的殘暴。

「布希走路的姿勢洩漏了他的本性。」泰勒說，手指戳著空氣。「那本性就是一種他沒經驗過的假軍國主義。假到不行。」

布希走路時身體僵硬彆扭，彷彿意識到所有人都在看他。一定有建議叫他走路時手臂擺動大一些，因為旁人總是一眼就看到他的手——像兩根獨木舟的槳，有節奏但用力過度地划動。

優雅的走路會讓身體呈自然平衡，扎實的步伐讓身體重心微微往前。身體中段有力量，上半身則顯輕鬆，雙手不會特別引人注目。

為什麼走路優雅很重要？因為，優雅能帶給人信任感。自在與自信的心理狀態，若反映在身體上，就是和諧的動作，無論是派對上的卡萊•葛倫，或者走過白宮草坪的總統，都不脫這項原則。展現優雅，把你對自己能力的懷疑擱置一旁。然而，要是布希對於這種基本動作的複雜性都搞不定，你還能信任他，把國家的命運交給他嗎？他看起來經常像在飾演總統的角色，而不是全心投入，很有知覺地發揮總統辦公室該有的職責。而他的演戲，就從走路開始。這強悍男人的昂首闊步一看就很用力，彷彿抽屜裡有裂片卡住，得費力才能拉開。（而且，其實他的心也被疑惑或者某種良心不安的欺騙給卡住。）

最令人信服的溝通者鎮定又自信，他們對自己感到自在，二十世紀中期的電影巨星約翰•韋恩（John Wayne）就是一例。這位演員的強悍之所以那麼誘人，是因為他平常的慵懶淡然——那種態度清楚告訴別人，他不求戰，但如果**你**要戰，那只能對你抱歉了。

身為演員的韋恩知道演錯角色的嚴重性。他曾後悔自己在那部票房失利又不叫好的影片《成吉思汗》（*The Conqueror*）中扮演頭戴皮草帽，留著精心修飾過的八字鬍的成吉斯汗。他說，他從中學到的教訓就是「不要想去扮演不適合你的角色，否則只會讓自己難看。」[5]這位牛仔的智慧，很值得大家學習。

如果喬治・華盛頓走起路來沒那麼雄赳氣昂，他會成為美國的國父嗎？在他那個時代，美國仍是英國殖民地，但這個殖民地開始對自己有信心，對文明禮儀也愈來愈感興趣，還會評斷一個人的舉止姿態。華盛頓的外貌非常具吸引力，不只因為他高大俊俏，還因為他舉止翩翩。「他的動作姿態非常優雅，走路時氣宇軒昂。」曾跟華盛頓共事的官員如此形容當時只有二十六歲的華盛頓。[6]

他不管做什麼，總會吸引目光，因為他長得人高馬大，足足一百八十公分，這種身高在當時普遍較矮的年代，可說高人一等。魁梧的身材並不容易駕馭，這一點同樣一百八十公分的林肯很能體會。歷史學家多瑞絲・基恩斯・古德溫（Doris Kearns Goodwin）在深刻透析的歷史著作《對手團隊：政治天才林肯》（*Team of Rivals*）中，描述林肯的駝背姿勢和笨拙的步伐「讓人覺得他憔悴瘦長的身軀需要添油潤滑……他走路時不是從腳趾慢慢提起腳，而是一次就抬起整隻腳，然後把整隻腳重重地放在地上。不是先輕放腳跟。」[7]相較之下，華盛頓的身體協調性可說非常好，猶如運動健將，而且站立時抬頭挺胸。他的身材除了高大勻稱，還因精通馬術和劍術而肢體靈活，給人身強體壯的感覺。美國第三任總統湯瑪斯・傑佛遜（Thomas Jefferson）就說，「華盛頓是同年齡當中最厲害的騎師，在馬背上的優雅英姿無人能及。」[8]華盛頓死後八年，美國第二任總統約翰・亞當斯以忌羨又酸諷的口吻寫了一封信，信中條列出美國社會大眾把華盛頓這位前總統視為英雄的理由，竟然是因為華盛頓擁有「優美的體態」、「優雅的態度和舉止」（你可以想見，身軀臃腫，脾氣暴躁的亞當斯會特別忌羨這一點），以及「強烈的自制和自信」，和「沉著鎮定」。[9]

這些特質不僅令人印象深刻，而且具有道德和政治重要性等象徵意涵。一個以人民為主的國家需要有一個能體現自主精神的領導人，因此，亞當斯特別強調華盛頓的自制力，真是說到重點了。華盛頓的自制力展現在他對自己情緒的控制力，以及他和別人的互動，最特別的是他對自己的身體也能掌握得宜。這位美國第一任總統氣質高雅，舉止體貼鎮定，看人時那雙迷人的藍眼睛會把對方「整張臉都看進去」，這些優雅特質，如某位欣賞他的人所言，鼓舞了兼具反叛者與建國者的那一世代。因此，英國人對他恨得牙癢癢，巴不得吊死他，然而，他透過自身努力所擁有的王室氣質和風采，讓英國的統治貴族相形見絀。華盛頓透過身體，證明了民主的優勢。

在還沒當總統之前，華盛頓就以前宮廷式的禮儀而聞名。對多數殖民時期的美國人來說，有禮貌代表有道德，因此華盛頓少年時期抄寫耶穌會的處世座右銘，並嚴格遵守，這種作法在當時並不罕見。他所寫的《與人相處和談話中的文明守則與得體行為之準則》中的第一條就是：「在團體中的任何行為都應尊重到其他人。」另一條：「姿勢動作應該與你當下的談話內容相稱。」據推測，他把這些座右銘牢記在心中，加上早年農村生活的訓練——他的家族在維吉尼亞州經營大農場，他在農場裡非常認真工作——以及日後從軍的經驗，造就了他嚴謹得體的處世風格。一七七五年，美國獨立宣言的簽署者之一班傑明・拉什（Benjamin Rush）曾寫道，華盛頓「舉止儀態有濃濃的軍人威嚴，會讓人以為他是將軍，或者是萬中選一的特優精兵。站在他旁邊，每位歐洲君王看起來都像侍從。」[10]

華盛頓完全不必演，就能稱職地展現領導人的角色。

第四十四任美國總統巴拉克・歐巴馬（Barack Obama）進入白宮的身影就比布希優雅流暢。他走路時昂揚大步的姿態給人運動員的感覺，而且帶有自持自重的尊貴感。此外，他那種唯我獨尊的氣勢會吸引所有人的目光，具有強烈的舞台效果。現在，他的步伐依舊沉穩悠緩，但姿勢不像剛上任時那麼挺拔，緩行步態略顯沉重，而且疲憊的神情多於放鬆。近幾年，他整個人變得比較緊繃，比較冷漠，比較疏離——比較沒那麼優雅了。當他對群眾說話，或者，在晚餐或午餐時間跟事先安排好的人餐敘，若互動的形式是口語溝通，歐巴馬總統經常會無法辨識出對話內容的細微意義。雖然，餐敘時他會努力把注意力放在說話者身上，但你看得出來有時他會眼神閃躲，沒看對方，呈現退縮姿態。聽取訊息時，雖然他起碼會打開耳朵去聽別人嘴巴說的話，但偶爾會敷衍地環視一下四周，或垂下眼瞼，或望向別處，或低頭看自己的盤子，或凝視不遠處。

歐巴馬的這些動作，是一種把自己置身在大泡泡裡會有的心態和習慣，反映的是他不想真正投入參與，就像自制力不足的前總統柯林頓。因為他們認為，表現得過於可親可近，會帶來風險。按照劇本走，根據提詞機來說話，顯然容易得多，然而，若能圓融地處理突發狀況，可以讓人覺得你是一個能處變不驚的人。所以，歐巴馬必須了解，他這種避免犯錯的心態只會讓他顯得僵硬、呆滯，無法跟人民有所連結。

承認錯誤可以顯露出人性面。承認自己搞砸，會比躲藏在完美的面具底下，更給人優雅的感覺。紐約洋基隊中外野手喬・迪馬喬肯定認知到這一點。缺陷可以很迷人。一個有缺陷的英雄——只要他或她的英雄面大於缺陷面——就能受人喜愛。三〇年代職棒洋基隊的強打者貝比・魯斯（Babe Ruth）就把這比例拿捏得很好，相較之下，職業自行車選手藍斯・阿姆斯壯的缺陷面就大於英雄面。

完美令人乏味，人性才有趣味。

「當然，儀態非常重要。」已屆八十二高齡，曾是舞台劇《西城故事》女主角麗塔・莫瑞諾和我共進午餐時，對我這麼說——在這頓午餐席間，她利用桌位旁邊的小台階翩翩起舞——並以在《西城故事》中飾演她男友柏納多的喬治・查金斯（George Chakiris）為例。

「啊！」麗塔・莫瑞諾說著說著，大叫一聲，假裝推開那些儀態很差的男人。「他是唯一能跟佛雷德・亞斯塔（Fred Astaire）媲美的舞者，因為他高雅出眾。每次看喬治的電影，我的目光都只放在他身上。那翩然流暢的儀態！彷彿雙腳沒落地。喬治不只是在演戲，他是在活出那個角色。」

（喬治・查金斯目前定居洛杉磯，生活重心是製作珠寶。麗塔・莫瑞諾偶爾會去找他。「那個瘦巴巴的老傢伙還幾乎每天去上芭蕾課呢。」她說。）

十年前，麗塔・莫瑞諾在柏克萊寶庫劇院（Berkeley Repertory Theatre）所上演的舞台劇《大師養成班》（*Master Class*）中飾演知名女高音卡拉絲（Maria Callas）。回憶這段歷史，莫瑞諾說：「我得找到最能詮釋她的舉止姿態，畢竟，我對那種隨時都在展現優雅的女人並不熟。要永遠抬起下巴，挺直脖子，保持典雅儀態，實在不容易。」說到這裡，她挺直了嬌小的身軀，脖子也往上延伸。

莫瑞諾研究卡拉絲的所有影片，以便能精準詮釋她的體態。為了清楚說明她的意思，莫瑞諾在我面前擺出如王后般的優雅莊嚴。「她的姿勢永遠完美，就算彎腰，也必定是彎下整個上半身。」

「舞者的舉止儀態也是如此，彎腰時會彎下整個上半身。」她說：「他們的體態永遠不鬆垮，永遠不駝背，就連身心俱疲時，也保持一貫的優雅挺直。」

看人走路是我最愛的消遣，這種事很能吸引身為舞評家暨作家的我。每次看著鄰居慢慢踱過，我就會納悶，她的人生有什麼故事可以說？每天清晨，我會沿著馬路走去游泳池——這段時間並非我最優雅的時候，因為這時刻我的腳步訴說的是：我並非晨型人！我是努力逼自己才有辦法維持晨泳習慣——途中我經常見到某個年輕女子帶著她年邁的聖伯納犬。老狗慢慢走，頭低低，吐出舌頭，一副鬱鬱寡歡的模樣。女孩配合狗，也一副慵懶模樣，同樣低著頭，但這是因為她的視線黏在iPhone手機上。

手機讓我們的身體變得不優雅，除了扼殺我們的姿勢，也壓平了脖子的自然曲線。盯著手機的人不僅走路時會撞上他人和沿路的東西，也把自己和別人隔絕開來。但這個女人和她的狗卻構成一副主人與狗的優雅畫面。他們配合彼此的慵懶，以相同的節奏移動步伐，以跨物種的和諧擺動身軀。

我住在郊區，所以經常得駕車開一小段路去市場、去孩子的學校，去郵局等地方。通常來去匆匆的我（誰不是呢？）愈來愈常發現，沿路的障礙物常常不是紅綠燈或塞車，而是在人行穿越道的對峙。

這時，優雅就變得很重要。

前幾天，我開車進購物中心時，有個年長的男性忽然從兩輛停妥的車輛之間冒出來，準備從我的車子前走過去。他那張臉飽經風霜，皺紋遍布，滿臉毛茸茸的白色鬍鬚，肩上揹著鼓鼓的後背包，兩手各拿一隻滑雪杖。大白天的，他以這副模樣出現在這個離自然步道好幾哩的購物中心，著實讓人吃驚。

我猛踩剎車，我們四目交會，兩人都緊張了一下，不確定該如何是好。我揮手要他先走，他揮手要讓我先過，我又揮手示意他先走，他這才鄭重地點點頭，並給我一個燦亮如他銀閃白髮的笑容，先行離去。我看著他走過購物中心的中央車道，雪杖輕觸柏油路面，細長身形莊重威嚴，感覺就像二十世紀初期的小說《長腿叔叔》

(*Daddy-Long-Legs*)中，高大的長腿叔叔。他經過我的車子前方時，流暢地稍微側身望向我，又對我一笑，還跟我敬禮。喔！我好愛最後那個敬禮，如此紳士，如此慧黠。整個優雅的交流過程讓我精神一振，心情大好。

當都市發展局的人給馬路塗上更多行人穿越道——不可否認，這是好事——車輛和行人得開始弄懂彼此該如何配合，以便跳好這支人車之舞。身為駕駛，你絕對不想讓自己在行人穿越道上猛踩煞車，可是有時就是非得如此不可，這時如果能獲得原諒，那真是天上掉下來的禮物。

「別阻礙斑馬線喔。」有一天，我在住家附近的街角，聽到輕柔歌唱似的聲音說道。那天我和丈夫在車裡等著紅綠燈。

其實這吟唱聲來得並不意外，畢竟我們住在一個非常支持在屋前掛起曬衣繩的小鎮。鎮裡一棟棟呈現維多利亞風格，用色創意大膽的房屋裡，住的卻都是一些非維多利亞式思考的人⚜。換言之，長久以來這個小鎮就是作家、藝術家或任何另類人士，以及各種怪人的群聚天地。那天當我和丈夫慢慢駛過食物合作社的前方時，人行道上就站了這麼一個鎮民。矮胖禿頭、外表邋遢的他穿著白色汗衫，白色運動短褲，皮革涼鞋裡的雙腳穿著高達膝蓋的白色長筒襪。他牢牢抓著一疊白紙，靠在胸前，視線越過我們，望向遠方，那恍惚的眼神彷彿數十年前那些迷幻藥嗑過頭的人。

⚜ 英國維多利亞女王一八三七年到一九〇一年的在位期間，是英國最強盛的時期，崇尚道德修養，講究禮貌謙遜。

我們確實越過了白線，因此我丈夫約翰聽從那人如吟唱似的警告，把車子倒退了一些。「不好意思，老兄。」並以親切的口吻道歉。

「沒關係～。」對方又吟唱似地回應。這時他的眼神仍避免跟我們接觸，但雙手從那捆白紙的兩側往中間合攏，以瑜珈的致意方式跟我們道謝。他從我們的車子前方走過去時，腳步輕盈放鬆，還對我們揮揮手。那雙祈禱式的手及穿著涼鞋的腳呈現完美的稱許節奏，而輕緩的聲音和柔和的肢體語言讓他看起來就像郊區的佛陀，阻絕了負面能量，散發出正面光芒。

他大可對我們怒目以對，從車子前走過去時咆哮譏諷，或者拍打引擎蓋，這樣一來，我們或許會往後退，也或許不會。但不管怎樣，如果他這麼做，這次的偶遇就只會讓雙方留下不愉快的感覺。可是，由於他以優雅的方式來處理不滿，使得行人穿越道上出現一支即興的恰恰舞，成就了美好的一刻，所以，我們很自然地投桃報李。

行人穿越道很值得我們花心思去注意，因為它讓我們停下來、等候，左右環顧，花時間思索和留意四周。所以，這是很容易展現優雅之場所。

兼具歌手和短篇小說作家身分的舊金山編舞家喬・古德（Joe Goode）告訴我，有天他在斑馬線上等紅綠燈時，經歷到優雅時刻。那時，他正面臨人生低潮，然而在等紅綠燈的那一刻所經歷到的頓悟，讓他得以往前走，因為他發現自己可以找到其他可能性。

或者該說，是那些可能性找到了他。

古德一直想在紐約開創舞蹈事業，但進行得並不順利，因為紐約的藝術圈競爭激烈，加上當時流行的是黑色諷刺的東西，所以，想把幽默和詞曲創作帶入舞蹈作品的古德處處碰壁，整個人愈來愈沮喪。

那不過是尋常的街角，但他會說那個行人穿越道有著神話般的氛圍，因為那裡就像兩個世界的交界處：慘淡的現在與閃亮的未來。一九七九年一月的一個濕冷天氣，古德站在布利克街等紅綠燈時，忽然發現自己的處境就像這個街道名稱——荒涼、絕望、悲慘⚜——這時，他靈光一閃。

「我忽然冒出這個念頭：既然如此，何不開車離開呢？」他告訴我：「這個念頭就這樣呼喚我。我很震驚，因為我從沒想過我可以不必待在這裡，我可以採取行動，不必坐以待斃。」

他立刻起而行，找到一份需要將車子從A地開到B地給某人的臨時駕駛工作。就這樣，他把該輛車從紐約開到佛羅里達州，將車子交給搬到西嶼（Key West）的車主後，他留了下來，跟朋友在西嶼待了一陣子，然後踏上旅程，離紐約愈遠愈好，最後落腳在舊金山，才發現那裡很歡迎他這種不務正業的另類藝術家。

⚜布利克街的英文字 Bleecker Street，發音類似於 bleak（悲慘）。

幾年前，古德以他在布利克街那靈光乍現的一刻為創作靈感，編了一齣舞，在舞坊演出。這齣名為《優雅》（*Grace*）的舞，主題是從尋常的事物中冥思出不凡體悟，舞蹈風格幻變不定，精彩豐富，當中並有舞者敘述幽默軼事。最後，天花板的燈光架還會出現各式各樣的餐椅，看著那些椅子，你會去想：原來在我的廚房，就可以見到優雅的自在和美好？怎麼會見不到呢？

古德人高馬大，一張親切的圓臉看起來像鄉下醫生，說起話來有家鄉維吉尼亞州的輕聲細語和慢條斯理。那天他在馬里蘭州郊區的美國舞蹈中心表演，彩排之前我和他閒聊時，發現他的法蘭絨襯衫的前面兩片布料之間，有一隻緊張不安的小臘腸狗依偎在他的懷裡。他說，他不管走到哪裡都會帶著這隻狗。

當他回想起那個濕冷的冬天——站在行人穿越道的他忽然靈光一閃，就這樣，那片刻的優雅改變了他的人生——臉上出現平靜幸福的神情。他的狗和我都感受到了他的幸福。狗兒的頭磨蹭著他的臂彎，閉眼眼睛，開始打呼。

「我很感激那一刻，讓我的嶄新人生從此開啟。」古德說，失神地撫摸狗的耳朵。「我還記得當時的情景細節，但我也記得那感覺——沒想到我竟可以讓人生來個大轉彎。那種轉彎的感覺，真的好優雅。」

第四部

壓力下的優雅

Part 4

Grace under Pressure

第十章

出醜效應
就算摔跤也優雅

嶙峋岩石上能長出的東西寥寥無幾。
必須成為大地，磨碎自己，野花才得以綻放。

——十三世紀波斯詩人魯米（Rumi），〈每個人的內心都需要秋天〉（*A Necessary Autumn inside Each*）

「奧斯卡最佳女主角，得獎人是……珍妮佛．勞倫斯（Jennifer Lawrence）！」這位芳齡二十二，穿著現成（非訂製）粉紅色無肩帶絲質禮服的女星楞了一下，看起來真的不敢置信——那真誠的表情讓人不由得喜歡她。

接著，她準備上台時，在階梯上跌跤了，整張臉趴在那件壯觀華麗的禮服上，這一幕更讓人對她又愛又憐。

二〇一三年奧斯卡頒獎典禮的在座觀眾，見狀後全都起立鼓掌，替她打氣。

二〇一三年奧斯卡頒獎典禮，珍妮佛・勞倫斯上台領獎前跌跤後隨即恢復鎮定，發表得獎感言。

「我知道你們大家站起來鼓掌，是因為可憐我跌倒了。真是丟臉啊，不過，還是很謝謝各位。」珍妮佛・勞倫斯走完了肯定是她人生最漫長的一段路後，上台對著麥克風，喘著氣說道。然而，她無懈可擊的鎮定反應以及自嘲的能力，把這個跌跤轉化成卡萊・葛倫那種瘋癲世故的迷人風采。

優雅就是一種轉化，讓尋常片刻變成不凡時刻，而跌倒失措的那一刻，正是最能清楚展現優雅的時候。可是，非得這樣才能展現優雅嗎？不管是身體上的跌跤，或者某些事件影響情緒，讓我們變得軟弱，這些情況都可以靠優雅來讓生活變得自在平靜、勇氣滿滿。

我發現珍妮佛・勞倫斯跌的那一跤很迷人，很鼓舞人心。整個過程非常具戲劇效果，一開始是她聽到自己名字時張大了嘴，打從心底不敢相信，然後上台前先把緊身馬甲微微拉高——你應該知道原因——避免電視現場轉播時出現衣服走光的尷尬畫面。

沒想到還是發生了令她尷尬的事件。她跌跤後，整個人趴在台階上，時間彷彿靜止般，老實說，我真愛那一刻。一開始，她癱在地毯上，彷彿臣服於沉重的壓迫下，她的肩膀扭動一下，然後垂垮，接著伸出一隻手到臉上。看著她的後腦杓，你幾乎可以感覺到她在喘息。

但她隨即恢復鎮定，從那背影看得出來——堅毅決心安穩地落在脊椎上，所有小肌肉回到各自的崗位上，身心都準備好開始運作。她徹底反轉了《哈姆雷特》的其中一幕劇情：哈姆雷特的愛人奧菲莉亞穿著華服，躍入水中，自溺而亡。但珍妮佛・勞倫斯讓奧菲莉亞那身多層次裙襬的華麗禮服在把她拖入水底之前，忽然把她撐出水面。珍妮佛・勞倫斯浮上了來，並且走向舞台——在壓力下侃侃談著優雅——這時，那身禮服不再是重錨，而是一席篷帆。

這就是優雅的瑜珈術。優雅是一種持續不斷的練習，不是已臻完美的結果。跌跤會製造出強烈的情緒反應，所以常被編舞師加以利用。透過跌跤，我們可以同時見到脆弱和勇氣。現代舞的頂尖編舞師馬克・莫里斯（Mark Morris）創作出一齣名為《墜落樓梯》（*Falling Down Stairs*）的舞，這支獲得艾美獎的舞蹈影片裡有馬友友演奏巴哈的第三號無伴奏大提琴組曲。一開頭就出現的戲劇化和優雅，應該是其他現代舞不曾有過的：整團舞者墜下樓梯——跌落時絲絨禮服在身後飄散開來——一個一個跌在舞台上，宛如流水沖刷過岩石般。

我曾在後台見過那些禮服，這些由時裝設計師艾薩克・麥茲拉西（Isaac Mizrahi）所設計的禮服很像唱詩班的寬鬆袍子，而摸起來像小狗耳朵似的布料，是我摸過最柔軟最豐厚的絲絨布質感。衣服的剪裁方式能讓舞者在動作時展現身體曲線，尤其是後腿及臀部的線條。在我看來，莫里斯把他的舞者想像成墮入凡間的天使，他們墜落，飛翔，秀出巨大渾圓，力道十足的臀部，以及其人性本質——也就是神聖非凡。

我觀賞過一齣從頭開始就顯得小心翼翼的芭蕾劇，每分每秒都慎重完美，但看得我好想睡。首席芭蕾女伶獨舞時，似乎過於專注在技巧上，因此，與其說她在跳舞，其實更像在展現舞步，略顯乏味，接著，不知為何——可能是熱身夠了，她終於意識到自己已經在舞台上，或者首演之夜的緊張消失了——總之，她像忽然甦醒般，充滿熱情地跳躍旋轉，但落地時失誤，像一棵倒下的原木重墜在舞台上。但在觀眾還沒回神吁歎之前，她已經倉皇地站穩腳步，繼續用生命來演出。

我知道就連最厲害的舞者都會偶爾失足跌跤，但這位女伶跌得如此嚴重，我真怕舞台上會見血。我從沒見過誰摔得這麼慘，除了那次搭地鐵，目睹一個等車的中年男人忽然失去意識，整個人重重地倒在月台上。那芭蕾舞者跌跤後之所以能立刻站穩腳步，除了腎上腺素激升所致，我猜也是基於強烈的責任感。她跌的那一跤，以及為了彌補失誤而面臨的巨大挑戰，讓她變得謙卑，而且，就像珍妮佛•勞倫斯，她吞下失誤，回到該做的事情上。

如果有誰以為芭蕾女伶都是嬌貴脆弱，吹毛求疵，請再三思：在我眼前摔跤的那位芭蕾女伶的英勇表現，就像美式足球員在最後倒數六秒，萬夫莫敵，直驅達陣。

她之所以摔倒，是因為她想讓那個旋轉動作更精彩，所以稍微轉過了頭。她冒這個險，然後優雅地承擔後果，跌倒後站起來，繼續在舞台上翩然起舞，這一刻，給人留下深刻印象。

絆跤和摔倒，承認失敗和脆弱，會讓我們更受喜愛。心理學家稱這為出醜效應（pratfall effect）。一九六一年美國總統甘迺迪笨拙遮掩「豬灣事件」（Bay of Pigs），聲望急遽下跌後，就親身經歷了出醜效應。當時美國中情局為了推翻古巴的卡斯楚政府，策動古巴流亡軍從豬灣登陸，入侵古巴，沒想到飛彈失準、船艦沉沒、飛機墜落，還有一百多名流亡軍喪命，簡直一敗塗地。這起事件讓甘迺迪政府留下汙點，但他有足夠的優雅當眾承認錯誤，並負起責任。結果：民調的滿意度節節高升。當他告訴全世界，自己犯了錯，應該擔起責任時，大家反而更喜歡他，因為他不再高高在上，令人敬畏（或許還讓人討厭，因為我們通常會因一個人太有能力而討厭他），而是一個能讓人有所共鳴的人。

* * *

六〇年代美國女子流行團體「瑪莎與凡德拉」的團員瑪莎・瑞芙斯在最近一次的

公開表演中摔倒了，幸好將近五十年前她接受過美國禮儀大師瑪可辛・鮑威爾的指導，才能優雅地恢復鎮定，起身演唱。

「她教導我們如何放鬆身體，不緊繃，因為身體一緊繃就會搞砸。」七十三歲的瑞芙斯告訴我：「多虧當年鮑威爾女士的教導，我才能跌倒後不受傷。」

當時她在紐約的一場慈善義演中高唱〈在街頭起舞〉（*Dancing in the Street*），這首是當年她所屬的女子團體「瑪莎與凡德拉」的走紅歌曲，後來也成為六〇年代「自由去愛」（free-loving）運動的主題歌。瑞芙斯穿著閃亮的晚禮服，在樂器間奏時搖擺身體，並用手上的銀色鈴鼓拍打臀側，同時沿著往外突出於觀眾席的舞台往前走，卻不小心絆到電線，踉蹌翻滾，躺在地上。

「在舞台上遲早都會跌跤，這點是肯定的。」這位退休的演藝人員說道：「可是鮑威爾女士教過我該怎麼跌，我一直牢牢記在心上，因此不覺得丟臉。」

有人把那個畫面錄下來，放到影音網站YouTube上。雖然跌倒，但瑞芙斯仍握緊麥克風。「我會繼續搖擺的——現在，沒有什麼可以阻止我了。」瑞芙斯以驚人的鎮定態度對著麥克風說，並在舞群的攙扶下站了起來。

「跌倒後——」她精準地停頓了四拍，然後繼續說：「你必須站起來。」她也確實站起來了，而且鈴鼓拍打得如笑聲盈盈的月亮般。她找回她的步姿，找到她的歌曲，腳步甚至比跌倒前更輕盈。她昂首闊步走在舞台上，眉開眼笑，像淘氣的孩子猛搖屁股。

第十二章

致力於優雅

雜耍歌舞團的啟示

眾人皆知，凡事要能展現出熟練與靈巧，實屬不易，因此，有能力為之者，總讓人嘖嘖稱奇。

——出自巴爾達薩雷・卡斯蒂利奧內（Baldesar Castiglione）的《廷臣論》（*The Book of the Courtier*）

走進美國的古典文化殿堂，你會見到優雅所展現的平衡——也就是外表看來毫不費力之舉——就繪在牆壁的優雅圖像上。這裡是國會圖書館的大廳，裡面展示著充滿古典風格的畫作和雕塑品，我站在裡面，頭上天花板就繪著「美惠三女神」。

第一次留意到圖中三個年輕女子穿著禮服，綁著髮髻，由上往下看著我時，我只覺得突兀。這幅圖是美國藝術家法蘭克・韋斯頓・本森（Frank Weston Benson）在一八九〇年代所繪，當時他所畫的人物多半是附庸風雅的北方人，他傳神地描繪出他們略顯拘謹的神情，因而在畫壇上享有一定聲望。

這位藝術家所繪的美惠三女神不是裸體，沒微笑，也沒相互碰觸，甚至沒站在一起，跟古代版本迥然不同。她們三個在各自的畫框裡，穿著全身白，給人純潔的感覺。這三位纖細修長的純潔女神，彷彿新英格蘭地區初入社交圈的名媛，以冰冷的眼神打量我。

畫家本森似乎怕她們看起來不夠高傲，還替她們增添了清教徒的意涵：除了音樂女神拿七弦豎琴，美麗女神拿小鏡子，本森讓第三個女神揮舞著牧羊人的曲柄杖，代表良好可靠的工作倫理道德——該圖書館的指南告訴我，她象徵的是「儉約精神」，強調節儉和自律。換句話說，這個女神所要象徵的絕不是享樂主義的遊蕩者。

看到這裡，我忍不住深思。清教徒那種過度拘謹和時時審視別人及自己的嚴苛心態，跟我認為的優雅心態——從容隨和，寬大為懷——似乎有所牴觸，然而事實上，強烈的工作倫理道德正是優雅的支柱，比如卡萊・葛倫之所以能那麼優雅，很大原因是因為他對工作的認真和投入。

我來到國會圖書館，想了解卡萊・葛倫的待人處世為何能永遠優雅，結果發現，除了天生優勢——良好的肢體協調性和身體本能——其實他下了很大功夫。我離開回聲悠悠的大廳，沿著迷宮似的走廊，前往莊嚴肅穆如教堂的主閱覽室。這裡的大理石穹頂上畫著一圈天使，讓人不由得想起天堂國度。

但我心裡想的東西務實多了，沒什麼聖潔可言。很快地，圖書館員把書拿給我：一本顯然被翻閱多次，些微起皺的《如何進入歌舞雜耍表演這一行：完整圖解指南》（*How to Enter Vaudeville: A Complete Illustrated Course of Instruction*）。這本書出版於一九一三年，作者是有三十年舞台經驗的資深雜耍藝人費德瑞克・拉・德列（Frederic La Delle），他告訴讀者，他那種幻術師般的本領其實是「經年累月磨練出來的，要具備原創性、靈巧度、多元化才藝，以及表演技巧。」另外，尊嚴也包括在內。我猜想，他這句話最想傳達的意思，真正吸引他的是從事這一行必須具備的合宜得體之禮。他的書確實是雜耍表演的百科全書（裡面提到的演出項目包括神射手、跳圓桶），然而，這也是一本處世的行為準則。台上台下該如何待人接物，包括彩排、旅途，整個演藝生涯該如何留意自己的言行舉止。在快步調、高度競爭、名利來來去去，轉眼成空，變化快速，但歡樂（可以）滿溢的領域裡，該如何面對自己和他人。

所以，拉・德列這本雜耍指南可謂生活指引手冊。

我不知道卡萊・葛倫是否參考過這樣一本書，但不能否認的是，書中所提的正是少年時期的他無意間成為雜耍表演者所需要的哲學智慧——在那個年代，並非想從事表演就會有出色成績，成功必須透過訓練和紀律，以及無止盡的努力。

「表演這一行，並沒比其他行業需要更多才華天分，」拉・德列在該書第一頁就開宗明義寫道，次頁則是他穿著高領衣、打著領巾，搭配背心，三件式套裝的素描圖。真正需要的是練習，以及「想把事情做得更好的動力」，而不是成天想著贏過別人。還有，辛勤的汗水。所有的獎賞都來自時間和努力——拉・德列認為，真正的獎賞是一種充滿喜悅，經過轉化的優雅。「在劇場這一行，你會帶給別人和自己幸福快樂，而且你的付出將會獲得滿滿的回報。」[1]

這位幻術大師想表達的是，這一行沒有奇蹟可言。你必須時時警醒，留意別人的存在，以從容輕鬆和自然自在的方式來表演，而這些要訣，正是優雅的基本原則。雜要表演者學到這些原則後，透過一次又一次的排練、修正，以熟練原則，快速反應，活出這些原則。要讓凋零的表演重新活過來（是的，我說的就是在壓力下仍能表現出優雅的本領），必須完全專注於當下，發揮創造性的能量。思緒沒亂飄，像參加障礙滑雪賽的選手，每分每秒都能有禪宗那種專注當下而衍伸的立即回應。

就像《如何進入歌舞雜耍表演這一行》這本指南所言：學習讓每個動作都以完美的自然方式呈現。

現場的劇場演出會給演員不一樣的鍛鍊，能在那個領域存活下來的人，如卡萊・葛倫、曾贏得奧斯卡最佳女主角的琴吉・羅傑斯（Ginger Rogers），以及演員暨舞者佛雷德・亞斯塔，以及好萊塢黃金年代的偉大藝人，就是拜當年現場演出的磨練，才能迄今屹立不搖，活出立體精彩的溫暖人生。

看看電影《禮帽》（*Top Hat*）中，男主角佛雷德・亞斯塔以歐文・伯林（Irving Berlin）那首輕快的歌曲〈這是不是（被雨淋的）美好一天〉（*Isn't This a Lovely Day* [*To Be Caught in the Rain*]）來追求女主角時，女主角是如何以那雙眼睛吞噬男主角，而她那張臉又如何地逐漸地泛起紅暈！跟任何領域的人相比，琴吉・羅傑斯的優雅絕對在他人之上。她跳舞時的情緒反應，你很難在其他舞者、演員身上見到，因此，她和亞斯塔可說是互補的絕配，因為後者呈現出的是冷酷的完美主義者形象。琴吉・羅傑斯的舞姿之所以能讓劇情變得更深刻，就在於她用身體和眼神來跟他互動的方式，那種專注回應也表現在她靜靜聆聽時。在雜耍歌舞團中，她學到的不只是跳舞、唱歌和演戲，她還培養出一種持久的冷靜能力，以及職業道德，因此能屹立不搖七十三年，而且名副其實贏得好萊塢的尊敬——照理說在這個圈子，個人自尊很容易受到傷害，而且有很大的不安全，因為若不保持在最好狀態，隨時都會被淘汰。她靠的也是優雅，因為她能讓周遭的每個人都活得更輕鬆。

雜耍歌舞團每次表演完，可沒時間當雍容華貴的高音女伶，而是得設法擠上火車，趕往下一個目的地，展開下一場表演，迎接下一場觀眾，迎接充滿變數和隨時會出現大小災難的旅程。

不同於今日的好萊塢、百老匯或演藝圈，雜耍歌舞團必須專心面對各式各樣的挑戰和生活的黏濘，從中淬鍊出驚人能耐，才得以存活下來。雜耍歌舞靠的是肢體真本領，漂亮臉蛋沒那麼重要。雜耍人員必須能靈活運用肢體，彼此合作無間，培養節奏感，懂得抓準時間做出動作，做出回應，並有能力在相互配合時兼顧到整齣表演的節奏。他們必須有辦法一邊表演一邊思考，不管發生什麼事，該上台時就得上台，還要能立刻入戲，在緊要關頭時臨機應變，即興演出，忍受作息頻繁改變，從一鎮移動到另一鎮，在旅館水槽內洗衣服，把個人的情緒喜好擱在門口，融入團體中。

拉・德烈這本書的末尾有一章題為〈如何在雜耍團中出人頭地〉。作者把這一篇放在書的末尾，就暗指只要學好該會的表演技能，熟練社交時該有的優雅舉止，自然就能出人頭地。他下面這番話語，現代一樣適用，無論是出入國鐵的安靜特用車廂，或是捷運地鐵或辦公室：

> 最噁心的畫面莫過於有些演藝人員一進火車站或坐進車裡，就開始舉止張狂，試圖吸引眾人目光，喧嘩地談論演藝圈，說他們在斯克內克塔迪郡（Schenectady）的演出有多轟動之類。他們此舉乃

為了告訴旁人，他們是演員，是明星……切記，無論何時何地，行為舉止都要像個紳士淑女。在劇場裡，也適用同樣道理，因為幕簾後所發生的一切，劇場經理都會知道，即便他們從沒到過後台。我知道很多原本能力不怎麼樣的演員，最後能脫穎而出，都要歸功於他們的紳士和淑女舉止。

卡萊・葛倫永遠會伸出他的接收天線，一支對準跟他演對手戲的演員，另一支對準觀眾。這種對周遭他人的敏銳度——讓對方覺得有人了解他、支持他、關心他——正是源於他早年從事雜技表演所訓練出來的專注力和反應力。源於他身為雜技演員所經歷的所有磨練和辛酸。

第十三章

不受限的優雅
就算身體缺陷，也要優雅

若有耐心和關注
所有事物都得雙倍之美
——法國十九世紀小說家暨詩人特奧菲爾．戈蒂埃（Théophile Gautier），《論藝術》（*Art*）

鋼琴用力彈出電影《屋頂上的提琴手》（*Fiddler on the Roof*）裡的歌曲〈傳統〉（*Tradition*），房間內的每個人隨著音樂起舞，用力踢腿。

每週一次，在美國著名舞者暨編舞家馬克．莫里斯（Mark Morris）所創立的「馬克．莫里斯舞團」總部——這是全美最負盛名，也最熱鬧的現代舞團——有一堂專為帕金森氏症患者所開設的舞蹈課。雖然這堂課裡的學生多是老人，有些得拄著拐杖、助行器，或者靠著殘障電動車才能抵達教室，但課程就跟一般的舞蹈課沒兩樣。先從小動作開始，讓關節暖身。（我以為我只是去做觀察，沒想到竟然穿上了襪子，努力跟上大家的動作。這堂課的規矩就是，凡在場，就得跳。）大家圍成一圈，有的坐在折疊椅上，有的坐著輪椅。圓圈中間有兩個老師面對面坐著，好讓所有人都可以清楚看見他們的動作，並跟著模仿。

首先，大家配合巴哈的音樂，把手舉高，在半空又戳又揮，寫下自己的名字。每個人都寫得很誇張，斜線部分拉得長長，圓圈部分畫得大大，當琴師彈出蘇格蘭民謠〈我的邦妮住在海洋裡〉（*My Bonnie Lies over the Ocean*）時，大家還跟著唱和。現在，《屋頂上的提琴手》裡那首充滿驕傲感的主題曲逐漸高昂，節奏愈來愈快，我們的手和腳也隨著音樂開始瘋狂揮動，坐著跳起土風舞，不顧一切，盡情跳得頭昏眼花也無所謂。我們彷彿是一群當代的泰維⚜，在某個俄羅斯的小村莊裡，以唱歌跳舞來頌讚我們的傳統。

嗯，相去不遠，差不多就是那種感覺。

一個身形標緻但只有一腿的女人無法一直坐著，所以在教室裡微微跳動，走來走去。有幾個人的上肢或下肢有缺陷，可以動腿或動手，但無法手腳都動。另外，有人側頭聆聽，沒怎麼活動，但雙眼追隨其他人的動作，眼裡閃爍著喜悅。看得出來，大家都很開心。一個駝背的嬌小老婆婆坐在大輪椅中，幾乎看不到她的人，她原本沒什

⚜ 泰維（Tevye）是《屋頂上的提琴手》的主角，一名很傳統的猶太父親。

麼反應，但這會兒竟也舉起顫抖的雙手揮舞著，偶爾放下手，擱在輪椅的扶手上打拍子。大家愈跳愈開心，動作也愈來愈大，最後還搖晃著身體，即興地移動位置，讓原本靜止的空氣出現果凍顫晃般的一波波漣漪。

「如果我們認為優雅是樂句、流暢性、音感和懸留音的神奇組合，是讓動作得以一個個接續的覺察力，那麼，帕金森氏症患者的優雅能力可說被剝奪了。」這堂課的老師大衛・列文索（David Leventhal）說。下課後，我和他在空蕩的教室裡聊天。「所以，我們的目的是要幫他們找回優雅。」

帕金森氏症讓大腦無法製造出足夠的神經傳導物質多巴胺。這種在腦內的化學物質可以調節動作和情緒反應，讓腦子的各個部位彼此溝通，讓身體的動作得以協調、流暢，受控制。如果沒有足夠的多巴胺，肌肉就不受控制，會出現顫抖、僵化、重心不穩、緩慢等現象，而且常伴隨著冷漠和沮喪等情緒反應。

列文索以前是「莫里斯舞團」的團員，現在是「帕金森氏症舞蹈班」（Dance for PD）這個課程的負責人——該課程每週一次免費教帕金森氏症患者跳舞。他說起話來溫和流暢，一張開朗的娃娃臉，眼睛是淡藍色，身材瘦長。最重要的，他非常有耐心，而且是那種默默打拚的人。這些特質讓他成為負責這個計畫的最佳人選。二〇〇一年，當地帕金森氏症支持團體的負責人來到這個新成立的舞團，想找人幫帕金森氏症患者跳舞，讓他們重新學會流暢動作的訣竅。

這計畫一開始是實驗性質。列文索和同是舞團成員的約翰・海金波森（John Heginbotham）教導六名行動能力不一的學生，其中一個拄枴杖，一個靠助行器，他們全都行動緩慢，而且記不住舞步。藉由無數次的反覆練習——或許這也是所有舞者最重要的跳舞祕訣——列文索和海金波森教這些患者以具有節奏性和肢體情緒的方式來流暢移動並繞行教室，並透過複雜的動作模式和對空間的覺知，來活化患者的腦子。這就是列文索的課程與一般跳舞治療課程不同之處，後者著重在肌肉的力量和持久性，不把優雅所具備的流暢和協調性當作目標，但這個課程則相反。現在，每星期有二十位患者參加他的課程，而且這課程已推廣到全美三十八個州，甚至海外十二個國家。[1]二〇一四年的精彩紀錄片《抓住優雅》（*Capturing Grace*）就長期記錄了紐約布魯克林區的「帕金森氏症舞蹈班」首次公開表演的準備過程——他們要跳的是馬克・莫里斯所編的一支重量級舞蹈，其中最氣氛歡鬧的片段。這支在世界各地影展大放異彩的紀錄片，是由美國公共電視網的特派員戴夫・艾佛森（Dave Iverson）所執導，他自己也患有帕金森氏症。在紀錄片中，列文索說：「我們的社會老是說，能跳舞就盡情跳，但有些人，連想都不敢想。我認為，這是一種悲劇。」

帕金森氏症患者會認定自己喪失了行動能力，這些症狀讓他們無緣參與各種活動，沒有機會享受到動作的基本樂趣，也無法成為團體的一份子。然而「帕金森氏症舞蹈班」清楚地證明了優雅是所有人的權利。任何人都可以跳舞。人類的靈魂會設法找到方法去跳舞，因此任何的身體都可以展現優雅。

列文索從最基本的開始做起。「很多患者去做物理治療，但那種治療只處理症狀。」他告訴我：「可是，如果能讓患者活動起來具韻律感，他們就會感到快樂滿足，因此，在這個舞蹈班，我們努力做的，就是讓藝術的精髓維持其純淨樣貌。我們要患者像舞者一樣去思考平衡的意義，感受兩股相反力量的動態運作：往上移動時，身體重心會往下墜。這是舞者經常使用的基本技巧。」舞者常做的，就是去思考其動作的品質——你希望自己的走路姿態看起來如何，感覺起來如何——而不是只把注意力放在舞步的機械動作上。這樣的目標是美學式的，非功能式的。所以，列文索和另一位老師——爽朗活潑又年輕的嘉內拉・貝瑞（Janelle Barry）——會要求學生，把自己的手臂想像成天鵝的翅膀，像芭蕾劇《天鵝湖》的舞者那樣揮動。提供一個會讓人立刻在心裡喚起的畫面，可以幫助帕金森氏症患者化解舉起手時所遇到的障礙，列文索說道。

音樂也有幫助。他說，那個坐在輪椅上的嬌小老太太的帕金森氏症很嚴重，而且患有癡呆症。「對她來說，隨著音樂拍手，是一件極為有益的事。就算她無法起來跳舞，也無所謂，重要的是她來到這間教室。」

舞蹈的效果具體明顯。上課結束，學生們都掛著笑容，彼此談笑，流露出跟一群好夥伴一起運動的開心表情。就連那些表達能力很有限的患者，臉上的線條都變柔和了。

我問其中一位患者榮恩，上這堂課有何收穫。「最大的收穫是，你有機會以你從未想到的方式來做動作。」他以輕柔的聲音略為結巴地說：「而且，努力表現優雅的感覺很特別。」

有個叫卡蘿的女士告訴我：「這裡真的讓我覺得很舒服，感覺被充分接納，跟別人有所交流。」

對這堂課的學生、老師，以及有興趣研究此課程的人來說，卡蘿口中這種跟別人有所交流連結的效果非常振奮人心，跟放鬆和強化肌肉同等重要。不需要做動作，只要待在教室，就能有這種感覺。然而，這種效果很難量化，因為優雅豈有數據可言？

「無形的東西非常重要，但很難加以量化，透過白紙黑字寫出來。」多倫多約克大學的神經科學教授約瑟夫・德蘇札（Joseph DeSouza）說。我之所以打電話給他，是因為我聽過他在一場討論「帕金森氏症舞蹈班」的主流醫學研討會中提到舞蹈對帕金森氏症的好處。他的專長是動作神經科學，以前就在研究加拿大的帕金森氏症患者參加國家芭蕾學院所辦的每週舞蹈課之後，症狀的緩解狀況。

德蘇札說，舞蹈課造福病人甚多，他希望舞蹈課能成為醫師可以開立給所有帕金森氏症患者的處方，就像藥品。但他必須先以扎實嚴謹的科學證據來證明舞蹈有效果，才有可能說服醫療體系這麼做。「這種舞蹈課是怎麼提升個人的自我形象？我們正在努力找出可以量化的指標。」德蘇札也談到說：「不過，現在還辦不到，只能寄望未來。」

然而，無法否認的是，帕金森氏症舞蹈課是「他投入這門研究以來，第一個讓病人樂在其中，而且愛不釋手的復健活動。幾乎沒有人中途而廢，大家排除萬難，就是要來上課。我們很難以這為主題寫論文，畢竟這涉及個人隱私，但如果能讓醫界的人離開沙發，親自到社區活動中心或者舞蹈教室看一看，他們就會親眼見到並感受到那些讓許多人受益良多的無形東西。」

蕾秋・巴爾（Rachel Bar）是德蘇札的研究助理。她畢業於加拿大國家芭蕾學院，曾是英國國家芭蕾舞團和以色列芭蕾舞團的成員，目前正在攻讀心理學博士學位。「我真沒想到跳舞可以讓人變得不那麼固著於自己的疾病。」她說：「我見過一些人想動，但腳就是跨不出去，結果，一放音樂，就可以動，屢試不爽。就是這麼簡單。他們會說：『我等音樂，再開始動』，果然，音樂一下，他們真的就可以動了。我完全不敢相信。」

音樂的感染力（許多專為帕金森氏症而開的舞蹈班採用百老匯的音樂，不是沒道理）、吸引力，以及跳舞時的集體活動感，都會召喚出根植於遊戲及創意中的樂趣。因此，舞蹈課變成一個沒有批評論斷的自由場域，而且置身其中所得到的獎賞，就是做快樂事情所帶來的美感和驕傲。這就是藝術創造所獲得的報酬。

蘇珊・布拉頓（Susan Braden）很有運動細胞，想從事的運動都能得心應手：網球、壁球、跑步。她還曾以外交政策專家的身分周遊列國，協助前蘇聯成員愛沙托尼亞（Estonia）進入北大西洋公約組織（NATO），在波蘭被受封為爵士，而且是希拉蕊・柯林頓（Hillary Clinton）擔任國務卿時的資深顧問。此外，她還打算攀登非洲最高峰吉力馬札羅山。

只不過，從某天開始，這番雄心壯志成了未竟之志：那天她和三個孩子的其中一個比賽跑步，卻忽然發現自己跑不到終點。

「我的雙腿變成兩條木板，」她告訴我：「感覺好奇怪，連膝蓋都不能彎。」當時才五十二歲的蘇珊・布拉頓被診斷出多發性硬化症，這種神經系統方面的慢性疾病會讓人疲憊、肌肉衰弱、痙攣和疼痛。就跟帕金森氏症一樣，這種疾病的原因不明，症狀因人而有大幅差異。

對蘇珊・布拉頓來說，這種疾病的本質逼得她非得放慢速度不可，而且人生第一次學著把注意力集中在當下——非抽象意義，而是具體的當下——因為若不如此，一不留神就會摔跤。此外，她的全身還有被紅螞蟻叮咬似的刺痛感。她發現，壓力會讓症狀惡化，但這種疾病也會讓她更容易焦慮沮喪，她說：「我變得忿恨不平，抱怨呻吟。」

「一方面它毀掉我的人生，」現年五十九歲的布拉頓說：「但另一方面，它又不可思議地解放了我的人生，讓我變得更自由，而且給了我看待生命的全新視野，讓我的生命變得比我之前所能想像得更加豐富。」她看起來像個賽馬騎師，衣著筆挺得體，古銅色的陽光型體態，脂粉不施。一頭鬆軟短髮，一臉溫暖燦笑。她兩手拄著拐杖，小心翼翼地四處走動。運動是不可能了，所以她改做瑜珈和冥想。這種專注於內在的緩慢活動讓她可以從疼痛中抽離出來，但事實上她所獲得的心靈收穫不只這些。以前的她，腳步從不停歇，但現在她開始轉而做一些能舒緩身體和心靈的事，只求身心寧靜。她辭掉工作，把時間花在園藝，上藝廊參觀，偶爾游泳，從容地優游於大自然中。而且從中找到了優雅。

「工作中毫無優雅可言。」她說：「僵化官僚，明爭暗鬥，還有伴隨而來的各種垃圾——這些都會附著在你身上。我是個分析師，常抱著這種心態『不依我，就走著瞧』。我的工作目的就是說服別人同意我的看法，但現在我明白，看待事物的角度有成千上百種。」

「優雅就是認識自己。」她繼續說：「並把它轉化成你和外界世界的聯繫。這個疾病讓我非得優雅不可，不管我願不願意。」

為了幫助其他病友獲得她所找到的平靜，蘇珊・布拉頓協助她的瑜珈老師瑪麗亞・翰寶格（Maria Hamburger）開了一堂專給多發性硬化症患者的瑜珈課。在一個寒凍的二月下午——冰雪覆蓋地面，溫度只有個位數——我來到喬治城大學的醫學中心，加入一群行動緩慢，卻心裡歡喜的瑜珈學員。有幾位在布拉頓的協助下從輪椅起身，和同學一起坐在糖果色的瑜珈墊上。

瑜珈老師瑪麗亞・翰寶格身材嬌小，卻強壯有力，看起來威嚴十足，但對學生又能耐心地循循善誘，像是私人健身教練及宇宙接生婆的混和體。課堂一開始，大家有點躁動不安，她必須像小學老師般設法讓大家安靜下來。「把心靜下來。」她要我們閉上眼睛，專注深呼吸。

「我們所在之處，都有瑜珈。」我們小心翼翼地延展身體，做出下犬式——雙腳往後退，手腳著地，翹起臀部——她在一旁說道。「這是今天的重點姿勢。這動作，你們一定可以做到。它帶給人光明的感覺，而且非常美。」

接著，大家盤腿而坐，轉動肩膀。「昨天我盤腿時，屁股整個離開地面欸。」一個叫比利的同學開玩笑說道，他是班上的搞笑天王，一雙眼睛閃爍著淘氣眼神，連笑容都帶有惡作劇成分。「真的喔，我還在半空盤旋。」

「別再做白日夢啦。」在他旁邊的女人說道，語氣聽起來沒惡意，就像取笑自家弟弟般。

下課後，不太能走路的比利慢慢回到他的殘障電動車上，跟我聊起他的長期病痛。我不敢相信，因為整堂課他那些輕鬆的俏皮話把大家逗得笑個不停——對我們來說，他能這樣苦中作樂，實在太優雅了，即便他自己不這麼覺得。已經六十六歲，拄著拐杖的克莉絲蒂告訴我，她愈做瑜珈，就愈覺得身體不再那麼沉重。最近一次去亞利桑那州聖多那鎮（Sedona）的紅岩石和峽谷健行時，她發現自己走得比上次更遠了。

有時蘇珊・布拉頓連一個街口都走不到，但她說：「當你的世界愈局限，你能做到的事情就變得愈珍貴。」

瑜珈老師瑪麗亞・翰寶格非常同意她的話。

「人生不是全有或全無。」她說：「優雅來自於挑戰、渴望和勇氣。暴露自己的

艾美・帕迪因為一場腦膜炎而失去兩隻小腿，但日後卻參加了競爭激烈的雪板比賽，還上台跳舞，並在名主持人歐普拉（Oprah Winfrey）巡迴全美各地的週末節目《你想要的生活》（*The Life You Want Weekend*）中擔任嘉賓。有了義肢後，帕迪說：「我立定目標，要努力走得優雅。對我來說這非常重要，因為我仍希望自己看起來是艾美，而不是『喔，那個裝義肢的女孩』。」

脆弱，反而能彰顯優雅。」

「人生或許悲慘難捱，」她補充道：「但優雅可以幫助你看到另一面。」

就跟厲害的舞者一樣，艾美・帕迪（Amy Purdy）也有一雙厲害的腿，但她的才華可不只在那雙腿。

不過話說回來，那雙腿還是會抓住所有人的目光，因為她兩隻小腿都截肢了。在ABC電視台《與星共舞》（*Dancing with the Stars*）節目的最新一季，帕迪就是靠著兩條義肢跳出看似輕鬆的舞蹈。[2]她和舞伴德瑞克・霍夫（Derek Hough）位居第二，僅次於意料中的冠軍——曾拿下奧運冰舞金牌的梅麗爾・戴維斯（Meryl Davis）。

「我告訴各位，現場來了個神力女超人！」《與星共舞》的評審之一布魯諾・托尼歐利（Bruno Tonioli）說道。他指的是艾美・帕迪在該季的第一集中，透過那支編排精彩，狂熱煽情的恰恰，以你無法想像的方式，和舞伴霍夫多次交纏舞動的精湛舞技。臀部扭動，以及快速緊绷的步法，帕迪做起來毫不費力，難怪她能在二〇一四年於俄羅斯索契（Sochi）所舉行的殘障奧運會中，贏得雪板比賽的銅牌。

評審托尼歐利說得對，帕迪是天生的超級英雄，擁有跳這支舞所需要的強健肌力和復古魅力。還有那雙腿，從鑲金邊的美麗褲子露出來，閃閃發亮的金屬支架連接著膚色的塑膠腳盤，一方面看起來像電影《魔鬼終結者》（*Terminator*）中的人型機器人，另一方面又像百貨公司的時裝模特兒。帕迪那兩條宛如裝上電子裝置的腳，讓她看起來像未來時代的機器人美女。（她或許會很謙虛地說自己稱不上美女，但她屢次在自己的部落格「透過女機器人之眼」〔Through the Eyes of Fembot〕，或者激勵人心的演講中提到，她很自豪能當個「女機器人」。）

毫無疑問地，帕迪絕對稱得上是最激勵人心的表演者。一九九九年她十九歲，但在那年她染上腦膜炎，奪走了她的兩隻小腿，讓她失去腎臟和一耳的聽力，在鬼門關前走了一回。七個月後她裝上了義肢，重新站上滑雪板，重拾敏捷反應，核心肌力和平衡感，爾後在舞池上大放異彩。

「而你呢，你是怎麼度過每一天的？」《與星共舞》的節目主持人之一厄文・安德魯（Erin Andrews）在鏡頭前面無表情地問觀眾，因為剛剛帕迪告訴他，她是如何在一個多禮拜之內贏得獎牌、飛到洛杉磯、排練，上場跳舞。然而，最讓人讚歎的，是她跳舞時的純粹之美——也就是她的優雅。

正如你所期待的，在《與星共舞》這個節目中，會有誇炫耀眼的服裝打扮和花俏厲害的舞步，但對多數參賽者來說，最困難的部分是傳遞情緒，多數的參賽者都無法做到這一點，但帕迪和霍夫的舞蹈卻能自然流露情緒，卻又不過分傷感。兩人之間的眼神交流彷彿在互訴祕密。帕迪一開始的表現沒什麼，但慢慢地愈跳愈火熱，臀部搖擺得有如美倫格舞⚜的舞后。她完全不害羞，也不害怕，肩膀絲毫不見緊繃。雖然擁有兩隻機器小腿，但她的表情比其他四肢健全的參賽者來得真誠動人，體態姿勢也更優雅。

而在才華洋溢的舞伴霍夫的陪襯下——他所編的舞曾獲美國電視最高榮譽艾美獎的肯定，而且曾在《與星共舞》中贏得冠軍——帕迪的表現無懈可擊。然而，事實上，她也影響了他。或許，是他為了怕擾亂帕迪的平衡而表現出的謹慎態度，也或許，是她那不慌不亂的鎮定態度感染了他，總之，霍夫的肢體表情明顯跟帕迪一致同步，因此給人更溫暖、更沉穩的感覺。他沒為了討好評審而擺出誇張的表情，他只是把全部的注意力都放在舞伴身上。霍夫因臂彎裡依偎著一個裝有電子裝置的女人而變得更有人性。

禪宗說，鞋若合，就會忘了腳。看著帕迪跳舞，我們渾然不覺她的殘障。其實，用**殘障**來形容她還真不適合，因為她跳舞時所表現出的熱切、情感和優雅，會讓人看得驚豔屏息。

比賽第三週，參賽者被賦予的任務是去紀念他們生命中最值得紀念的一天。帕迪挑選的是父親捐一顆腎給她的那一天。在捐腎那段期間所拍的家庭錄影畫面中，帕迪

⚜美倫格舞（merengue）是指加勒比海地區所盛行，熱情性感的舞蹈。

穿上她的新義肢——那時她還無法熟練地用義肢走路——在病房裡跟父親一起跳舞，父親舉高手，讓她從他的腋下轉圈。

「如果我可以穿著義肢跳舞，那我就能走，如果我能走，就能穿上滑雪板滑雪，這樣一來，我就可以活得更精彩。」她在鏡頭前回憶當時的想法。

那個星期，她和霍夫的表演讓人嘆為觀止，一連串驚險的墜落和飛躍動作。有一刻，她依偎在霍夫的懷中，接著他一把將她轉到背上，這一幕完全擄獲了所有人的心——她輕盈得彷彿沒重量，彷彿在空氣中優游。

「我這個人不是由我那雙腿來定義。」帕迪說。

「我們乃由夢想所構成。」莎士比亞如是說。

肉體皮囊如浮雲，但夢想不必然是朝露。

或許有一天，人類的軀殼可以通電，電流跟腦袋相接，透過神經系統來指揮四肢，讓癱瘓的人也能起來跳舞。麻省理工學院生物機電工程（biomechatronics）小組的負責人修・赫爾（Hugh Herr）告訴我，藉由這類裝置，「就可以思考，啟動身體上的肌肉，讓軀殼做出適當的回應。」

「這可以幫助我們這種殘障者學習新的技能，如跳舞、彈琴或打高爾夫球。」赫爾說：「這類裝置可以包覆在身體上，並教導我們做動作。」這樣一來，我們就能擁有一個像德瑞克・霍夫般的私人舞伴。

赫爾興致勃勃地觀賞《與星共舞》，因為他認識帕迪。她曾去麻省理工學院和他討論，以便研發出更適合站在滑雪板上，也就是能跟滑雪板整合在一起的義肢。赫爾就跟帕迪一樣，都是被截肢的運動員——他是一九八二年攀岩時因凍傷而失去雙腳。他說，發生意外後，他的攀岩成績反而比之前更好，因為他使用了特別製作的義肢。

而且，跟真實的肌肉和骨骼不同的是，他的雙腳可以升級。

舞蹈是生物機電工程還未開發的全新領域。赫爾最近發表了一種專為跳舞而設計的仿生義肢，這是他專為國標舞老師雅德黎安・哈斯利特—戴維斯（Adrianne Haslet-Davis）所設計的——她在二〇一三年波士頓馬拉松的爆炸案中失去一條腿。這支仿生義肢可以幫助她重拾優雅：爆炸發生後一年，她在溫哥華的TED演講會上，和舞伴簡短地跳了一首輕柔優雅的倫巴。

在她那支由鈦和碳所製的跳舞仿生腿裡，有馬達、電線、小電腦，以及充當肌腱用的彈簧。跟一般傳統的「被動」義肢不同，這支仿生腿「可以扮演油門踏板的角色，助舞者一腿之力。」赫爾說。

「所以，現在已經沒有肢體殘障的問題，」赫爾說：「只有設計不夠好的問題。」

優雅最有意義的地方，就在於它能讓我們與他人有更深刻的連結，即使（或者該說特別是）在某些微不足道的片刻——如同某年七月四日的國慶遊行那天，我在我所住的城鎮所遇到的經驗。

我和丈夫約翰看完我們三個孩子跟游泳隊一起出場的遊行節目後，決定提早打道回府，以避開逐漸升高的氣溫。就在我們沿著人行道疾步返家時，我的眼角餘光瞥見旁邊綠草如茵的小坡上停駐著一個輪椅，上面坐了個男人。他一隻眼睛貼了眼罩，扭曲的嘴巴似乎想說話但說不出口，身體則傾向一側——朝我這個方向傾？——並費力地舉起虛弱的手。

我繼續走，但男人的姿態模樣始終盤桓在我的腦袋。雖然他的外表不正常，但那隻完好的眼睛流露出開心的感覺，而且舉手的樣子熟悉又親切。我怎樣都甩不掉他那張扭曲的臉和伸長的手，終於，又走了幾步後，我想到了：我認識他呀。他的女兒和我的大兒子在小學時同班。之前在孩子的生日派對或學校家長聚會時，我認識的那個高挺的運動員爸爸，原來正承受著中風的後遺症。

我們夫妻很懊惱竟沒立刻認出他，枉費人家那麼熱情跟我們打招呼，於是我和約翰掉頭走向他。這時，他的妻子和女兒已經出現在他旁邊，他們親切地跟我們打招呼，大家聊了幾分鐘——聊國慶遊行，以及孩子上大學想唸什麼。那個爸爸顯然無法說話，但沒因此置身事外，反而努力以點頭和微笑來融入我們的交談。他完好的眼睛閃爍著光芒，看起來很高興能和家人坐在蔭涼處乘涼。我想，他一定也很高興自己有辦法跟一個好幾年沒見面的熟人揮手打招呼，還因此把人喚過來。

他透過優雅、純粹和簡單的動作辦到了他想做的事——這些動作包括歡迎的姿勢、友善的表情，以及聆聽的態度，而且，他那隻手意味深長的微微一舉，不僅讓他跟某個路人有所交流，也拯救了這路人，讓她免於背負冷漠之罪名。

第五部

了解優雅：理論與實踐

Part 5

Understanding Grace: Theories and Practice

第十四章

優雅的科學

優雅者適生存

人，是多麼了不起的大自然傑作啊！……形體和動作疾速無比，絕妙無敵！

——莎士比亞，劇作《哈姆雷特》（*Hamlet*）

瑞士網球名將羅傑・費德勒在二〇一二年贏得溫布頓網球賽後，賽事統計人員列表時發現，他在球網邊的成功率是百分之七十八，總得分的三分之一就是從中贏得的。他們並計算他從底線前後擊球的次數，以及他在第一次與第二次發球所贏得的分數占總分數的百分比。

儘管有這些統計數字，數學還是無法解釋費德勒在網球場上的表現是如何辦到的。

科學也無法充分解釋以下這一點，即便這是很確定的事實：他在網球場上宛如踢踏舞的流暢步伐其實要歸功於構造精密且運作功能良好的腦部。每跨出一步，他腦部的運動皮質（Motor cortex）、基底神經節（basal ganglia）和小腦就會做出和諧動作背後所需的必要工作，透過複雜的神經迴路相互溝通，決定費德勒的位置，擬定行動路線，算準速度和時間，收縮適當的肌肉，讓他的身體保持平衡。

然而，費德勒的腦部到底是如何在每一局比賽中——甚至每次的發球——完成這些物理和生物工程的計算，迄今仍是謎。實驗室的工具甚至無法告訴我們，費德勒這樣的運動選手為何能比同儕更優秀。費德勒的對手透過相同的神經運作過程來接受資訊，為什麼費德勒就是能比對方做出更優雅卓越的回應？研究人員無法告訴我們，他超強的感知力、節奏感和輕鬆感——這些讓他在球場上呈現出藝術美感的能力——到底是來自哪裡。科學家無法解答為什麼有一小群幸運兒，就是能比芸芸眾生更優雅。

關於優雅，目前科學界只把焦點放在為何有人徹底欠缺優雅的能力，也就是說，為什麼帕金森氏症這類運動系統的失調會讓人無法流暢且協調地做出很基本的動作。

因此科學家只知道優雅跟猶如奇蹟的神經系統有關：上千億個的腦細胞相互合作的成果。研究腦部疾病與腦部完美運作的科學家會以我們多數人認為理所當然的日常行為來測量優雅程度，比如行走這種簡單動作，或者把一杯水拿到唇邊。

腦神經科學家艾波史托勒斯・喬高波流士（Apostolos Georgopoulos）是「明尼蘇達州立大學認知科學中心」暨「明尼拿波里市退伍軍人醫學中心腦部科學中心」的主

任。他的專長就是動作時的腦部機制，比如腦部是如何將動作排序，如何處理資訊，以便提高動作的速度，同時不影響動作的精確度。當他談起腦細胞是如何自己組織動員，以便完成拿咖啡這種直接單一的動作時，語氣充滿敬畏。

「可是，走在繃緊的繩索上、體操表演，甚或灌籃的優雅姿勢，對於這些我們就一無所知。」他告訴我：「大腦到底是怎麼處理較高層次的協調動作，這點到現在仍是謎。」

原因在於大規模的複雜動作牽涉到腦部的許多部份，想要解開這個謎所會遇到的一個問題就是：如何在不影響腦部運作系統的情況下去測量它們。在既有技術的侷限下，不管什麼時間，神經科學家都只能窺探腦子的一小部分運作。無線的遙測裝置可以記錄腦部的電波活動，以捕捉——比方說——可能是癲癇的不正常電波，但要捕捉跳舞、擊劍或者在平衡木上跳躍時，全腦的活動狀況，迄今仍是不可能的事。

「當記錄優雅舉動時的腦部活動，我們就會打擾到該活動。」喬高波流士說。如果能發明一種可攜式的全腦遙測偵測器，科學家就可以好好看看腦子在運作時的整體狀況，「到時，這領域就能跨出一大步。」

為了從事更複雜的活動，人類的動作向來就不只是單純的「動作」，而是一種感覺動作（sensorimotor），由視覺所見，聽力所聞，以及肌肉與皮膚所感受到的東西所驅動。腦部的某些構造接收了感官資訊後，調整不同肌肉的收縮，製造出我們認為具有美感和整體協調性的優雅動作。

我們是怎麼開始去接收這一個個的資訊？

科學家對流暢動作的運動所知甚少，然而，卻很清楚某些人體功能無法運作時的問題所在。顫抖、不穩等動作缺失其實只是腦部運動構造失調的小問題，比如帕金森氏症的初期症狀就是手掌或手指頭顫抖，這代表基底神經節出狀況——基底神經節是腦部深處的一組構造，負責管理控制肢體的動作。

不過，科學家還是能告訴我們跟優雅有關的一個重要事實：只要大腦完整無缺陷，你想要多優雅，就能多優雅，關鍵在於練習。

「任何人，包括你和我，只要從很小就接受訓練，學習優雅動作的協調性，就能跟羅馬尼亞體操選手納迪婭・柯曼妮奇一樣優雅。」喬高波流士說：「說不定誰都有像她那樣的本領。重點是，愈早開始練習就有機會。」

姑且把這稱為喬高波流士的優雅理論吧：只要練習，就能變得優雅。

在我們看來，網球場上如詩流動的畫面，對羅傑・費德勒來說，其實多半是一連串的反射動作和策略實踐的結果。他的大腦之所以能不加思索，自發性地發揮作用，啟動功能，就是因為他永不停止練習。反覆練習可以讓動作變得更容易，更流暢，因為反覆練習時，腦細胞會以某些模式重複運作，藉此強化並建立細胞之間的連結，正如在腦神經領域常聽到的：「神經元一起開火，一起串連」。總而言之，如果有足夠的練習，腦細胞之間的連結就會愈來愈強，動作也會變得愈來愈輕鬆，如此一來，優雅就變成一種習慣。

喬高波流士用學語言來比喻優雅的學習過程。練習愈多，你就愈能不加思索地用外語來流暢表達，同樣地，輕鬆自如的動作也是，即便只是一些小動作，比如微調姿勢，讓體態顯得更輕盈，平衡更好，走起路來更流暢。諸如此類的事情，愈早開始學習，就愈輕鬆，但其實每個人都有潛能，任何時候開始都不算晚。

事實上，我們的大腦最希望的，就是我們忙著學習新東西。

理由如下：我們之所以有大腦，是因為它能規劃並執行動作，這是大腦演化的結果。有了腦，我們才有辦法移動、進食、繁衍，而且沒被其他動物吃掉。你認為大腦存在的目的是為了思考？其實這只是大腦功能的一小部分罷了。

大腦的百分之九十九都是運動系統，剩下的百分之一是用來協助運動系統。換言之，大腦的主要功能是跟肌肉的收縮有關。透過肌肉收縮，我們這個生物有機體才能呼吸，循環氧氣，軀殼才能移動，取得食物，逃避獵捕，與他人培養關係，並維繫人際關係。

因此，輕視身體，實在是奇怪又愚蠢的心態。我們推崇理性、心智，認為這比身軀肉體更高一等，更為有趣，所以很多人認為身體是附帶的，不便的，會令人失望，令人困窘，最好眼不見為淨。或者，把身體當作一種用來裝飾或者審慎打理的物品，以便讓外表符合文化典範。但事實上，身體是一種具備多種能力的生物有機體，其價值在於它自身的獨特性，因此值得我們細心呵護。人類把大部分的心思和驕傲感放在最不需要利用身體——只靠心智頭腦——就能達成的事情上，這就是心智凌駕於肉體。這種觀念讓我們多數時候徹底斷絕日常活動，久坐不動，並認為人類的最高表達形式就是「透過頭腦」，所以努力讓思想和理性推論臻於完美。

但事實並非如此。

大腦是一種動態系統，它啟動身體，而身體則反過來活化大腦。透過身體的經驗——也就是身體傳達給大腦的東西——我們才能理解這個世界。這就是蓬勃發展的新領域「體現認知」（embodied cognition）所要探討的東西：心智與身體緊緊相繫，身體也會影響心智。

想想看，我們的語言表達是如何根植於具象層面，比如我們會以身體的語彙來描述抽象的概念和感覺：未來就在「眼」前；把過往拋到「腦」後。我們會說某人「讓大家倒胃口」或者「看起來很辣」，或者心情很好時我們會說很「高亢」，疲倦沮喪時則是「低落」或「垂頭喪氣」。

身體優先。如果我們能對自己的動作和身體有更多了解，而且不只看重外在美，也看重動作典範——亦即優雅——那麼，我們對於整體人類就能有更豐富的鑑賞力。動作的神祕難解，正是它之所以迷人的地方。想想看，到現在還沒人真正弄懂我們是如何移動的，解謎之路漫長，就連腦神經方面的專家也只能遙望興嘆。大腦指揮動作，讓身體能存在於世的這套機制，是人類演化進程的最核心指令，但迄今此機制依舊是人類難解之謎。

神經科學家一談到上千億個腦細胞相互合作，讓身體得以做出優雅動作的大腦神祕編舞法，莫不敬畏驚嘆。「太神奇了。」喬高波流士如此描述神經之舞的奇蹟：「開始研究腦之後，你只會更難以置信。如此完美無瑕的腦部工程，到底是怎麼辦到的？」

想想那些極其優雅的肢體展現，比如女子體操選手奧兒嘉・科爾布特在奧運地板項目中，歡欣優雅的演出。她在做出各種動作的同時，必須控制身體，拿捏好肌肉及相關組織的力道和速度，控制並延展關節，調整血流速度和呼吸，維持平衡和空間感，這是多麼了不起的演出啊！為了讓身體做出動作，大腦所要完成的任務遠比用腦思考更令人折服。特別是當我們坐下來思考時——多數人成天就是這麼做的——我們以為在書桌前坐著不動是心智高人一等的表現，但其實我們浪費了大腦很大一部分的灰質（gray matter）✤。

從某個角度來說，其實你早就知道這一點，因為你很清楚，你的某些絕妙點子是在出去跑步或散步時想到的。（據說愛因斯坦的相對論就是他在騎單車時頓悟出來的。）從健身房、游泳池或者跑完步回家時，你的頭腦絕對比你出發時更清晰。

身體的活動確確實實會影響大腦。研究顯示，運動可以提高大腦內生長因子的化學物質，讓學習相關的腦細胞建立連結，幫助我們思考和學習。[1]肢體協調的複雜度愈高——比如上舞蹈課或找人比賽網球——大腦就愈發揮作用。為何如此？這是因為當身體處理複雜的活動時，大腦會受到更多的挑戰，而腦細胞就跟肌肉一樣，愈常鍛鍊，就長得愈好，也更為靈光。

德國研究人員發現，高中生做了十分鐘複雜的健身動作後，在處理需要高度專注力的事情時，其表現會優於只做一般性動作的學生，而完全沒運動的學生的表現則最差。[2]此外，研究也發現，因憂鬱症而受到破壞的腦部區域，有可能藉由運動的刺激來促進神經元的生長。[3]有份加拿大的研究顯示，從事緩和運動（如散步）的年長者，其記憶力與認知能力的退化速度比久坐的同齡來得慢。[4]

在中國所做的一項研究顯示，長期打太極拳——這是一種強調平衡、協調和放

✤ 灰質是指由大量神經元聚集的部位，也就是中樞神經系統深入處理訊息的所在，這部分組織的灰色是來自於神經元的細胞體和微血管。

鬆，做起來優雅緩慢的武術——會重新形塑大腦，效果就跟有氧運動一樣。此外，研究也發現，太極可以改善記憶力和思考能力。[5]由於肢體活動對大腦有極大的益處，因此阿茲海默症協會呼籲大家要規律運動，以降低罹患該疾病和其他失智疾病的風險，讓症狀延後發生。[6]

然而，這是一本談優雅的書，不是運動手冊，所以，運動和優雅到底有何關係呢？這就要回到喬高波流士的優雅理論：重點在於實際去做。無論走路、打網球或跳舞，只要勤於練習，就能愈來愈熟練，而且不只能熟練該活動，你的整體移動姿態也會變得更好。總之，愈常活動，就愈能動得優雅。就這麼簡單。

優雅的移動姿態——姿勢挺直，動作流暢和諧——不只能讓自己更有美感，身體感覺更好，而且還能感染四周的人，因為優雅具有漣漪效果。舉止姿態之所以具有感染力，是因為人類天生就會模仿。我們的大腦就是這麼善於模仿他人的動作模式。

「看看孩童是怎麼相互模仿的？總之，這是一種與生俱來，自發性的天性。」喬高波流士說：「毋須教導就會。」

「還有猴子，只要一隻猴子以非常優雅的姿態從一根樹枝跳到另一根，其他猴群就會跟著仿效。這種現象很常見。人類也是一樣：我們會模仿彼此的動作。如果該動作是優雅的，那麼仿效出來的動作也會很優雅。」

光是想像那畫面：你走路的姿態就如法國女星凱撒琳・丹尼芙（Catherine Deneuve）或全世界第一位黑人奧斯卡影帝薛尼・鮑迪（Sidney Poitier）那樣從容優雅，你的身體輕盈，猶如散發出光芒，不管走到哪裡，都為人所讚歎欣賞，甚至激勵人起而效尤。散播優雅，散播隨著優雅而來的愉快感受，讓整個世界因你而變美！

可是，光躺在吊床上思索那個畫面，不會讓你變得更優雅。（嗨，各位享樂主義者，除了這一點，其實我是很愛吊床的。沒什麼比吊床更能宣示你想脫離沉悶生活的決心。）

「人生就像騎單車，」愛因斯坦在給兒子的信中寫道：「想保持平衡，就得不斷往前進。」[7]能讓自己坐到發霉，實在不是什麼了不起的本事，事實上人類的某些能力，如處理資料、計算、假設和推理都可以由電腦來執行，而且機器做起這些事，說不定比人類還厲害。看看那台名為「深藍」（Deep Blue）的電腦，它就打敗了曾二十三次拿下世界冠軍的俄籍棋王加里・卡斯帕洛夫（Garry Kasparov）。繼深藍擊敗人腦之後，二〇一一年，體積約有一個房間大的超級電腦「華生」（Watson）在電視益智競賽節目《危險邊緣》（*Jeopardy!*）中，打敗暫居冠軍的一組選手，而該競賽的規則甚至比西洋棋更複雜呢。[8]

然而，機器想要複製人類栩栩如生的動作，還差得遠咧。專門研究機器人的工程師到目前為止仍無法讓機器人做到的，就是優雅。就連技術領先全世界的日本機器人專家所製造出來的人型機器人（android），即便外貌看似人類，但就是無法做出人類那種流暢連續的動作。[9]

的確，世界上確實有少數生物（如章魚）所做出的動作可以比人類身體能做的動作，幅度更大，複雜度更高。

然而，「世界上的真正獨一神殿是人類的身體。」德國浪漫詩人暨哲學家諾瓦利斯（Novalis）寫道。諷刺的是，與強調精神面的思想家極為不同的他，執著迷戀於肉體面，卻在二十八歲時英年早逝。「沒有什麼比出眾的形體更神聖……碰觸肉體，就等於觸及天堂。」

* * *

紅毛猩猩基哥（Kiko）的修長手臂柔軟鬆垮，宛如布娃娃的手，不管做出什麼動作，他全身看起來就是那麼放鬆，毫不緊繃。他可說是古銅色的卡萊・葛倫，即便在國立動物園的「紅毛猩猩移動區」（Orangutan Transport System），也能以流暢如絲的姿態爬上五十呎高的高塔，去抓住鋼纜。

這個可以讓紅毛猩猩飛越滑翔的設施，又稱為O環（O Line），是華盛頓動物園的重點區域。高空處的O環連接一間又一間專供這些靈長動物使用的房舍，讓基哥和同伴可以隨心所欲，自由自在地在半空盪來盪去。這裡可說是僅次於果樹頂蓬的絕佳嬉遊園。

此外，在這裡也可以沉浸在優雅中。看著基哥和同伴盪過空中時的流暢姿態，以及那違反地心引力，毫不費力的模樣，就讓人無比開心。因此，每當牠們漫步在鋼索上，總會聚集遊客，吸引眾人目光。

我們這些較貼近地面的靈長類完全抗拒不了遠親的優雅表現。事實上，這些渾身長毛的紅毛猩猩有助於我們發展優雅理論。

英國桂冠詩人阿佛烈．丁尼生（Alfred Lord Tennyson）在《艾莉諾》（*Eleanore*）這首詩中，告訴他的愛人，他之所以愛她，正是因為她那些可稱為優雅指標的舉止。他提到「流暢無礙的和諧感」、「華麗的對稱美／飄逸的優雅」，以及：

在妳身上
沒有驟然，沒有單一；
宛如兩縷裊裊輕煙

源自一個神龕的一個香爐，
思想與行動融合，
永遠交融。動作流動
在彼此之間，甚至穿越彼此
甚至調和成一首
前所未有的美妙樂章……

我愛這首詩，因為它強調了優雅的內在和外在面向——而這兩個面向可說是彼此的反射——我也愛丁尼生以觸摸不到的輕煙和香氛空氣來扣緊艾莉諾那令人讚歎的優雅舉止。像艾莉諾這樣的生物似乎跟粗俗毛茸的基哥有著天壤之別，然而在關鍵層面上，其實兩者相距不遠。大約一千三百萬年前，我們住在樹上的祖先和基哥的祖先開始分家，但我們和紅毛猩猩仍有百分之九十七的共同DNA。此外，人類和六百萬年前才分家的黑猩猩（chimpanzee）和倭黑猩猩（bonobo）在基因上更接近，牠們可說是跟我們最親近的靈長類親戚。埃默里大學「葉克斯國家靈長類研究中心」的「生命環節中心」（Living Links Center at Emory University Yerkes Primate National Research Center）的主任暨頂尖的靈長類動物學家佛朗斯・德瓦爾（Frans de Waal）說，證據顯示，幾百萬年前，即便人類祖先已經雙腳直立，人類仍可能在晚上時爬到樹上睡覺，以躲避掠食者的威脅。

人類與樹的關係歷史已久，這段關係仍存在於大腦和身體中，畢竟人類有千百萬年的時間在樹篷之間攀爬懸盪，躲避下方的敵人，並採集樹上果實來充飢。因此人類的體型逐漸演化成適應這種生活，比如有寬闊胸膛、直立背部，以及可以順利旋轉，活動自如的肩膀，好讓我們可以一臂接一臂地在樹上盪來盪去。其實，到現在我們仍具備這種生理機能，比如我們肩膀的關節依然靈活柔韌，能往各個方向活動，只是二十一世紀的電子產品讓我們養成緊縮肩膀的習慣。事實上生物演化根本就沒有讓人類拿錢包、開車、打電腦的打算，否則，把手機夾在脖子上就不會肌肉不舒服了。

在交織如網的樹枝間移動，風險不算少，畢竟樹枝的支撐力不穩定，環境又複雜，風勢比地面強，因此移動更加困難，必須設法跨越樹篷中的縫隙，在富有彈性的彎曲樹枝上保持平衡，而且每個動作除了必須精準到位，還必須做得安靜無聲。失手沒抓好，就可能摔死，移動時發出嘈雜聲音，會惹來掠食性的鳥類，甚至能爬樹的老虎。想要智取敵人或摘無花果當晚餐，就非得靈活敏銳不可。

棲息於樹梢的生活很複雜，「需要仰賴大量的特技動作。」靈長動物學家佛朗斯・德瓦爾告訴我。靈長類在樹枝間擺盪時，雙手抓握或放鬆的時間必須很精準，而且要有高度的協調感。他說：「牠們的動作必須流暢，一氣呵成，否則就會摔下來。動作正確對牠們來說非常重要，是生存的關鍵。」尤其對大型靈長類來說更是如此，因為牠們最可能因為墜落而摔死，動物園裡的基哥就是一例。紅毛猩猩的馬來語意思是「森林中的人」，雄性紅毛猩猩體重可高達九十公斤，可說是最大型的樹上動物。牠們在樹枝間擺盪時輕鬆自由，但絕不可能像猴子那樣興奮地在樹上跳來跳去。紅毛猩猩的一舉一動都非常謹慎——也因此更為優雅——就像基哥，不疾不徐，舉止優雅流暢。

我們的祖先當中若有人不擅長在樹叢之間擺盪，其他人肯定會注意到。德瓦爾就發現，黑猩猩會慢下來等跛行的黑猩猩。不過另一方面，他也看過公猩猩攻擊一隻行動不便的公猩猩，奪取後者在猩猩階級中的地位。對人類的祖先來說，情況亦然，也就是說，行動能力差的，除了個人安全較易受到威脅，也有社交上的後果要面對。

那麼，我們該怎麼面對這種情況呢？

「基本上，物競天擇的結果讓我們成了雜耍特技表演者。」德瓦爾說。

理由之一是，我們天生就具有太陽劇團（Crique du Soleil）特技人員般的原始基因，所以我們的身體會隨時處於調整狀態。在所有的哺乳動物中，靈長類可說動作能力最強的，從肢體的大幅度動作，到手指抓握的細微動作。[10]猩猩像毛茸茸的擺錘，從一根樹枝盪到另一根，這種以最小力氣，利用地心引力所畫出的流線軌道，可說是最迅速且最省力的移動方式。如果在兩根樹枝之間的移動過程穩定流暢，不中斷，幾乎就像在飛翔。[11]我們的遠親長臂猿的特技能力更高超，牠們在樹枝間擺盪的速度可以高達每小時五十六公里，然而，當今人類當中能驕傲地做出這種在樹枝間擺盪的動作，大概只有幼稚園小朋友或者健身房裡的健身狂。我們其他成人已經疏於練習太久，上半身的肌肉無法支撐身體的重量了。

在樹上生活，以充滿韻律感的方式在樹枝間優雅地來回擺盪是很重要的，因為我們得靠此來躲避掠食性動物，尋找食物，在艱難的棲息地附近自在移動。其實，這種曾是人類生存之必須的原始擺錘活動，在當今的許多活動中仍可見到：華爾滋的一、二、三節奏；花式滑冰與冰舞滑行時的軌道曲線；以及網球場上，凌空來回，充滿流暢性和節奏感的網球。

現在，我們懂得欣賞優雅動作中的和諧、流暢與輕鬆律動，但其實這些都是靈長類的生存本領。若回溯人類的演化史，說不定可以歸納出優雅功能的理論：優雅幫助我們得以在樹上生存繁衍。現代人類視為優雅的舉動，正是遠古時代人類之所以能在原始環境下安全移動的主因。

如果優雅舉止是人類得以興盛繁衍的重要因素，也就難怪演化會正面回應這種能力。因此，我們可以大膽地說，祖先的大腦最後認知到優雅行為有助於生存，而且值得仿效，同樣地，情緒層面上也發展出類似的回應。

我曾去法國里昂市附近的布隆（Bron），造訪任職於「認知神經科學中心」（Centre de Neuroscience Cogntive）的認知神經科學家洛倫斯・帕森（Lawrence Parsons）。他對大腦接收音樂與舞蹈方式進行過深入研究，結果發現，雖然沒有辦法證明我們之所以被優雅的舉止吸引，是因為當初祖先是靠著優雅才得以生存繁衍，不過，這種揣測的可信度頗高。

「有一理論認為，人類之所以有情緒，是因為情緒可以幫助我們在複雜的情境裡做出正確的事情。」他說：「生活在樹上，在樹枝間盪來盪去，若不想被土狼和猛禽吃掉，就得專注觀察其他靈長類是怎麼移動的。你得仔細看，在看的過程中，會覺得很愉快，而且愈看就愈會學習別人的優雅動作。」

即便後來下了樹，開始在非洲草原行走，肢體的優雅仍然很重要。足夠的靈敏度、移動時安靜輕柔，以及良好的動作控制能力都是躲避敵人之所需。此外，優雅也意味著大腦完整健全，有辦法導引身體進食，執行生存所需的所有事情。優雅與健康緊密相關，因此我們優雅的祖先有能力捕獲獵物，繁衍下一代。

從英國桂冠詩人阿佛烈・丁尼生，到七〇年代著名的美國吉他音樂家詹姆士・泰勒（James Tylor），到披頭四，他們在在提醒我們，從古至今，舉止正是能否擄獲愛人的關鍵因素。

任職於英國威爾斯班格爾大學（Bangor University）的資深講師艾蜜莉・克羅斯（Emily Cross）是認知神經科學的專家，她掃描了舞者、體操運動員和柔體雜技演員的腦波，藉此研究身體協調性與學習的過程。她相信，許久之前，輕鬆優雅的舉止有助於挑選配偶。科學家認為優雅這種看似毫不費力的舉止其實是一種「有效率」的動作，因為在這樣的舉止中，精力不浪費在會導致疲憊與緊繃的不協調或雜亂動作中。

「從演化的觀點來看，人人都希望能讓自己的基因延續下去的交配對象，是一舉一動都很有效率，而非經常浪費精力的人。」她說。

「生物演化的過程已經挑選出那些動作舉止優美流暢，而且有效率的人，」她說：「人類生物演化所要挑選的人，是對動作的控制能力最強，可以隨心所欲做出想做的動作，動作流暢，非常有效率，而且看起來輕鬆自在的人。」

優雅的另一個神經生物面向就是同理心，這不只是人類與靈長類共有的特性，而且是所有哺乳類皆有的天性。

數世紀以來，哲學家一直要找出理論，來解釋人類對彼此經驗所產生的共鳴感覺，比如亞當・史密斯（Adam Smith）於一七五九年出版的第一本書《道德情操論》（*The Theory of Moral Sentiments*）就觸及此問題。稍後，這位蘇格蘭哲學家的《國富論》（*The Wealth of Nations*）認為，自利是國家社會繁榮的主要關鍵，至於與「他人感覺」產生共鳴這種事是大腦之事，是一種出於意志和想像力的行為。

史密斯在《道德情操論》中寫道：「就算兄弟受折磨，但只要我們能從容自在，感官就絕不可能讓我們感受到他所受的苦。過去不可能，未來也不可能。我們不可能超越自身經驗，去感受到兄弟的感覺，若堅稱能共鳴他人之感受，此說法必定是出於個人之想像。」[12]

一八五二年，英國哲學家暨政治思想家赫伯特・史賓賽（Herbert Spencer）採取不同的觀點，他把同理共鳴這種概念運用到優雅的概念上。就跟同時代的達爾文一樣，史賓賽也是演化理論的擁護者。事實上，「適者生存」這個詞是他所創造出來的，而非演化論之父達爾文。史賓賽興趣廣泛，也是舞蹈的鑑賞行家，或許正是如此，他才會從舞蹈切入來探究哲學。經常觀賞舞蹈的他，必定很熟悉被曼妙舞姿所感動的感覺，也因此得以深入了解人與人的內在連結——這一點顯然超越史密斯的個人經驗。

事實上，史賓賽就是因為看了一位舞者的糟糕演出，才寫出那篇題為〈優雅〉的論文。他寫道：「那場舞蹈表演非常糟糕，但觀眾竟然昏庸到照常鼓掌，以為看表演理所當然該這麼做。我則在內心咒罵該女舞者只會玩弄技巧，故作厲害，其實她的舞姿野蠻粗暴。」[13]（這種隨別人鼓掌的現象我見過無數次，想必諸君亦然。一旦有靈長類開始做動作，其他靈長類會很自然地跟著模仿。我們很容易被猿類同胞的動作和情緒所影響，就連在劇院也一樣。）然而，在史賓賽看來，這位舞者用力過度的肢體卻提供了負面教材。他認為，優雅的本質就是簡約的力道。想要舉止優雅，就必須用最小力氣，而非蠻橫使力。

史賓賽接著自問，為何他會那麼嫌惡舞者的過度使力？答案就是，當他看著那位女舞者，他自己的身體也會因為她的力道而不自覺緊繃起來。「我或許可以大膽提出一個假設：『他人之優雅』這個觀念本身，有**感同身受**的主觀成分。」他寫道。

> 相同的生理機能讓我們看見別人身處險境時，會不自主嚇得顫抖……因為我們隱約參與到旁人所經歷的肌肉感受。當他們做出激烈或笨拙的動作時，我們的身體會有點不舒服，彷彿我們也做出這些動作。相反地，若旁人的舉止輕鬆自在，我們也能感同身受他們展現這些舉止時的愉快感覺。[14]

根據這種觀點，當我們看著紅毛猩猩在樹枝間流暢擺盪，或者網球名將費德勒如滑翔的發球，或者貓咪似的輕盈觸地動作，我們不只會愛上他們移動時的美感，事實上我們的身體也能感受到他們的優雅。

十九世紀，德國人發明了一個字Einfühlung，意思就是「共情或同感」，也就是我們所說的感同身受。我們同感於他人的能力，正是我們看見優雅舉止會身心愉悅的主因。

我們會密切認同他人的身體，感受他們的動作——跟著高空鞦韆的馬戲團演員一起飛翔，和短跑選手一起衝刺——也感受他們的情緒。北京奧運時，當牙買加短跑選手尤塞恩•柏特（Usain Bolt）衝過終點線，高舉雙手表示勝利時，誰不狂喜？總之，我們會毫不思索地發自肺腑去感受旁人的感覺。

感同身受這種能力，與其說是讀心術，倒不如說是去感受別人之心的能力。英文字情緒（emotion）由「動作」（motion）演化而來，而其字源就是拉丁文的e-加上movere，意思是「移動出去」，有取代和擾亂之意，由此可知，創造這個字的人了解人類的感覺乃是根植於身體所感受到的干擾。事實上，在理性層面還未對這些干擾賦予認知上的意義之前，身體就已經先察覺到。

你的寵物貓或狗也有感同身受的能力。所有人都知道，主人臥病在床時，寵物經常會在旁邊流連不去。

「所有的移情機制都可追溯到母職的照顧。」德瓦爾告訴我：「較善感的女性通常對子女的情緒會特別敏感，因為她們必須留意孩子是否飢餓或處於危險狀態。這是所有哺乳類的共通特性。」

有時，大腦的迴路會因此變得有點麻煩，比如那次我和丈夫送發著高燒的八歲兒子去醫院時，當醫生在兒子的手臂上抽血，看著他痛得皺起臉，我竟然昏倒了。其實我根本沒時間去想：「天哪，他一定很痛，一定很可怕，啊……」我只不過看見針頭插入他的手臂，就嚇得立刻不省人事。

另一個兒子參加摔角比賽時，我也嚇得慌亂失態，幾乎無法呼吸。而我的女兒也說她以後都不去觀賽，因為她覺得壓力太大——她指的是肢體上所感受到的壓力，如胃痙攣之類的，而這正是我們感受到別人的痛苦時多少會經歷到的身體變化。比如看見美式足球員在比賽場地裡痛苦地蜷縮身體，觀眾也會不自主地縮起身體。舞者在舞台上滑跤，觀眾會跟著不自主倒抽一口氣。

但我們感同身受的不只有別人的痛苦，還包括別人的愉快情緒。美國跳水運動員格雷戈・洛加尼斯（Greg Louganis）的跳水英姿不只看起來賞心悅目，也帶給觀眾愉快的感覺，因為我們可以感受到他的優雅，彷彿可以乘著他跳下時所帶動的氣流，一起隨他流暢地轉圈，舒展開來，最後筆直地鑽入水中。

英國威爾斯的神經科學家艾蜜莉・克羅斯說，神經造影（neuroimaging）的研究證實人類會被優雅的動作所吸引。她在研究大腦與藝術的關係時，就見證到這一點。「受測者的大腦被優雅的動作——意即有效率且流暢的動作——所強烈吸引，這些動作包括運動員、舞者和武術人員等對肌肉有絕佳控制力，具高度運動知覺的人所做的動作。」她說：「當我們看到這類動作，我們會說：『對，就是這種有效率的動作。對，我想看的就是這種。』因此大腦看到這類動作時會比看到沒那麼有效率的動作更愉快，獲得更多的感受報酬。」

舞者和舞台劇演員會告訴你，既使他們背對著其他舞者或演員，也能感受到對方傳過來的情緒，讓他們得以配合彼此的動作和感覺。知名女星凱特・布蘭琪最近接受美國公共廣播電視台的訪問時提到，當她演出舞台劇時，能感受到觀眾對表演的注意程度。「你會知道G排座位有人在接手機，正廳後方有人在拆棒棒糖的包裝紙。」她說：「從某方面來說，能察覺到這些會讓你變得無所畏懼，因為當你在舞台上可以清楚看見觀眾席中誰盎然地活著，誰昏昏欲死，你就知道該如何應變。」[15]

同樣地，卡萊・葛倫、克里斯多夫・華肯和麗塔・莫瑞諾這些電影明星也是從現場表演的經驗中，學到敏銳度和感同身受的能力，並將之運用在電影表演上。一個演員若有能力和同台的其他演員及觀眾當場交流連結，就會懂得如何立體地展現自己，傳達出溫暖、自發性及優雅。感受別人的能量不是新時代的神祕主義，也不是科幻的超自然力量。科學已經證實，你我確實能感受到彼此的「肌肉知覺」。

「我們有某部分的神經組織是專門用來回應別人的動作。」艾蜜莉・克羅斯解釋：「人類的大腦以非常特別的方式發展出這種特別的神經迴路。」

研究顯示，當我們把別人的身體情境畫入自己的知覺動作系統（Sensorimotor System）時，資訊會從一個大腦流到另一個大腦內。[16]

「這是人之所以為人的關鍵因素。」認知神經科學家洛倫斯・帕森說，他做過許多研究，探討人類是如何辨識出其他人的身體活動傾向，以及在心理上是如何仿擬他人的動作。「人類這種生物的強項之一，就是社交連結很強，因此透過集體智慧，我們可以比其他生物具備更多技能和各式各樣的行動策略。我們感同身受其他人的能力很強，因此就算不靠語言也能汲取別人的經驗。我們不必花時間詳細解釋所有事情，就能理解到若該情況發生在我們身上，會是什麼感覺。」

「這類技巧是讓人類得以存活的偉大策略。」他繼續說：「如果你想知道走在森林裡要如何不被獅子聽見，你就要觀察別人是怎麼做的，然後想像自己依樣畫葫蘆的感覺，並仿效出來。這種感同身受的能力是一種非常重要，非常強大的學習系統，無論對個人、群體或整個生物族群而言。」

如帕森所言，在遠古的文化裡，所有人都要跳舞，一起創作音樂，因為集體唱歌和跳舞是傳遞文化的重要方式。而今的分殊化讓有些人成了專職的表演者，其他人只負責觀賞。從某種程度來說，這種感受他人之活動與內化複製的能力，讓我們得以參與曾經是集體的那些活動。

此外，我們多數人也不會過著特技演員般的生活，因此，當我們觀賞優秀的運動員時，就可以透過這種微妙方式來啟動我們自己的知覺動作系統。而且，這或許是唯一可以刺激我們原本具備，但已經處於休眠狀態的運動員天性的方式。尤其，如果所見的活動很優雅，那更是再好不過，因為它們會在我們的神經系統上留下亢奮的痕跡，並按下愉悅鍵。（當然，其他形式的愉悅也會啟動神經系統，比如很多活動和藝術都會使用突兀、斷續和粗糙的元素，這也可以呈現出美感。）

蘇格蘭哲學家亞當·史密斯對於共鳴，談得不夠深入。我們不只是透過想像來體會別人正在經驗的事情，其實也透過神經系統來體驗。這就是感同身受——感覺到別人的感覺——所源自之處。正如德瓦爾在他那本深富啟發性的相關著作《感同身受的時代：從大自然中學習建立一個更和善的社會》（*The Age of Empathy: Nature's Lessons for a Kinder Society*）中所提，身體會跟其他身體對話，身為哺乳動物的我們，會無意識地去配合別人的動作，打從嬰兒時期就有這種傾向。寶寶會同步模仿大人的動作，這點誰都曉得，如果你曾經對著寶寶，把自己的嘴巴嘟成金魚嘴。

哈欠的傳染力人盡皆知，而情緒的具體表現同樣深具感染力。如果有個朋友告訴你，她開車上路的過程有多痛苦，還比手畫腳描述打結的交通、惡劣的駕駛，你聽著聽著，很有可能肩膀會不自主跟著緊繃，還會配合她的激動節奏，點頭回應。此外，如果有人在訴說難過的事情，你會自然地往前傾，側著頭，專心聆聽，甚至因同情而濕濡了眼睛。

所以，運動員都知道在比賽前要避開那些焦慮緊張的對手和觀眾，免得被他們影響，讓自己的肌肉跟著緊繃。很多滑雪選手、自行車選手和賽跑選手在暖身時都會閉起眼睛，戴上耳罩，就是這個原因。

不過，身體的感同身受也有正面效果。去年聖誕節前夕，我家的暖氣系統壞了，這代表得等到過完新年，放完連續假期才能找人來修理。為了取暖，裹著毯子在屋內走來走去的趣味消失後，我們一家子整整一個禮拜冷到肌肉緊繃，還不自主地抱緊自己，對抗電暖器也無法紓解的寒意。但就在新年前夕，我家兒子的兩個朋友來訪。他們才剛在北極似的環境下騎完單車（其中一個還穿著短褲！）所以對他們而言，我家就像溫暖的避風港。他們一身邋遢地進到我家，笑臉嘻嘻，容光煥發，開心得意，那種全身髒兮兮卻精力充沛的模樣展現出一種毫不費力的優雅，徹底改變了我家的氣氛。

拿出桌上遊戲，端出烤箱內的起司通心麵，我們在熊熊壁爐前一邊看著懷舊的家庭錄影帶，一邊用餐。除了氣氛改變，男孩的高昂精神也感染了我們，大家徹底放鬆，說說笑笑，心情大好，連屋內溫度也愈來愈高，變得溫暖宜人。

人類天生就是社交動物，即便每個人的社交慾望程度不一。這就是為什麼單獨監禁能成為僅次於死刑的最可怕懲罰。人類永遠都會去注意別人的事，所以我們必須懂得辨識出優雅對身體和情緒的影響，正如笨拙與突兀也會影響身體和情緒。我們會去留意別人的動作，因此能感受到優雅舉止所散發的愉快氛圍。若以此方式來看待優雅，你就會發現，開門後幫後面的人撐著門，或者踏入會議室之前調整急促的呼吸，恢復鎮定，保持愉快情緒，或者看見某人遲疑地站在門口時，起身把他帶入團體中，這些都是很優雅的作為，不是嗎？我們的內心深處可以感受到優雅，那種感覺好極了，即便優雅是出現在別人身上。

身體上的感同身受可說是社會的黏著劑。長久以來團體中的領導人就有這種直覺。看看有多少團體，無論是孩童的夏令營或者管理階層的充電營，都是藉由肢體活動來展開營隊生活。我國小六年級時，每天早晨的集合時間都是以愛國歌曲來開場，大家站在桌位旁，大聲歌唱。我真希望這種傳統能延續下去，可惜的是到我孩子這一代，已經沒有這項傳統，即便他們和我念的是同一個學區。他們沒聽過我那個年代連睡覺都會唱的愛國民謠，比如〈我的國家就是你的國家〉（*My Country 'Tis of Thee*）、〈這片土地也是你的土地〉（*This Land Is Your Land*）、〈歷史悠久的偉大國旗〉（*It's a Grand Old Flag*）等。更重要的，這種由內而外發出樂音的活動，讓老師得以花最少的力氣，把一群毛躁的小鬼頭集結起來，讓所有人都歡喜開心。大家一同唱和，連肢體都協調配合。大聲歌唱的喜悅讓我們一早到校就變得優雅。

長久以來，肢體可說是人類的一種具象語言，這種語言所呈現出來的藝術和移情面，就是優雅。如俗諺所云，坐而言不如起而行，我們何不用行動，讓身體語言變得更輕柔、更圓潤，也更優雅呢？

舞蹈的世界把身體的感同身受提升到藝術層次。編舞家保羅・泰勒最受歡迎的一支舞叫《海濱空地》（*Esplanade*），這首舞的配樂是巴哈的E大調小提琴協奏曲以及D小調雙小提琴協奏曲。這兩首曲子細膩從容，但又帶點急迫感，就像要四處傳播重大訊息的螢火蟲窣窣飛舞。這樣優美的弦樂曲或許會讓你期待見到高貴嚴謹的舞蹈動作，但泰勒這支舞卻盡是行走、奔跑、或立定不動，或漫不經心跨過門檻等日常動作——這些動作以看似輕鬆自然及興高采烈的方式串聯在一起。最後一分鐘，舞者激烈狂喜地翻滾旋轉，把日常動作提升到不凡層次。泰勒說，他這支舞的靈感來自於他目睹一個女孩奔跑追公車。或許，他也目睹了她跌跤摔倒，因為他這支舞可說集摔跤之大成：舞者在舞台上不是往前撲倒，就是往後跌跤，一會兒旋轉，一會兒像天鵝入水般往下俯衝。

但泰勒讓我們看見，跌跤之後可以是飛翔，關鍵點就是節奏。舞者的跌跤只是其擺錘弧形軌道的其中一部分：他們跳躍騰空，落地跌跤，翻滾，然後又一躍而起。每一個動作的衝力讓舞者得以做出下一個動作，得以凌空，而且令人興奮的是，他們的動作讓觀眾也隨之飛翔舞動。沒多久，女舞者飛入舞伴的懷抱中，一個接一個，配合著巴哈的旋律一一跳躍凌空，讓我們的情緒也隨之遨翔。這絕對會是你見過最讓人亢奮的舞蹈，因為身為觀眾的你，絕對能感受到舞者的昂然情緒，甚至在某些片刻，你會覺得自己彷彿跟著舞者一起轉動、迴旋、擺盪，而且動作就跟呼吸一樣自然。

泰勒喜歡把陰暗面帶進他的舞蹈中，讓每一次的喜悅都蒙上隨時會消失的陰影。然而在《海濱空地》和他的其他舞目中，他都會呈現出令人欣慰的一面：就如同生命，不管多陰暗，只要透過優雅的動作和溫暖陪伴，最終都能把我們從幽谷深處拉上來。這點，科學和藝術都歷歷證明了。

第十五章　奇異恩典

不批評論斷的信仰

世上唯一要緊的，是優雅的仁慈，因為上帝的天賦是讓凡人受苦。

——六〇年代美國知名作家傑克・凱魯亞克（Jack Kerouac）

我不記得第一次聽到〈奇異恩典〉（*Amazing Grace*）是什麼時候，但我清楚記得何時開始注意到這首歌。

我十六歲那年，在美國國會擔任實習生，這個職位有很崇高的頭銜——民主傳令員——但其實我們只是一群長著青春痘，穿著藍色休閒西裝的小雜役，如果沒忙著在串連起國會各大樓的地下迷宮裡傳送包裹和文件，就是在討論該怎麼偽造身分證件，以便能進到喬治城的舞廳跳舞喝酒。當然啦，有時也會寫點功課。清晨我們會在國會圖書館的閣樓上課，國會圖書館所在的建物，是著名的湯瑪斯・傑佛遜大樓（Thomas Jefferson Building），這棟大樓往上漸縮的頂層，可說是融合了希臘羅馬風格，強調對稱、宏偉和秩序的布雜藝術風（Beaux Arts）。我們的學校就位於大廳的上方，感覺起來是個布滿灰塵卻復古浪漫的學校。每天早上我們會搭乘搖搖晃晃的電梯，去那個塞滿了手動打字機和古董級顯微鏡的地方，從高處窗戶瞭望對街那棟被晨曦蒙上粉紅暈彩，圓頂狀的國會大廈。

參議院會議廳旁邊的寄物處可說是我們的俱樂部，因為，若不是開會期間，我們就可以放肆地躺在皮沙發上，癱成大字形。我的工作隸屬於民主黨，該黨的寄物處職員大衛那時才二十歲出頭，以前也當過實習生。我們寥寥可數的幾個女實習生都很迷戀大衛。他的雙頰酡紅如玫瑰，儼然就是來自阿拉巴馬州的阿多尼斯（Adonis）⚜，個性淘氣幽默，一頭滑亮鬈髮就像十九世紀前拉斐爾派（Pre-Raphaelite）畫風的人物⚜——偏偏當時是一九七〇年代末。他有辦法對那些傲慢的國會職員甜言蜜語，雖然掛上電話後他會壓低聲音嘟噥「非常『幹』謝您」。他的午餐通常是油膩膩的烤起司三明治塗上厚厚的美乃滋。所有關於他的一切都是那麼頹廢狂野，包括這件事：他竟有辦法在週末弄到私人飛行執照。

那天週一早上，我們到了置物間，才知道大衛返航時飛機失事，他葬身火海中。

我們這些實習生總喜歡認為自己是大人，自以為比一般高中生更優越，總想跟他們劃清界線，但事實上，在很多方面我們也是一群迷惘輕率的孩子。撇開我們運送包

⚜ 阿多尼斯（Adonis），希臘神話中的美少年。

⚜ 前拉斐爾派畫風主張藝術應該回歸到十五世紀義大利文藝復興初期，強調細節、並運用強烈色彩。

裏時經過的一條條昏暗甬道和坑道不談，光是每天穿梭在更昏暗的國會地下室迷宮，就足以讓焦慮一籮筐的青少年多添一項焦慮，而這些，我們都得靠自己摸索熬過去。國會山莊裡沒其他年輕人，我們周圍盡是一些脾氣暴躁的老議員。他們老到下巴變得又寬又厚，還成天繃著臉皺著眉，一到置物間，就把嘴裡嚼的鬼東西吐在銅製的痰盂裡。大家一聽到他們沉重的腳步聲逐漸逼近，都會一哄而散。因此，不管從哪方面來看，大家都無法理解死的人竟然是大衛，而我更卡在這種情緒裡，無法走出來：我們每天見到的那些大人，多半離我們很遙遠，讓人很有壓力，而且，對我們來說他們更接近死亡，可是現在，死的人竟然是我們那個永遠神采奕奕，自由奔放的大衛。怎麼會這樣呢？

迷惘不解的我，對於實習生們為了紀念他而倉促舉行的紀念會沒多大興趣，參加時悶悶不樂，對台上的致詞感言也沒專心聽，直到一個我認識的女孩走到台上的麥克風前。這位來自密西西比州的國會實習生長得很漂亮，當過泳裝模特兒，會在宿舍房間內做臉保養。我知道她很相信橄欖油的好處，也相信耶穌基督。那天，她獨自上台後，以清晰響亮的女低音唱出〈奇異恩典〉。之後，一切都改變了。

這首歌的歌詞完全呼應了我的感覺，而這種感覺又和我人生第一次感受到死亡的怪異感覺交融在一起：奇異恩典，何等甘甜／拯救我這悲慘人／前我迷失／今被尋回

／瞎眼今得看見。⚜可憐、迷失：這就是我的感覺，原來，我並不孤單。這一刻，改變了一切，原本陰鬱的禮堂忽然變得寬闊無際，而那些把我往不同方向拉扯的分散力量消失了，取而代之的是連結歸屬的平靜感覺。我感覺到自己跟悠揚起伏的旋律、充滿力量的閃亮歌聲，以及四周的人合而為一。同時，我也不再自艾自憐，反而有一種奇妙的感覺。歌聲裡掌控得宜的情緒和真摯動人的情感鼓舞了我們所有人，也鼓舞了我。

我不是虔誠的信徒（我家的猶太教背景對我的影響其實很小），可是，當我聽著〈奇異恩典〉，我感受到了優雅的靈性面——它能安慰靈魂，讓人想起愛，是一道發亮的入口，讓我們看見自己以外的世界。〈奇異恩典〉絕對是英語世界最膾炙人口的一首歌，它以獨特的優雅方式，把希望的言詞訊息和活生生的體會融合在一起。無論誰聽到這首歌，莫不感受到一種渴慕和決心的悸動，即使不是基督徒，也一定能清楚感受到這股力量。這首歌之所以流行，部分是因為它超越了特定的宗教：打從歌詞創作以來這幾百年的期間，它撫慰過各種信仰的人，也經由民歌手、流行樂團的歌星，以及抗議人士的嘴巴傳頌不絕。一開始，它是美國南方浸信會教堂裡所唱的讚美詩歌——當時浸信會的信徒多半是經營大農場的白人——而後流傳進黑奴的週日敬拜會堂中，因為歌詞裡的解放訊息深深吸引了黑奴。隨後，它從非裔美國人的歷史走出

⚜這首歌已有固定的中文歌詞，但中文歌詞跟原文略有出入，為求忠實原文，在此稍加改寫了中文歌詞。

來，成為福音歌者和民權運動者的主題曲。[1]反戰運動少不了它，風笛樂曲當中也有它。蘇格蘭皇家近衛龍騎兵（Royal Scots Dragoon Guards）所屬的鼓號及風笛樂隊所錄製的歌曲中，永遠少不了它。不計其數的紀念場合，尤其二〇〇一年美國遭受九一一恐怖攻擊後，它更被反覆傳唱。一九八九年十一月，柏林圍牆倒塌，同年十二月二十二日，代表柏林和德國地標的布蘭登堡門（Brandenburg Gate）開放，西德總理由西往東走過布蘭登堡門，東德的最後一任總理在門的另一端迎接，象徵著曾經分隔分治的城市和國家終於邁向團結，在這歡欣喜悅，洋溢樂觀氛圍的一刻，德國人高唱的就是〈奇異恩典〉。

〈奇異恩典〉的歌詞創作者——十八世紀的英國詩人暨牧師約翰・紐頓（John Newton）——當初能預測到他的歌詞會有這麼大的影響力，會變得如此無遠弗屆嗎？或許，如果在他死後許久，他寫的詩詞沒被人配上現在大家耳熟而詳的旋律，這些歌詞就不會這麼廣為流傳，但不可否認的，一七七三年的新年那天，他在村鎮裡的小教堂，以他所寫的這首詩來傳道時，他的創作用意就非常清楚：他要頌揚上帝無盡的仁慈拯救了不配得救贖的人類。曾經是奴隸販賣商的紐頓感謝上帝在一場海洋暴風雨中解救了他，他這番遭遇就如同原本迫害基督徒的保羅，在前往大馬士革逮捕基督徒的途中，改信了基督教，從此終其一生受宗教靈性力量的感召。紐頓宣布他不再買賣奴隸，要獻身布道，傳遞跟愛、感恩和優雅有關的福音。

〈奇異恩典〉要讚揚的，究竟是什麼樣的宗教優雅？這個問題，當然可以從很多角度來談，就算是虔誠基督徒，也各有自己的答案。我的這本書把優雅視為一種天生氣質，但也可以經由後天培養而成——也就是去留意他人的優雅，而且不斷仿效練習——然而，許多宗教把優雅視為一種神授的天賦。對基督徒來說，這是一種最純粹意義的恩賜，也就是毋須任何付出，不是因為做了什麼才值得擁有的賞賜。不管你把自己的人生搞得多麼亂七八糟，都有可能獲得優雅的恩賜，只要上帝想把這項恩賜灌注到你身上，從祂的心，澆灌到你的心。

這種澆灌或者恩賜的概念，就內嵌在希臘文版的新約聖經裡的「優雅」一詞。希臘文charites的單數是charis，也就是「優雅」的意思，然而研究聖經的學者發現，這個希臘字的早期意思是「恩惠」，也就是某人給另一個人的禮物或者友善舉動。charis意味著肢體往外的動作，也就是以給予的姿態靠向或者傾向某人。（這個概念讓人想起古希臘神話「美惠三女神」，這三個次要女神帶著她們具有的喜悅和歡愉天賦，跟他人接觸。）charis是一個動態的字，在我看來，上帝的charis就像一首令人難以抗拒的舞蹈的開端——一首宇宙的恰恰舞。上帝伸出祂的手，邀請你來到祂身邊，並允諾會在你跌倒時扶你一把。上帝給你這種優雅的神聖恩賜，因此祂就像一個敏銳的舞伴，把祂自己獻出來，和你一起共舞。

優雅是「上帝自己的生命，是祂的獨特生命，是人類無功受祿所獲得的無條件恩賜。優雅之所以那麼重要，就是因為它是生命的源頭。」當我詢問紐約哥倫比亞大學所屬聖母天主堂的神父麥可・荷雷朗（Michael K. Holleran），優雅之意義時，他這麼回答。

「優雅也具有一種美學意義。藉由這種來自上帝的恩賜，我們的一切舉止才能展現優雅，」他繼續說：「而我們的思想、言語和行動也能因著優雅而產生變化。」麥可神父也是一位佛教師父，他過去二十年來嚴格遵守加爾都西會（Carthusian）修士的靜默戒律，此外，他還積極倡導這個教派的傳統——沉思冥想。這種作法看似跟優雅有所矛盾，但事實上動態優雅是這種傳統很重要的一部分。全知全能者把祂的神聖生命和愛給了我們，我們就應該把這種生命和愛傳遞下去，因為這種生命和愛，正是上帝和我們人類之所以神祕玄奧的根本原因。

「有好幾年的時間，我每天早上都會跳祈禱舞，隨著讚美詩歌本身的律動來跳舞。」他告訴我：「我就是無法克制自己。當我做彌撒，也是在跳舞，我用我的所有舞蹈動作來望彌撒。這是一種神性的舞目：我們的生命變成一支舞，有時古典優雅，有時像現代舞，但永遠都是那麼優雅，分分秒秒都那麼神聖。」

我們交談那天正好是二月十一日，也就是露德聖母紀念日（Feast of Our Lady of Lourdes）——為了紀念聖母瑪利亞在法國露德鎮對著一個女孩顯靈的節日。於是，我們聊到天主教的傳統祈禱文「聖母經」（hail Mary）。這個祈禱文一開頭的禱詞「萬福瑪利亞，滿被聖寵者」⚜指的是耶穌的母親，即聖母瑪莉亞，在居住地拿撒勒鎮（Nazareth）的行走姿態。

「她的身上散發出滿滿的生命力和愛，而且極為優雅，無人能出其右。」麥可神父說：「我們相信聖母瑪利亞扮演著輸送管道的角色，將神聖的愛源源不絕供應給人類。她就像佛陀，可以帶給人神聖的能量。耶穌的父母瑪利亞和約翰把神性之愛給了人類，而我們有責任把這種愛傾注給他人。所以，這是一種動態的過程，這就是為什麼舞蹈能充分表達這樣的愛。」

把愛無條件灌注給其他人，這種事做起來沒那麼簡單，但上帝有大能可以辦到，這種大能足以讓人敬畏，正如約翰・紐頓的動人詩句「……拯救我這悲慘人」。「我們經常等到人生一敗塗地後，才會敞開心胸接受這種愛，」麥可神父繼續說：「你知道的，就像常有人說：『啊，我的人生原本徹底搞砸，但上帝的愛澆灌了我。』對我們來說，就是這麼奇妙，而且原本就是這麼奇妙。這樣的愛是無條件的——真正的愛就該如此——我們承受了這樣的愛，深受鼓舞，也要以這種方式去愛別人，如此一

⚜ 這句中文禱詞已固定使用，原文是 Hail Mary, full of grace，意思是萬福瑪利亞，舉手投足盡是優雅。

來，世界就會變得不一樣。」

耶穌會神父詹姆士・馬丁（James Martin）經常出現在美國電視頻道「喜劇中心」（Comedy Central）的節目《荷伯報告》（*The Colbert Report*），並寫了一本暢銷書《耶穌會士萬事指南》（*The Jesuit Guide to (Almost) Everything*）。他也認為優雅就是伸出手，帶著愛去化解別人的困難。他說，優雅是「上帝自己與我們的溝通」。

「優雅代表我們得以一瞥上帝的模樣，若有機會遇見上帝，我們一定會覺得深受激勵、獲得鼓舞，並得著安慰。」馬丁說：「如此一來，我們的生命才能真正變得豐盛，不只能熬過低谷，還能發亮，做到你沒想過自己辦得到的事。」他提到最近主持了一個摯友的葬禮，從安慰喪家、寫悼詞到主持彌撒。「整個過程讓人身心疲憊。事後我回頭看，忍不住自問，『我是怎麼辦到的？』我想，答案是上帝的優雅。我的悼詞為何能安慰到別人？是因為上帝的優雅。」

雖然，馬丁每天都可以感受到優雅，但他發現當代人已經不再欣賞優雅的價值。「並非大家沒機會經歷到優雅，而是沒機會談論它，沒機會去思考它。大家每天匆忙來去，不思反省……總之，問題出在沒留意到優雅的存在。」中世紀固然有它的問題，但光是「每天留意神的存在」這一點，就很值得我們仿效。其實，這個世界到處都有上帝存在的跡象，只是現在的社會要我們不斷投入生產，讓自己成天忙得團團

對天主教徒來說，聖母瑪利亞散發出滿滿的生命力和愛，是優雅的來源。這幅圖是義大利畫家馬汀・斯貢高威爾（Martin Schongauer）在一四九〇到一四九一年之間所畫的聖母像。

轉。」說不定，我們該以認真工作的態度，認真地尋找周遭的優雅時刻？馬丁提供了一個小比喻：與其在鍵盤前寫電子郵件，倒不如停下來去關心考試考得好而興奮不已的孩子。想像一下他的感覺！以及你跟他一起慶祝時的感覺！這就是優雅。

那麼，優雅有具體的形式嗎？馬丁認為，答案是有的。「我認為，能看見生活裡的每個時刻都充滿優雅，並把每個時刻當成可以跟上帝相遇，這樣的人就是聖人。」換言之，那些能看見日常之美，視生命為奇蹟的人，就是優雅之人。

「沒能留意優雅，非常悲哀。」馬汀說：「優雅是一種體驗，要體驗任何事物的第一步就是去留意它的存在，正如我們耶穌會信徒說的，要去品味它。」

當我就優雅一詞詢問傑出的路德教派學者暨芝加哥大學神學院（Chicago Divinity School）的榮譽退職教授馬汀・瑪堤（Martin Marty），他引用了英國維多利亞時代的詩人暨耶穌會神父傑拉爾德・曼利・霍普金斯（Gerard Manley Hopkins）的詩來回答。這首詩名為「上帝的恢弘大能」，描述神的母性面，也就是藉由直接具體的碰觸——就像母雞照料蛋一樣——讓世界擁有美和優雅。詩的起頭如下：「上帝的恢弘大能讓世界注滿了能量。」接著演繹出這樣結尾：

儘管西方的最後一絲亮光漸淡暗微
喔，東方的灰褐天際卻躍起了光芒——
因為聖靈的動工
在溫暖的胸脯，以及，啊，一雙閃閃發亮的翅翼下，世界於焉孵
育而成。

瑪提說，這種呵護式的優雅其實也是一種力量，既給予指令，又同時釋放。在這種脈絡下的優雅，不是抽象概念，而是人類行動的具體展現。

「基督的愛控制我們。為什麼？因為那種愛也具有釋放的力量，」他說：「能釋放你，讓你突破界線藩籬。」他以教宗方濟各（Pope Francis）在被推選為教宗後的第一個復活節週，替窮人服務來為例來說明。通常，復活節前一週的聖週四（Holy Thursday，亦稱為濯足節），教宗會幫十二位象徵著耶穌門徒的神職人員洗腳，以紀念當年耶穌受難前替門徒洗腳的事蹟。然而教宗方濟各選擇了更謙卑的方式：他去義大利的一所監獄，替十二位受刑人洗腳，並親吻他們的裸足，這十二位當中甚至有穆斯林和女人。

「這就是優雅。」瑪堤說：「你要跨越界線，藉由優雅突破你心中的藩籬。」

猶太教律「托拉」（Torah）第一次提到優雅，指的就是挪亞。這幅《挪亞帶領動物進方舟》（Noah Leading the Animals into the Art）是十九世紀巴黎畫家弗朗斯瓦-安德雷・文生（Francois-Andre Vincent）根據十六世紀佛羅倫斯的詩人暨主教紀凡尼・德拉・卡薩對挪亞方舟的詮釋而繪成。

在這方面，優雅就像是藝術家的靈感。「音樂家和作曲家做的是什麼事？無非是去突破所謂的正常界線。為何要跳舞？幹麼不走路就好？因為要去突破局限。對於相信神性優雅的人來說，突破界線藩籬就是神性優雅的意義。」

伸出援手，帶著愛去化解別人的困境，鼓舞他人突破自己的藩籬，彼此看顧，彼此呵護——這些神性優雅的特質不只侷限於基督教。我曾詢問過一位猶太教拉比（rabbi，猶太教的祭司），猶太教對優雅的看法為何，他回答的重點如下：上帝的優雅讓我們得以輕鬆地做個好人。

「優雅這種特質能帶來愛。」史考特・佩爾羅（Scott Perlo）說道。他在「六與我」（Sixth & I）這間位於華盛頓特區、歷史悠久的猶太教會堂擔任猶太教課程中心的副主任。「如果你夠優雅，別人就會愛上你，因為你身上有一種難以捉摸，難以定義，但很特別的特質，而且你的行為舉止會因此增添特殊的美感。」

就以挪亞（Noah）為例。猶太教律「托拉」（Torah）第一次提到優雅——或者希伯來文的chen——所指的就是挪亞。這樣的舉例非常有意義：上帝喜歡挪亞，因此揀選他來掌舵那艘方舟，以躲避大洪水威脅。「挪亞在上帝的眼中看見優雅。」史考特拉比說：「主要是因為上帝認為挪亞這個人具有一種非常深刻的意義。什麼樣的意義呢？他虔誠、正直，看到上帝眼中的恩慈，因此上帝給了他無條件的愛。」

然而，就像與聖經有關的諸多事物，這個故事也有許多詮釋角度。「我想知道那些有分量的猶太教拉比對這個傳說的看法。」史考特拉比思索著，諾亞在上帝眼中看見優雅，指的到底是什麼意思。「有些人說這裡的優雅是指慈悲（compassion），而慈悲這個詞的希伯來文跟『子宮』有關，因此，這種優雅的愛就像母親的愛，毋須理由，或許類似基督徒的優雅概念。然而，也有人認為，是挪亞**做了**些什麼讓他獲得上帝的愛。」

史考特拉比則從這個角度來詮釋：「你應該知道有些人就是很難搞，不管你做什麼，他們都會不高興。然而，有些人卻很容易滿足，你做一點小事就能取悅他們。後者就是優雅之人。」或許在上帝眼中，挪亞就是這種優雅之人。這位拉比說，不管怎樣，上帝的優雅就是這樣展現的：上帝讓我們感受到自己被愛，被需要，我們因此能展現優雅。史考特拉比這番詮釋讓我想起麥可神父所說的，一個個接力，把優雅傳遞出去的動態概念：上帝用優雅澆灌我們，我們也應該讓優雅惠澤他人。

「展現優雅，」史考特拉比說道：「就是讓其他人也能變得優雅，或者看起來優雅。」換言之，優雅——也就是願意讓自己成為一個好取悅之人——是一項禮物。你把聚光燈給別人，然後瘋狂地替他們鼓掌，獻上玫瑰花。優雅之人能心甘情願地展現輕鬆自在，而不是基於批評論斷的心態。比方說，我和我的編輯約在火車站碰面，準備一起搭車前往紐約處理要事，結果我從家裡要出門前，電腦忽然壞掉，接著找不到鑰匙，或者連錢包都找不到，更糟的是，地鐵延誤，等我抵達聯合車站的門口——手上大包小包地艱辛爬著樓梯——發現候車室裡空蕩蕩，大家都上車了。但這時，我的編輯——大好人奈德——臉上掛著笑容，映入我的眼簾，而且毫無責備之意，甚至豪邁地一把抓起我手上的大包小包，帶著我奔進火車，及時達陣。顯然他認為我這樣氣喘吁吁，汗流浹背，緊張萬分地展開出差之旅，也無所謂。

他這種態度就是優雅。

「上帝慈悲又優雅，因此我們才能展現慈悲，令人喜歡，令人愉快。」史考特拉比說：「在猶太教的『托拉』教律中，優雅是一種特質，一種品德，也是一種可以給予別人的東西——給予的方式就是以優雅待人。『托拉』教律是否提到該如何展現優雅？似乎沒提到，因為這種特質難以捉摸，可是，每個人都辦得到。」

跟希伯來文一樣，阿拉伯語中的「慈悲」——rahmah——也跟「子宮」有關。我向費城聖約瑟夫大學（Saint Joseph's University）的伊斯蘭研究所教授歐梅耶・依絲拉・亞修格魯（Umeyye Isra Yazicioglu）請益伊斯蘭文化中的優雅時，她說，在伊斯蘭的傳統中，優雅一詞的最佳詮釋就是慈悲或阿拉伯文的rahmah。

「伊斯蘭教裡的神有九十九個尊名，每一個名字都象徵一種完美屬性，比如寬恕者，以及替無辜者伸張正義的人。」亞修格魯說，她著有《以當代角度來理解古蘭經中的神蹟故事》（*Understanding Qur'anic Miracle Stories in the Modern Age*）。「然而，在我看來最有趣的部分在於，古蘭經裡最常提到的屬性是『神乃慈悲之神』。這種觀點認為，整體世界和人類之所以被創造出來，是神的一種慈悲之舉。神透過祂慈悲的吐息創造了世界，而且持續地創造並供養整個世界。」

就如同基督教和猶太教，伊斯蘭教也認為，當我們以優雅待人，就能感受到源源不絕的慈悲和優雅。亞修格魯打了個比方：「假設我在妳面前做了丟臉的事，而妳為了顧全我的面子，當作沒看見，這就是優雅。當你以優雅來待我，你就是讓我有機會瞥見神性的存在。」

她說起英語帶點土耳其腔，呢噥聲音如漣漪波波，真難想像這麼迷人的女子會做出什麼丟臉的事，不過，這就是重點所在，她輕笑一聲說道。我們**每一個**凡人都是脆弱、敏感，容易受傷害。地球另一端的陌生人會讓我們擔心，新聞裡別人的悲痛不幸也會讓我們沮喪焦慮。動物不會被不相干者的遭遇所影響，但人類會。然而，這種脆弱，以及想要獲得安慰，渴望別人也得安慰的需求，正是優雅之所以甜美的主因。正因為我們很需要優雅，所以被人優雅以待時，才會感覺那麼愉快。「所有人都需要友伴、愛和寬恕，因為我們內在深處非常脆弱，這種脆弱本質會讓人很痛苦，除非我們能了解到，我們**生來就有權利享受優雅**。」亞修格魯說：「我們應該敞開心胸，去接受各種形式的慈悲，去享受療癒和寬恕，感恩和安全感。」

我進一步問她，在伊斯蘭的傳統中，神性的優雅可以靠著努力付出和良好品德來獲得嗎？「在某些方面，可以，但也可以說不行。」她說：「這世界就算沒有我，也照樣運行，但，顯然神認為這世界少了我依絲拉，就會缺少什麼，所以讓我來到這個世界。這就是一種純粹的慈悲心，但必須敞開心胸才能感受得到，而且要願意且有意識地以這種慈悲來對待他人。」

她提供一個例子。「關於神的優雅，有一種神祕主義式的說法：神的優雅就像滂沱大雨從天而降，澆灌我們，但靈性導師補充一點：你必須把籃子正面朝上，才能接收神的雨水。要裝滿籃子，得有積極作為，也就是要敞開你自己。」

說到這一點，就得回頭去擁抱人類的脆弱。亞修格魯說：「日常生活中，我們經常認為，要滿足自己的需求，非得犧牲某人的需求不可，這是競爭繁忙的世界所必然有的法則之一，然而，有另一種觀點認為，這個世界豐盛不缺，所以每個人的需求都能獲得滿足。而且，你的需求能否被滿足，也跟我息息相關，所以，非得見到你快樂，我才能完全安心。這種觀點會讓人類覺得自己很脆弱，但也因此有更多機會去體驗並展現慈悲。」

可以確定的是，所有具備至高存在體概念的宗教，其核心議題必然是人類的脆弱性。凡人肉體比至高力量更脆弱，因此可以想見人類發展出神性優雅的概念。對於較軟弱和脆弱的人類來說，領受上帝的優雅能讓一切變得更容易承受，無論是忍受生命本身的種種，或者忍受他人。

然而，並非所有的宗教都有優雅的傳統。我去請教羅格斯大學（Rutgers University）的印度教教授艾德溫・布萊恩特（Edwin Bryant）時，他提到有些印度教派強調密集的冥想，這種修行方式「幾乎是禁慾苦行式的，比如住在樹林裡，幾乎不吃喝，也把呼吸降到最低限度。」他說：「這些並不是優雅的傳統作為，靠的是意志力和心靈的控制力。」然而，在最為人所熟知的古印度聖典《博伽梵歌》（*Bhagavad Gita*）中，上主克里希納（Lord Krishna）在幾個關鍵時刻提到了優雅（優雅的梵文為prasada），並特別將它與自在串聯在一起。布萊恩特教授說，本質上，印度教認為，虔敬信仰克里希納這個至高絕對之神，祈求並獲得祂的優雅和慈悲（也就是印度語的bhakti），這樣的作法會比謹遵教規的儀式性作法或冥想更容易達到開悟境地。

在《博伽梵歌》中，勇士王子阿朱那（Arjuna）在戰爭前夕尋求上主克里希納的指引時，上主告訴他：「讓我來修復汝之心，我的優雅會讓汝克服萬難。喔，阿珠那，上主住在萬物萬靈的心……透過祂的優雅，汝得以獲得至高平安及永恆駐所。」[2]「汝應來尋求我。」克里希納告訴這位憂心忡忡的勇士。[3]從這些蝕刻在歷史上長達數千年的話語，你可以感受到它們帶給人的慰藉，以及優雅。

「對我來說，優雅無關乎宗教。」網站「信仰」（OnFaith）的創辦者暨編輯莎莉・昆恩（Sally Quinn）說。她認為自己信仰的是靈性，而非宗教。對她而言，最能彰顯優雅的地方，是在那些充滿愛，能給人帶來滋養的行為舉止，以及最振奮人心的驚喜時刻。

昆恩告訴我，她丈夫過世前的那幾年，她才真正經歷到優雅。她的丈夫班・布萊德利（Ben Bradlee）是《華盛頓郵報》的前總編輯，領導報社長達二十六年，報導過美國前總統尼克森竊聽政敵的「水門案」醜聞，讓該報成為聲譽卓著的媒體。我稱不上認識她丈夫，因為在我進《華盛頓郵報》之前他就退休了，但偶爾仍會見到他在報社的走廊上悠哉踱步，臉上掛著大笑容。在假日派對上，他常是最具時尚風格的人，人物專訪或藝術相關報導若出現他，都能提高閱聽率。然而，這位素以迷人風采和充沛活力著稱的名人卻開始面臨癡呆症的威脅，在人生最後二十年，他時而清醒，時而癡呆，到了晚上情況更糟。昆恩說：布萊德利會出現幻覺和一些精神病的症狀，常尖叫著醒來，手腳揮舞，亂打一通。所以，他永遠都不能一個人獨處。

「對我來說，照顧他的那段時間是優雅的。」昆恩說。布萊德利於二〇一四年十月過世之後的兩個月，我去他們位於喬治城的豪宅拜訪了他的遺孀，我們坐在成排書架的書房裡聊著他。比妻子大上二十歲的布萊德利，享年九十三。昆恩曾夢見丈夫，在夢裡，她問他，你還好嗎？需要什麼嗎？看來她仍忘不了照顧他的那段日子。

「那段期間帶給我的感覺，嗯，說**愉快**也不對，畢竟他的情況每況愈下。」她說：「但我真的很滿足，雖然痛苦，但精神上很充實。」每天早上，她必須幫他穿衣服，幫他梳頭髮，她說，他們兩個人都很享受那種親密時光。

在華盛頓國家教堂舉行完布萊德利的葬禮後，昆恩和家人開車到他所埋葬的墓園。他們的一個孫子走出教堂時，發現午後的雨中出現一隻八角鹿，靜靜地看著他。多麼優雅又撫慰的畫面啊。

在和這些具有靈性層次的人談話的過程中，我開始更加明白，優雅是許多人類所珍視的價值的根基，即便信仰、文化、傳統各有不同，有的人相信有神，有人不相信，有人持懷疑論，有人尋求神，這些都無損於這個共通點。令人讚歎，給人安慰的自在和優雅，透過很多方式出現在人類的故事中。我打從心底認為，宗教對優雅的描述非常美，而且對我來說很熟悉，因為它反映出我長久以來對於優雅的直覺觀點。尤其是這種觀念：優雅是一種神主動給予的恩賜，無關乎你的努力或價值，就像你給孩子或心愛的人，一種永遠源源不絕的愛，即使他們做出讓你抓狂的事。比方說，我那天深夜被警察打來的電話吵醒，因為我孩子的朋友去他的住處過夜，一群人卻飲酒狂歡，有人吐了一地。我的孩子出去買紙巾，想把地毯清乾淨，沒想到唯一仍開著的商店在州公路另一側，而政府規定未成年不得在半夜在那裡出沒，因此警察逮捕了他。聽到這種蠢事，我鬆了一口氣，內心交雜著感激、開心和愛的情緒，但只能對著電話語無倫次，結結巴巴地應對。這種感覺就是優雅，從宇宙澆灌而下，浸潤你，也從你的身上滿溢而出，讓黑暗中有了輕鬆自在感。那個布滿星星的寶石藍夏夜，因著優雅而暈染上繽紛色彩。

生命和宗教中的神祕，如瀑不絕。對我來說，優雅就是最深層的神祕經驗。優雅的概念不只深植於俗世中，也根植於宗教和靈性領域，而且輕鬆地遊走在這些領域之間。看看十八世紀的英國詩人暨牧師約翰・紐頓所創作的詩句〈奇異恩典〉，如黃蜂飛行般散播到世界各地，流傳了數世紀。還有，看看優雅在任何信仰傳統中的不朽地位。這就是優雅最不可思議之處：它無遠弗屆，跨越時空和宗教種族的藩籬。

第十六章

躍入優雅
優雅人生的小技巧

哀嘆啊，若優雅為世人遺忘，一切都枉然。

——莎士比亞，《一報還一報》（*Measure for Measure*）

優雅是一種最純粹的風格，它真的很簡單，沒什麼複雜的。如果你能留意到他人的存在，考慮到他們的感受——就像母親教導我們的——如果你能努力融入他們的人生故事和需求中，而不是只在乎自己，那麼，優雅的大門就會為你敞開，而你，就能優美地站在門口，迎接它的到來。

到目前為止聽起來還不賴，然後呢？

嗯，接下來要檢查你的姿勢。從本質上來說，儀態就是一個人的觀點。你的站姿會反映出你的生活態度，而你的感覺會影響你的動作。

「從背部，我們就可以看出一個人的性情、年紀和社會地位。」法國小說家暨文評家路易・埃德蒙・迪朗蒂寫道。[1]他的畫家好友竇加就對人的背部很著迷，尤其是常年定居於法國的美國印象派畫家瑪麗・卡莎特（Mary Cassatt）的背部。竇加替他這位藝術家同儕畫了兩幅她在羅浮宮裡凝視名畫的畫作和十多張素描，這些畫作證明他對這個主題的強烈興趣和密切檢視。

在這些畫作中，卡莎特都是同一種站姿，由此可見她的姿勢吸引了他。他以她為主角的作品多半是從後面來描繪她，因此可以清楚看見她完整的脊椎線條、背部的曲線弧度，以及雙肩放鬆往後挺，一手自然下垂，另一手隨興地握著雨傘，還有她若有所思地側著頭，身體各部位呈現優雅和諧，整個人看起來自信獨立的體態。在展覽室裡，那一幅幅鑲著金框的名畫或許令人生畏，或者讓人緊張有壓力，但她卻一副從容自在的神情。

想要舉止優雅，就得從姿勢開始留意起。「我喜歡去琢磨舞者的動作，」著名的舞蹈老師瑪姬・布雷克（Maggie Black）曾這麼說：「如果站姿不正確，我想琢磨也無從琢磨起。」[2]一九六〇年代到一九九〇年代，她的學生從紐約各大舞蹈教室慕名而來，因為她是從解剖學的角度來教舞，強調簡單自然的動作。而這正是舞者最該開始的地方。

不良的姿勢會讓你被地心引力拖累。當然，地心引力永遠都在，誰都逃不掉它的影響，然而優雅的姿勢在某種程度上確實可以對抗地心引力。姿勢若優雅，你的動作就能看起來像在飄，或者起碼外表精實輕盈，不會鬆垂弛垮。

我非常相信姿勢具有神奇的轉化效果。我從小就脊椎側彎，醫生說我有可能一輩子都得穿腰背護具，但事實上，我從來沒穿過，而我要把這歸功於芭蕾舞課。我八歲時開始練芭蕾，十二歲時開始密集投入這項藝術形式。高中時，我一星期上六天芭蕾，一天兩小時，跟芭蕾老師碰面的時間比我爸媽還多。從此之後，沒有醫生再跟我提起過脊椎側彎的問題。這可以證明芭蕾能治好脊椎側彎嗎？恐怕不行，不過，它確實拉直了我的脊椎，這點無庸置疑。芭蕾的姿勢根基就是垂直的直線，所以，從一個街口外的某人的站姿，你可以看出他可能是舞者。不管舞者的年紀或跳舞年資，每一堂課堂的第一要務就是姿勢。在古典芭蕾中，腳盤、雙腿和手臂的每個姿勢都要從深吸氣做起，因為深吸氣可以提起脊椎和腰部，把上半身帶離骨盆腔。所有自由流暢的動作都是從這種延伸的軀體和輕盈的體態開始。

後來上了研究所，我不再練芭蕾，結果你猜怎麼著？我的背開始偷懶，只要走太多路就會隱隱刺痛，生了三個孩子後，情況更加嚴重。懷第三胎時，大腹便便的我走起路來更像雜耍團的小丑，必須一手扶著背，如鴨子般搖搖晃晃，痛苦不堪。幸好這世界有魔鬼沾托腹帶這種東西，這真是老天爺賜給我的好禮物。

接下來幾年，我開始游泳，背慢慢挺直了，但真正讓我完全消除不適和僵硬的，是瑜珈，因為瑜珈就像跳舞，非常著重於姿勢。我衷心推薦大家做瑜珈。我喜歡瑜珈的地方在於它也強調內在狀態，要專注於呼吸，讓心靜下來，而這兩點正是優雅和沉著儀態的重要關鍵。瑜珈的動作（或稱為體位法）的用意是要打開身體的各個角度，以便把緊繃的地方放鬆，同時建立身體意識，讓你能留意身體的活動，以及身體對情緒和外在的影響。呼吸練習則可以擴展你的內部組織和器官，除了具放鬆功能，還能讓人更有活力。正確的呼吸——提起胸膛，把氣吸入腹部——也能延長脊椎。如果把意念專注在呼吸一段時間，去感受你吸入的空氣一波波緩緩地流過你的身體，你就會明白這種一收一縮，飽滿而後放空的感覺為何那麼重要，是優雅舉止之所以活潑又冷靜的重要關鍵。

我很喜歡這本書，《姿勢的新準則：當代社會該如何坐、立、行》（*The New Rules of Posture: How to Sit, Stand, and Move in the Modern World*），該書作者瑪莉・龐德（Mary Bond）以前是舞者，後來取得羅夫結構整合學院⚜的治療師資格[3]。她以清晰易懂的方式來解釋覺知、穩定度和健康姿態的原則，並強調輕盈與自在。

有很多活動可以讓你變得優雅，改善你的舉止姿態，如果你把這些活動的技巧運

⚜ 羅夫結構整合學院（Rolfing Institute of Structural Integration）強調深層肌筋膜和意識對話的按摩療法，創始人是二十世紀的美國生化學家 Ida Rolf。

用在日常生活中。最重要的是，找到你想從事的活動。對我來說，游泳是我很喜歡的運動，在沁涼的水裡優游穿梭，那種沒有重量，全身延展的感覺舒服極了。太極，強調的是緩慢、寧靜、連續不中斷的動作，加上那種站立式的冥想狀態，讓太極拳被譽為最優雅的運動也不為過。而且，據說太極拳可以降低壓力和焦慮，增強身體的柔軟度及平衡感——這正是優雅舉止的關鍵要素。我個人對太極拳有莫名的好感，可能是因為我的哥哥長年累月練習，甚至成為太極拳老師，還拿過太極拳比賽的冠軍。他的儀態很美，舉止有卡萊．葛倫那種泰然自若，從容鎮定的優雅氣質。

舞蹈課和打太極拳之前都要先來一段柔和緩慢的暖身動作，就連合唱也是，而最佳的暖身就是所有人一起深呼吸。如果所有人都能在同時間深吸或深吐，就能把大家的節奏調整到和諧狀態，有助於接下來要進行的活動。穩定的呼吸可以讓你不用那麼費力，讓你有輕鬆自在的感覺。最近在瑞典進行的一項小規模研究發現，合唱團團員若能整齊地慢慢呼吸，其心跳節奏就會變得一致。[4]這種心臟與呼吸相互關連的現象稱為呼吸竇性心律不整機制（RSA，respiratory sinus arrhythmia）。「呼吸竇性心律不整機制」在生理上具有舒緩作用，也對心血管有正面效益。瑞典的神經科學家發現，當合唱團一開始唱歌，團員之間的心跳會彼此配合，並出現一種任何合唱團員都知道的感覺：團體合唱會讓人心情愉快。

瑜珈則是公開蓄意地運用這種機制——上課前，大家會一起深呼吸，並齊聲吟誦「唵」⚜。事實上，你毋須接受梵咒祈禱文中的靈性意義，只要和大家一起吟誦這個音，就能發揮它具有的基本生理功能，達到集體吸吐的效果。而且，這個字聽起來很悅耳，能帶給人舒服平靜的感覺。

我有個同事的腳踝常年病痛，大家都告訴他，一輩子大概就這樣，不可能變了。這種想法絕對錯誤。你若真心想改善站姿和步態，找到一種能讓你一生受益的優雅柔軟儀態，不管幾歲開始都不嫌晚，而且做起來並不困難——又不是要你蓋金字塔或者負責提振經濟景氣。除了一些需要專家才能辦到的情況，我們多數人只要有正確的覺察力，切實執行，就能擁有優雅的體態。良好的姿勢還具感染力。如果你家有幼子，你在體態姿勢上所做的努力也能讓他們受益，因為他們會模仿父母的所有身體語言，就像模仿父母的臉部表情、姿勢，以及緊繃或放鬆的舉止風格。總之，孩子會仿效父母的姿勢習慣。[5]

姿態是一種持續不斷的動態過程，不是固定不變的。所以，只要用心去琢磨，一定可以改善。不過，首先要屏除僵化死板的觀念。良好的姿態應該是很舒服的，很有平衡感，而且流暢自然，感覺優雅輕盈。我在此提供一個很簡要的方法來教各位。首先，找面牆壁，背靠著牆，你的頭部、肩胛骨和尾椎應該要能碰到牆壁才對，現在，

⚜ 唵的英文寫法是 OM，發音為拉長的「歐」音加上英文 M 的尾音。它最早出現於印度教經典《吠陀經》，意思是宇宙出現的第一個音，亦即宇宙萬物皆由 OM 的振動而出現。

往旁邊挪步，然後再回到牆壁的位置，深吸呼，感覺上半身沿著脊椎慢慢往上提。想像頭頂上有一條線把你往上拉。你的頸背肌肉柔軟了，肩膀放鬆了，而且可以往外開展，微微下垂，不再緊繃聳著肩。這種動作溫和細膩，相反地，若是強迫肩膀往後挺、往下壓——像軍人那種站姿——會讓你的脖子緊繃，頭往前戳。現在，想像你的肩膀慢慢滑到你深呼吸時它該在的位置，並且微微挺胸。

接下來，想著你的中段身軀，想像它的四周被某種能塑形的東西舒服地支撐著。我曾聽電視劇《唐頓莊園》裡的一位女演員說，在劇中她們會穿上束腹，讓該時代所流行的襯衣強迫她們站得更挺更高。你要的就是那樣的畫面。不是女星瑪丹娜所穿的那種囚禁奴隸似的鐵格衣，而是時尚內衣公司賣的那種包覆型的塑身內衣。記住，我們要追求的不是僵硬的肢體，而是優雅的動作。所以，你要讓身軀有一種被溫柔彈性的東西給擁抱的感覺，彷彿肚臍被拉向脊椎。

最近大家很強調核心力量，我不否認核心肌群夠力所能帶來的好處，然而，六塊腹肌跟優雅其實毫無關係。你確實需要足夠的腹部力量才能支撐起上半身，讓自己顯得輕盈，所以適當的腹肌訓練是必要的，不過當你在收縮腹部肌肉時，也要想到訓練大腿的力量：想像你的身體從髖骨往上挺（這種感覺很微妙；但不能縮骨盆喔），提起你的股四頭肌，並抬起膝蓋和腳踝，不讓它們往內或往外旋。把重心放在腳盤的正上方。通常，我們習慣把身體的重量壓在腳踝上，因此你可能得把重心往前挪一些，才能把重量放在腳盤的上方。

把注意力放回身體上，讓身體的每個部位都能各司其職，如此一來，只靠一點點的空氣緩衝力，就能有身輕如燕的感覺，彷彿懸立在空中，毫不費力就能挺直身體，從頭頂往上延伸出去。

幾年前，我訪問過百老匯兩齣最歷久不衰的歌舞劇《貓》和《歌劇魅影》的編舞家吉蓮・琳恩（Gillian Lynne），那次的訪談經驗非常愉快。在百老匯歌舞劇之前，她曾是英國百年戲院沙德勒之井旗下的芭蕾舞團的團員。即便我在咖啡館和她見面時，[6]她已屆八十二高齡，但依舊不斷追求優雅儀態。她纖細苗條，雙腿修長，精神飽滿，外型看起來像羅馬炮竹（Roman candle）般細細長長。我們道別前，她在我心中留下兩個精彩的姿勢，從其中之一就可以看出她的活力：她站著，雙手合掌放在大腿之間，然後把手當成韁繩，套在鼠蹊部，高喊著：「往上提！往上提！我可還不累！」

另一個就是她告訴我，要隨時想著「奶頭著火了！」

「我以前就是對我的演員這麼喊。」琳恩說：「進入表演空間的第一件事」——說到這裡，她挺起胸口——「就是必須熱情如火，熱到彷彿奶頭著火了，用巨大的能量把觀眾的情緒帶起來。」

良好的姿勢可以讓你看起來更高、更瘦、更有信心、更優雅。而且，好處不只於此，它還能讓你更健康，因為良好姿勢可以讓血液流動更順暢，強化呼吸功能，減輕背部肌肉、韌帶和椎間盤的壓力。[7]不良的姿勢不只看起來無精打采，對健康也有害，會讓你頸部疼痛，降低活動程度，降低心肺功能和新陳代謝。[8]二〇〇七年八月所出版的《神經科學期刊》（*Journal of Neuroscience*）裡的一篇研究報告指出，身體鬆垮地坐在桌子前，或者不良姿勢所造成的頸部肌肉緊繃，都會使得血壓上升。[9]同樣地，久坐不只會讓人駝背，身體鬆垮，還會影響你的儀態。甚至有研究發現，久坐對健康是有害的，比如二〇一二年《美國臨床營養期刊》（*American Journal of Clinical Nutrition*）的其中一篇研究指出，坐愈久，因心血管疾病或癌症而死亡的機率就愈高。[10]

所以，讓奶頭著火吧，優雅地往前衝。這絕對是有益的。

古希臘時代的醫學之父希波克拉底（Hippocrates）說：「走路是最好的良藥。」良好的儀態可以給人振奮感，走路的姿態也有同樣效果。如果你觀察別人走路，會發現多數人的身體重心都往下壓在臀部上。為了平衡往下墜的重心，我們的肩膀、脖子和頭會往前傾，這是一種很不優雅的體態。身體垂垮，重心陷在臀部，整個人就提不起勁。

身體中段是能量力氣的推進來源，所以，如果身體中段是垮的，身體的力量就會跟著垮。軀幹應該要有一種適當的緊繃，也就是所謂的收腹提肛——提起腹部，臀部有對抗地心引力的感覺——這樣一來，你的肩膀就能放鬆，微微下垂，整個人看起來不會像皮膚底下塞了一個大衣架。想像你的前胸和後背像束腹的兩片緞布，如三明治般緊夾著軀幹。

照理說走路是件愉快的事，而且或許稱得上是人類最原始、最徹底的優雅展現方式。我們一生都要走路，走路讓我們得以經歷這個世界，讓我們得以探索、思忖，跟別人互動，並刺激我們的神經系統，滋養我們的靈魂。走路的自在感可以透過身體和精神狀況表現出來，這是人人都可以擁有的專屬優雅，是你有權利獨有的喜悅。所以，能走就盡量走吧。

況且，好的步態也能讓人看了精神百倍。

如果你還沒有走路的習慣，請慢慢開始培養。我每天都會游泳，原本我認為自己的身材算精實，可是幾個月前當我開始認真把走路當一回事——也就是每天穿上已經在鞋櫃躺了六年的運動鞋，沿著人行道大步快走三公里左右——我立刻出現跟腱炎的症狀。這時我才想起原來我之所以喜歡在水裡運動，是因為游泳不會讓我身體痠痛。

因此，運動鞋的好壞會讓走路大為不同。

想要健康地大步快走，最需要的就是一雙適合跑步的專業運動鞋。現在很難找到單色的運動鞋，每一雙都色彩繽紛，所以賣我鞋子的店員——他是個越野跑者，約莫是大學生的年紀——已經不再抱著可以挑選單一顏色的期待。不過，我還是逐漸愛上我新買的這雙彩色運動鞋，檸檬綠配上鮮橘。

不管在什麼情況下，如果你想保持優雅，你所穿的鞋子必須能讓你輕鬆走路，否則就別奢想能展現優雅。法國導演路易・馬盧（Louis Malle）在一九五八年電影《死刑台與電梯》（*Elevator to the Gallows*，原法文名稱：*L'ascenseur our l'echafaud*）中，清楚告訴觀眾這一點。在電影中，哀怨寡歡的美女踩著尖頭高跟鞋，徹夜在巴黎街道上碎步奔走。照理說，觀眾應該認為她的沮喪是因為她怎麼找愛人都找不著，但我認為她之所以痛苦難受，部分是因為腳趾被擠壓在折磨人的小小空間中。導演馬盧這種安排，呈現很強烈的戲劇效果，讓我看著女主角珍妮・摩露（Jeanne Moreau）勉為其難地跨出一步，我的臉就會痛苦地縮皺一次。

事實上，我每天在華盛頓的街道上都會見到許許多多的摩露：她們走路時侷促僵硬，身體彎成難看的角度。有一年冬天，我見到一個年輕女子，彎著膝蓋，痀背駝腰，活脫脫像連環漫畫裡的人物。而她之所以有這種體態，是因為她穿著四吋高的魚口高跟鞋，踩在雪地上，一邊低頭看著手中的手機，另一手拖著身後的幼兒，準備跟著人群穿越繁忙的馬路。這絕對稱得上最可怕的儀態災難，簡直慘不忍睹。她踏出的每一步都那麼費力，因為她必須設法用一個極度細錐狀且不穩固的基座來支撐身體這種可以移動的構造體。朋友啊，行不通的，除非妳是碧昂絲或者有練過的變裝皇后。沒有非凡的體力，異於常人的腳盤長度和厚度，是不可能駕馭恨天高的呀。如果那四吋的高度是平均分散在尺碼十一號的大腳丫，感覺起來或許不會那麼誇張，但即使這樣，在雪地穿著四吋高跟鞋，還是會讓人苦不堪言。

踩著細跟高跟鞋，走得搖搖晃晃，不可能有優雅可言，反而會讓別人怎麼看你怎麼不舒服，還會讓你一整晚背痛。小姐們，自信與自在，這才是王道。去找一雙能帶給你自信和自在，不會毀了你體態的高跟鞋。其他的，就斷捨離吧。

不要為了故意展現性感、青春和高貴，而毀了你的腳、膝蓋和自然而然的優雅體態。頂尖的時尚設計師都懂得欣賞優雅的舉止，現在有些甚至會追求能展現優雅的舒服鞋子。在二〇一四年巴黎的時尚秀中，香奈兒（Chanel）和迪奧（Dior）雙雙讓模特兒穿著高檔的可愛運動鞋，在伸展台上展現最新的時裝。另外，秋季的平面時尚廣告中，有一則讓人極為驚豔：沒穿絲襪的模特兒，穿著香奈兒的裙子套裝，踩著一雙跟裙裝搭配起來也不突兀的慢跑鞋，擺出奔跑姿勢，步伐跨到下一頁。她們的胸肩昂挺寬闊，腰身精實纖細，有如古希臘雙耳細頸瓶上所繪的跑者。

希臘人知道如何強調身體的美和優雅，這點從很多地方都清楚可見，比如雙耳細頸瓶上那些讓人敬畏如神的裸體運動員，以及古希臘名雕刻家普拉克西特列斯（Praxitele）的裸體雕塑。這些雕塑品上常披掛著布料，用來強調或遮掩部位，以及襯托身體曲線和流動線條，掩飾一些棘手的轉折處，讓僵硬的石材也得以展現優雅的律動。透過衣物，我們活人也可以達到同樣的效果，比如捨棄牛仔褲和緊繃的衣服，換上具有流動感的衣物。

畫家暨裝飾藝術家瑪麗亞・歐姬・杜林（Maria Oakey Dewing）在其著作《衣著之美》（*Beauty in Dress*）中寫道：「每個女人都要記住，一件衣服之所以美，並非因為布料昂貴或裝飾奢華，而是因為和諧的色彩及優雅的剪裁，而且款式符合穿衣者的風格和需求。」她在一八八一年寫下的這句話，迄今仍適用。

具動態感的衣服可以解放身體，並吸引他人目光，也能製造出驚豔效果。比如A字裙、有流動感的褲子、長版襯衫式的洋裝，這些衣服都能巧妙地讓布料和空氣加以融合，讓你跨出去的每一步都有節奏律動。

我曾參加一場以三〇年代包浩斯風格（Bauhaus）為靈感的時尚秀[11]——強調大膽能量、簡潔和現代感——會後，我跟知名設計師卡羅琳娜・海萊娜聊起具流動感的衣服。那年，參加紐約時尚週的設計師當中，就屬她的作品最吸引我。在卡羅琳娜・海萊娜的作品裡，你永遠見不到前衛元素，但絕對可以找到具永恆價值的風格——乾淨典雅，沒有過度裝飾，一種不會咄咄逼人的柔性優美。海萊娜說，她所設計的衣服之所以有流動感，是因為她的女性觀點。

「女人不喜歡身體像構造體的感覺。」海萊娜說，並以雙手比劃出箱子形狀來輔助說明。「氣勢焰焰，四四方方的，不喜歡。」她接著說：「如果身上的衣服有流動感，你的舉手投足都會變得更流暢，我幫芮妮設計衣服時，就是秉持這種想法。」女星芮妮・齊薇格（Renee Zellweger）參加有時尚奧斯卡之稱的「紐約大都會時裝慶典」慈善舞會（Metropolitan Museum of Art Costume Institute Gala）時所穿的露背鑲金邊禮服，豔驚四方。

具有流動感的衣服所展現的優雅自在，可以讓全世界感受到你能怡然恬適地面對周遭環境和自己，即便事實並非如此。一九〇〇年代初期，法國設計師保羅・波烈（Paul Poiret）焚燒了束身衣，讓女性從緊錮的鋼托解放出來，改穿舒適的胸罩。他的時尚風格——從希臘羅馬時代的長袍及日本和服中擷取靈感，所設計出來的T型寬鬆禮服——是為了頌揚沒被束腹箍綁的女人所展現的自然優雅。數十年後，傳奇時尚設計師豪斯頓（Halston）就汲取了保羅・波烈的寬鬆簡約風格。想要更優雅，請拋開那些合身的針織衫和緊身褲，改裝寬鬆的衣服，或帶點飄逸感的裙子吧。

「現代人的生活風格變得很隨興。」設計師馬克・巴傑利（Mark Badgley）告訴我，當時我去參加他和詹姆士・米詩卡（James Mischka）合創的品牌「Badgley Mischka」的春季時尚秀。這場時尚秀標榜的是衣服的曲線弧度比滑水道更多，而流暢度也不輸滑水道。款款飄動的薄紗上衣搭配雪紡綢的褲子；以困難度較高的斜裁（cut on the bias）剪裁所製作，並強調奢華皺褶的修長禮服。巴傑利說，女人穿上這件衣服，「舉手投足就會完全不同於穿著牛仔褲和T恤到處走。」而且，這時她唯一需要的配件就是輕微地搖擺臀部。

男人也能從更優雅，更有流動感的剪裁風格中受益。男性的服裝之所以不容易展現優雅，是因為過去使用太多布料所造成的膨脹感。我和頂尖的男裝設計師麥可・巴斯提安（Michael Bastian）曾就男裝的各個面向交流討論，包括西裝的布料、剪裁和動感，以及男人穿上後應該要有的感覺。

「過去二十年，美國男士所穿的西裝都過大。」巴斯提安告訴我：「穿錯衣服，就會有過多不必要的動作。」比如西裝的袖籠處⚜若能提高一點，穿起來會更舒服，減少膨脹感，如此一來，「每次移動時，就不用拖著多餘的布料移動……衣服和身體之間只需留一至兩公分就足夠，好讓你的內在可以為人所見，不會被太多布料給遮

⚜肩膀至胳肢窩之間的深度，也就是穿衣服時，手套進衣服的那一圈。

掩。」

卡萊・葛倫對西裝和襯衫的細節之講究挑剔，眾所周知，從布料、鈕釦到衣領的弧度。他每件衣服的下襬不能太合身，也不能太寬鬆，必須能充分展現他移動時的優雅姿態。這位男星，可說深諳良好穿著所能發揮的力量。

我們把自由自在的的移動視為理所當然，但其實它是很珍貴的，所以，盡情利用這種能力吧，站得挺直，走得舒服，移動得自然且優雅，不枉費這麼珍貴的恩賜。

美國人標榜隨興，但太過的隨興讓外表變得邋遢，舉止儀態變懶散，行為顯得粗鄙俗氣。相反地，如果你用心在自己的儀態上，你很自然地會在言行舉止各方面保持該有的形象。歐洲人在外出前，會非常用心準備，讓自己呈現出最好的一面，因為他們對場合具備該有的敏銳度。一九九〇年十月三日，分隔東德和西德之間的藩籬倒下的那一天，我清楚見到這一點。當時我和外子約翰就住在德國，他在那裡做研究，我則自由接案維生。前一天的午夜，我們和柏林的年輕人推擠著穿越布蘭登堡門——柏林圍牆讓這道門關閉，也讓它成了政治分隔的象徵——慶祝東西德統一。這種以身體力行來穿越新世紀的慶祝方式很特別，不過，置身在激動推擠的人潮中其實滿恐怖的。然而，隔天情況驟變。

隔天早上，我們回到布蘭登堡門，目睹了截然不同的慶祝方式：昨晚的亢奮激動被一種恬靜滿足的氛圍取代。德國人不分男女老少，沿著綠樹夾道，寬闊的林登大道（Unter den Linden）漫步，單純地享受能從凱旋門走到昔日東柏林的感覺。用舒服的長長散步來探索全新的遼闊空間，是多麼棒的一件事啊！這種自由移動，除了能給人單純愉快的感覺，也具有歷史意義，並象徵著國家的驕傲。四周來來往往的行人多半盛裝打扮，穿著大衣，戴著帽子，圍上漂亮圍巾，彷彿要前往教堂或者到餐廳吃早午餐。他們以優雅來迎接新紀元。

現代人幾乎不把悠閒漫步當成消遣活動了。我在海外當旅人時，無論是在德國、法國和俄國，都曾在寬廣的飯店大廳，或者中場休息時的劇院走廊，和當地人一起行禮如儀似地悠閒踱步。即使只是透氣或伸展筋骨，他們也會精心打扮，無論是聚在一起討論表演，或者和朋友碰面，大家都會以緩慢和諧的方式來踱步，這樣的舉止不著痕跡地讓大家凝聚在一起，讓該場合增添優雅氣氛。無論是在小丘上散步，或者漫步於海岸線——這些都是我在海外讀書那些年會做的事——我的法國朋友或寄宿的法國家庭，打死都沒人會穿著邋遢寬鬆的運動長褲在橄欖樹林間遊晃。

我舉這些例子的重點是：我們應該順著生命之流，優游其中，盡情享受。最近我和知名義大利芭蕾女伶亞麗山卓拉・費麗（Alessandra Ferri）聊到優雅，她告訴我，她認為她的國家之所以能以陽光般的輕鬆自在著稱於世，是因為「我的同胞比較不怕去享受生命，不怕冒險。而這種心態就是自由。」

她說的對。而這種自由源於個人的選擇。你之所以能展現內在和外在優雅，是因為你想要擁有這種優雅。有或無，全在你的掌握中。只要有一絲絲渴望，就能培養你身體裡的自在感覺、外表的高雅氣質，以及與人相處時的愉快和自在。第一步就是觀察，讓自己置身其中。留意並察覺你周遭的優雅，無論是在鄰里、公園、社交場合、藝術作品，或者旅行途中。

「世界是一本很棒的書，好好去研讀這本書，一次又一次地讀，用心讀，吸收它的精華，融會貫通，發展出你自己的風格。」[12]齊斯特菲爾特伯爵在他的《致兒書信集》中寫道。讀好這本書，能讓你受益良多。因為，有了優雅，我們就能腳步輕盈，讓人如沐春風，對於他人的謙和高雅，也能欣賞接受並慢慢細品。生活的每個面向都存在著優雅，因此，我們絕對可以優雅地活出自己的人生。

結語

「親愛的，今夜我學到的是，在這個美麗世界中，所有事情都有可能發生。」

——電影《芭比的盛宴》（*Babette's Feast*）的主角羅倫・盧威辛將軍（General Lorens Löwenhielm）

在你最沒心理準備，在生命的高低交界處，優雅乍然一現。或許哪天科學有所突破，出現某種跟心有關的弦理論⚜。那就可以解釋為何優雅和笨拙會同時出現，為何陰暗及魅力會同時發生在一個人身上。

不過，在那之前，我們姑且以優雅稱之。

優雅跟一個人的內在強度有關——比如六〇年代知名男星卡萊・葛倫擁有寬大為懷的好品格，願意以他的優雅來化解年輕朋友造成的尷尬場面，又如英國芭蕾女伶瑪歌・芳婷在不斷出軌的丈夫殘廢後，仍願意照料他——但，優雅也跟脆弱有關。換句

⚜ 弦理論（string theory）為理論物理學上的學說，認為自然界的最基本單位是一段段的「能量弦線」，電子、質子及夸克都是由「能量線」所組成。

話說，優雅是可以勇敢地暴露我們的缺陷，脆弱的凡人面，沒有任何偽裝。在一些小地方赤裸地呈現自己，讓身和心有所連結。

這就是**揭露**這個字的原始意思——赤裸地呈現。或許這就是為什麼脫衣舞孃艾可特琳娜那赤身裸體的優雅會如此明亮動人。（當然，她乳頭上的亮片也有功勞）。

優雅可能出現在迎面走來的女子開心地跟你點頭打招呼，或者等候你很久的人見到你終於出現時，帶著微笑表示沒關係，或者我們從氣氛當中感受得到對方不介意。這種優雅就是揭露，像跳脫衣舞般，褪去掩飾，彰顯出真實的美和善。這種揭露，不是慢慢挑逗式的揭露，而是一脫到底，直接晾出那個人或那件事的本質，用力刷掉原本阻塞我們感官知覺的黏滑油汙。

有些人的情緒雷達異常靈敏，就跟貓咪一樣。我養了一隻嬌小怯懦，身上有斑點的小花貓，這隻貓真的很膽小，聽到地板吱一聲就嚇得跳起來，而且不喜歡被人摟摟抱抱。不過，當我生病，心情不好，或者失眠，她就會若無其事地出現在我身邊，還對我喵喵叫，彷彿是被海軍指揮官派來我這裡執行勤務，用喵喵聲跟我報到。女人懷孕生產時，也有機會遇到跟這隻貓同樣體貼的護士。她會坐在妳的床邊，撫慰陣痛了兩天的妳，並按摩妳的背，勸之以理，要妳打藥——因為妳拚了命想完成加州馬林郡（Marin County）那些崇尚自然與生態的女人想不靠任何藥物，自然生產的夢想——但語氣不會讓妳覺得自己是白痴。畢竟疼痛無濟於事。

大明星麥可・傑克森（Michael Jackson）一生波折和麻煩不斷，但上了舞台，他總是那麼優雅，彷彿進入一個更靜謐、更祥和、更完美的世界舞台。說到傑克森，必定讓人想起他的月球漫步，那種細膩的往後滑步動作幾乎成了他的專屬。對這個難以捉摸，生命裡有著各種神祕事物的人來說，還有什麼比月球漫步這樣的動作更能完美詮釋他呢？在轟隆嘈雜的現場演唱會裡，人生際遇離奇非凡的傑克森，在舞台上猶如踩著氣墊般，一步一步地往後滑行，藉此來抽離人世，這種表演又炫又酷。藉由月球漫步這個招牌動作，傑克森拋開了俗世、混亂和墨守成規的世界。他總是靜靜地以神祕難測的方式逃離世人，正如月球漫步的動作讓他從世界抽離。

然而，即使逃離，他仍跟這世界有聯繫，就像優雅可以讓兩種不同的感覺融合在一起。他的招牌滑步動作一方面讓他抽離世界，但另一方面也讓他和社會大眾建立起一種發自肺腑的連結，讓他的音樂所無法完全捕捉到的畫面，因著這種優雅舞步而填滿色彩。

在這個冷漠而殘酷的世界裡顛簸而行，我們和他人建立關係的最好方式就是透過優雅。所有人共舞一曲優雅的生命之舞。我想到珍妮佛・勞倫斯要上台領獎前的摔跌，以及她讓人讚歎的回神方式，還有我們夫妻開車，超越行人穿越道，驚嚇到的「佛陀」，他外表邋遢，開口請我們後退時的吟唱方式卻讓人如沐春風。從他們身上，我才明白其實優雅舉止多如繁星，只是悄悄地發生在我們四周——或許也沒那麼悄悄地發生。

我時常想起卡萊・葛倫，他會照顧身邊的人，讓大家覺得自己不渺小，而是很重要。

忽然，我發現其實我的人生裡不乏像他這樣優雅的人。其中一段回憶歷歷鮮明。當時，我們的每一天都那麼亮麗如新，然而，有天晚上，光明彷彿背棄了我們，讓我們沮喪又狼狽。

那是幾年前，我和外子約翰旅居海外。我們的冒險旅程的其中之一，就是騎著破單車——這是我們在德國的大賣場買的——花六個星期長征法國南部。我們騎過羅馬古道，靠著美酒、巧克力和一杯又一杯的濃縮咖啡補充體力，在星空下露營。可是，遇到下雨，就沒那麼有趣。

在一個濕答答的夜晚，我們抵達東南山區的一個小鎮。就像每次遇到天公不作美時所做的，我們立刻開始尋找便宜旅館，結果整個鎮上只有一間，偏偏那晚關門沒有營業。

當時雨勢滂沱，天色黯黑，前方的路幾乎看不見。再往前，是位於丘陵當中的古老小鎮巴爾熱蒙（Bargemon），過了巴爾熱蒙，就是阿爾卑斯山系著名的爬坡山路 Col du Bel Homme，越過這段堪稱好漢坡的山路，才有機會再看到人煙村落。痠痛不已的雙腿告訴我們，在這樣的滂沱雨勢中，我們不可能騎完這段山路，因此巴爾熱蒙是我們的最後希望。

然而，這個小鎮的的旅社要不是關門歇業，就是客滿。我們所能找到的唯一一家餐館的酒保建議我們試試養老院或教堂。養老院拒絕我們，於是，全身濕漉、可憐兮兮，還有點焦急的我準備伸手去敲教堂的門，這時一個年輕人跑向我們，以破爛英語熱心地說，我們可以去他家住一晚。

說是巧合、奇蹟，或者來自上帝的旨意。總之，這個年輕人查理——他這麼介紹自己——是在餐廳的酒吧聽到酒保和我們的對話。

我們的救星精壯節實，手掌肥厚、手指短粗，五官分明，臉上帶著髒污，看起來就像義大利畫家卡拉瓦喬喜歡畫的勞動階層。

當下，我既害怕，又鬆了一口氣，不過後者的感覺多於前者。查理眼底的真誠和大方的態度讓我們決定信任他。這位是我們的卡萊．葛倫，我們的救星。我們一路在找救星，而他也一直在找我們。

就這樣，我們到了他家，洗了熱水澡後在壁爐前烘乾，喝他的酒，聽他聊著他在當地的修路工作，還有每年參加從法國巴黎到塞內加爾達卡（Paris-Dakar），穿越歐、非兩洲的沙漠和崎嶇地形，號稱全世界最艱鉅的越野賽車。此外，他還聊到他的妻子離開了他，把子女帶走，目前住在桑特馬克西默（Sainte-Maxime）。就這樣，我們盡興地聊到深夜。

查理是不是需要我們，就像我們需要他？毫無疑問地，我們是他的好聽眾，而且有故事可以跟他分享。他顯然很高興有我們作伴，更高興能跟陌生人傾吐心事。不過我還是認為，我們所受的恩惠遠大於我們給他的。我們睡在他的客房裡，躺在羽絨寢具上，身上蓋著宛如舊手帕般柔軟細緻的亞麻被單。

隔天早上我們起床，查理已經出門，但他替我們煮好了咖啡，並在桌上擺了一籃麵包。果醬底下壓著一張紙條，請我們離開時把鑰匙交給那位酒保。

這位主人這樣開放信任的優雅之舉，讓我們幾乎難以置信。我們何德何能，值得他這樣對待？最後，我們買了一瓶所能買到的最大瓶「約翰走路」威士忌，放在他的餐桌上，並在旁邊留了一張紙條，寫上我們在美國的地址，說希望有天能再見到他。

隔了那麼多年，我到現在仍清楚記得查理的優雅之舉。他就是當時我們在尋找，但不知有他這個人存在的救星。他了解我們的苦境，把我們帶到他的羽翼底下照顧，也讓我們看見一個美好的世界。

那天早上我們離開查理那狹窄的家——成排房屋的其中一間——走進陽光底下，發現昨晚幾千戶對我們關上大門的小鎮似乎正唱歌歡迎我們。天空蔚藍無雲，我們騎上單車，驚訝地發現竟能輕輕鬆鬆就踩上山頭。

優雅一生的訣竅

優雅的本質似乎難有固定意思，因為它所涵蓋的範圍實在太廣，乍看之下難以達成。此外，它既具體可見，又抽象無形，一方面根植於動作，但也存在沒有動作的靜止和靜默，以及沒有價值判斷的全然接納中。進一步思索，你會發現優雅的核心就是自在。對抗地心引力，讓動作流暢，降低摩擦感。把你的優雅天賦釋放到世界中，讓人無負擔，讓人更輕盈自在。

然而，優雅自在並非一蹴可幾。它是一種動態的練習過程，把這點謹記在心，時時留意這幾點：

1. 放慢速度，擬妥計畫。匆忙倉皇絕對不可能優雅。
2. 學著寬容和慈悲。這一點必須配合放慢速度才做得到。花時間去聆聽和理解別人。
3. 讓出空間給別人。包括在人行道上、公車站、咖啡館，或者公務會議上，以及生活各個層面。

4. 設法讓別人好過，即使在一些小地方亦然。

5. 也讓自己好過。比如更容易被取悅，大方接受別人的好意——公車上有人讓位給你，就懷著感恩，大方就坐——也就是擁抱來到你面前的任何善意。這就是優雅，這也是你能帶給別人的禮物。你可以把這份禮物給別人，讓別人感受到你的優雅。

6. 減輕身體上的負擔。丟掉穿起來不舒服的鞋子，拋開厚重的錢包、後背包和公事包。把不好的東西通通甩掉，包括物質面和情緒面。

7. 照顧身體，現在動得愈多，將來就愈能動，而且動得愈多，感覺愈好。

8. 睜大眼睛留意四周。尋找一些出人意料的優雅事蹟。

9. 慷慨為善。事先考慮到別人的期望，並予以滿足，是美好的事。

10. **享受人生**。舉起酒杯，就像電影《大飯店》裡賴尼爾・巴利摩（Lionel Barrymore）舉杯說：「敬這個壯麗、短暫又危險的人生——敬我們有勇氣活出這樣的人生！」

英國芭蕾女伶瑪歌・芳婷，
優雅行於世。

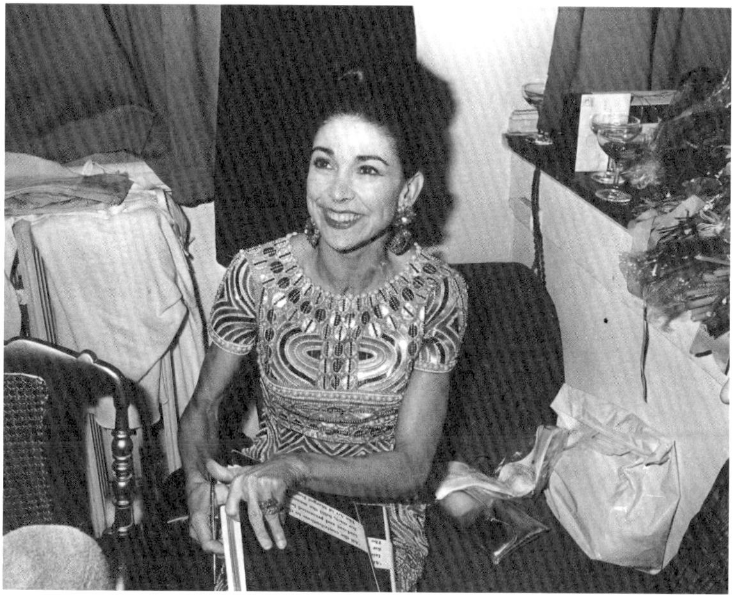

致謝

當我回首這本書長達一年的寫作過程，我不斷想起西班牙裔的美國哲學家喬治・桑塔亞那（George Santayana）所言：家庭是自然的傑作之一。我的家庭有彈性、不壓抑，而且非常包容，對於能出生在這個家族，我真的萬分感謝。尤其要謝謝我那一身豪膽卻極為友善的丈夫John，他用咖啡、美酒和愛來寵溺我。還要感謝那三個可愛迷人，良善正直，我們有榮幸稱他們為兒女的孩子：Zeke、Asa以及Annabel。

還有《華盛頓郵報》（*Washington Post*）裡負責管理得獎照片的圖書館員暨研究者Eddy Palanzo，她堅持不懈地幫我尋找各種照片，而且在協助的過程始終保持愉快心情，這點讓我銘感在心。還有同報社的Richard Aldacushion，他慷慨允諾我使用這些照片。此外也要感謝優秀的攝影師，拍出那麼多精彩的照片，讓我迫不及待地收於書中。謝謝這些人的大力協助：羅斯福總統圖書館（Franklin D. Roosevelt Presidential Library）的Matthew C. Hanson，以及美國國會圖書館（Library of Congress）的Donna Urschel和Richard Valente。

我在《華盛頓郵報》的現任同事和前同事，他們鼓勵我，幫助我，尤其是我的編輯Christine Lebetter，她是我見過最出色，最優雅的人。另外也要謝謝我的好朋友暨心靈導師Henry Allen，以及Michelle Boorstein、Marcus Brauchli、Michael Cavna、John Deiner、Robin Givhan、Peter Kaufman、Ned Martel、Kevin Merida、Chris Richards，以及Neely Tucker。

謝謝書裡那些曾接受我訪問的人，感謝他們耐心回答我無止盡的問題，提供許多寶貴意見，讓我的思考更加豐實，這些人包括：馬里蘭大學（University of Maryland）英語系教授暨歷史學家Jane L. Donawerth、哥倫比亞大學（Columbia University）的社會學家Priscilla Parkhurst Ferguson、威斯康辛大學密爾瓦基分校（University of Wisconsin-Milwaukee）的Cary Gabriel Costello、瑜珈老師Maria Hamburger和Barbara Benagh，以及巴洛克舞蹈專家Catherine Turocy大方跟我分享她在歐洲宮廷禮儀及身體語言方面的專長，並告訴我現代社會可以從中學習到什麼。下面這些人對於優雅的洞見和其他精彩意見，更是惠我良多：Dana Tai Soon Burgess、Alessandra Ferri、Judy Hansen、Tony Powell、Amy Purdy、Xiomara Reyes，以及Rebecca Ritzel。

我的經紀人Barney Karpfinger對我這本書的恩情，可謂比山高比海深，他對這本書始終抱持無比的信心，拚了命地鼓勵我，並無私地提供許多寶貴洞見，可說替仁慈與優雅概念樹立了最佳榜樣。W. W. Norton & Company這個優秀的出版團隊對我這本書的貢獻難以筆墨形容，尤其是Alane Salierno Mason細膩敏銳的編輯功力，可說樹立了這一行的黃金標準。我想，我大概找不到像她這麼熟練，這麼有遠見，這麼認真的夥伴。此外，我也要感謝那些厲害的美術設計，以及Remy Cawley和Alice Rha，還有Jessica R. Friedman的法律專業，Camille Smith 和 Stephanie Hiebert在文字編輯上的銳利鷹眼和犀利見解。

超越言語的愛要獻給我的父母——Richard和Catharine——他們可說是我的英雄，還有最親愛的Dilys，以及我優秀的哥哥David，和向來沉著的Harvey。我也要謝謝Larry、Patricia、Ellen，以及我的大嫂Sabine。多年前在她的婚禮上，她信任我（畢竟當時我們還不算是一家人），在走出更衣室時把她的捧花交給我——雖然當時她顯然是因為嗑了太多巧克力，吸了太多髮霧定型劑而嗨到有點神智不清。她這種把我當自家人的優雅舉動讓我的內心充滿感激，而這正是本書想傳達的重點。

[12]. 參見一九〇一年的原始版本*Letters to His Son on the Fine Art of Becoming a Man of the World and a Gentleman*, 2 vols., the Earl of Chesterfield, with an introduction by Oliver H. Leigh (Washington, DC: M. Walter Dunne)。

[5]. Riane Eisler, *The Power of Partnership: Seven Relationships That Will Change Your Life* (Novato, CA: New World Library, 2002).

[6]. Sarah Kaufman, "A Mover and Shaker, Still in Motion," *Washington Post*, July 6, 2008. http://www.washingtonpost.com/wp-dyn/content / article/2008/07/03/AR2008070301510.html.

[7]. "Tips to Maintain Good Posture," American Chiropractic Association, http://www.acatoday.org/content_css.cfm?CID=3124. Accessed April 10, 2015.

[8]. "How Poor Posture Causes Neck Pain," Spine-health, http://www .spine-health.com/conditions/neck-pain/how-poor-posture-causes -neck-pain. Accessed April 10, 2015.

[9]. Ian J. Edwards, Mark L. Dallas, and Sarah L. Poole, "The Neurochemically Diverse Intermedius Nucleus of the Medulla as a Source of Excitatory and Inhibitory Synaptic Input to the Nucleus Tractus Solitarii," *Journal of Neuroscience*, August 1, 2007, http://www .jneurosci.org/ content/27/31/8324.full.

[10]. Charles E. Matthews, et al., "Amount of Time Spent in Sedentary Behaviors and Cause-Specific Mortality in US Adults," *American Journal of Clinical Nutrition* 95.2 (2012): 437–45.

[11]. Sarah Kaufman, "At Fashion Week, Spring 2012 Collections Showcase Movement," *Washington Post*, September 13, 2011, http://www . washingtonpost.com/lifestyle/style/at-fashion-week-spring-2012 -collections-showcase-movement/2011/09/13/gIQAkzrfQK_story . html.

第十五章 奇異恩典

[1]. 關於這首歌的歷史典故以及傳誦事蹟，請見Steve Turner這本非常有趣的書*Amazing Grace: The Story of America's Most Beloved Song* (New York: Ecco, 2002), 147ff。

[2]. Bhagavad Gita, trans. Swami Paramananda, chapter 18, verses 58–62 (Boston: Vedanta Centre, Plimpton Press, 1913), https://archive.org/stream/srimadbhagavadg00swamgoog/srimadbhagavadg00swamgoog _ djvu.txt.

[3]. 同上，chapter 9, verse 28。

第十六章 躍入優雅

[1]. Edmond Duranty, *La nouvelle peinture* ("The New Painting"; Paris: E. Dentu, 1876).

[2]. Rachel Straus, "Black Magic: Maggie Black's Transformative Approach to Ballet Training," *DanceTeacher* magazine, April 1, 2012, http://www . dance-teacher.com/2012/04/black-magic.

[3]. Mary Bond, *The New Rules of Posture: How to Sit, Stand, and Move in the Modern World* (Rochester, VT: Healing Arts Press, 2007).

[4]. Björn Vickhoff et al., "Music Structure Determines Heart Rate Variability of Singers," *Frontiers in Psychology* 4 (2013): 334, doi: 10.3389/fpsyg.2013.00334.

[10]. Daniel L. Gebo, "Primate Locomotion," *Nature Education Knowledge* 4, no. 8 (2013): 1.

[11]. Emma E. T. Pennock, "From Gibbons to Gymnasts: A Look at the Biomechanics and Neurophysiology of Brachiation in Gibbons and Its Human Rediscovery," *Student Works,* Paper 2, May 3, 2013, http://commons.clarku.edu/studentworks/2.

[12]. Adam Smith, *The Theory of Moral Sentiments,* 3rd ed. (London: G. Bell & Sons, 1767), http://books.google.com.

[13]. Herbert Spencer, "Gracefulness," *Leader* magazine, December 25, 1852，該篇文章日後又出現在這本書中*Essays: Moral, Political and Aesthetic* (New York: D. Appleton, 1871)。

[14]. 同上。

[15]. NPR staff, "Cate Blanchett Finds Humor in the Painfully Absurd," January 10, 2014, http://www.npr.org/2014/01/10/261398089/cate blanchett-finds-humor-in-the-painfully-absurd.

[16]. Riitta Hari and Miiamaaria V. Kujala, "Brain Basis of Human Social Interaction: From Concepts to Brain Imaging," *Physiological Reviews* 89, no. 2 (April 2009): 453–79, doi: 10.1152/physrev.00041.2007, http://www.ncbi.nlm.nih.gov/pubmed/19342612.

[4]. Deborah Kotz and Angela Haupt, "7 Mind-Blowing Benefits of Exercise," *U.S. News and World Report Health*, March 7, 2012, http:// health.usnews.com/health-news/diet-fitness/slideshows/7-mind -blowing-benefits-of-exercise/3.

[5]. IOS Press, "Tai Chi Increases Brain Size, Benefits Cognition in Randomized Controlled Trial of Chinese Elderly," *ScienceDaily*, June 19 2012, www.sciencedaily.com/releases/2012/06/120619123803.htm。另可參見Gao-Xia Wei et al., "Can Taichi Reshape the Brain? A Brain Morphometry Study," *PLOS ONE 8*, no. 4 (2013), e61038, doi: 10.1371/journal.pone.0061038.

[6]. "Stay Physically Active," Alzheimer's Association, http://www.alz.org/we_can_help_stay_physically_active.asp. Accessed February 6, 2015.

[7]. 一九三〇年二月五日，愛因斯坦對兒子愛德華說的話。Walter Isaacson所寫的*Einstein: His Life and Universe*就引用了該句話 (New York: Simon & Schuster, 2007), 第367頁。

[8]. 參見神經科學家Daniel Wolpert在TED論壇上所發表那場兼具娛樂和教育性的演講。"The Real Reason for Brains," July 2011, http://www.ted.com/talks/daniel_wolpert_the_real_reason_for_brains?language=en。

[9]. Yuri Kageyama, "Woman or Machine? New Robots Look Creepily Human," Associated Press, June 24, 2014, http://bigstory.ap.org/article/new-tokyo-museum-robot-guides-look-sound-human，以及Will Ripley, "Domo Arigato, Mr. Roboto: Japan's Robot Revolution," CNN, July 15, 2014, http://www.cnn.com/2014/07/15/world/asia/ japans-robot-revolution.

第十三章 不受限的優雅

[1]. 更多相關資訊和課程資料，參見網站Dance for PD，http://danceforparkinsons.org。

[2]. Sarah Kaufman, "Amy Purdy's Bionic Grace on 'Dancing with the Stars,'" *Washington Post,* April 12, 2014, http://www.washingtonpost .com/entertainment/theater_dance/amy-purdys-bionic-grace-on -dancing-with-the-stars/2014/04/10/e4575b48-bdd7-11e3-bcec -b71ee10e9bc3_story.html.

第十四章 優雅的科學

[1].可參見 Heidi Godman, "Regular Exercise Changes the Brain to Improve Memory, Thinking Skills," *Harvard Health Letter*, April 9, 2014, http://www.health.harvard.edu/blog/regular-exercise -changes-brain-improve-memory-thinking-skills-201404097110. Godman在英屬哥倫比亞大學所做的研究顯示，一般的有氧運動似乎能提升大腦海馬區的面積——這一區的功能主要是言語記憶和學習。

[2]. Christy Matta, "Can Exercise Make You Smarter?" PsychCentral, http://psychcentral.com/blog/archives/2012/11/09/can-exercise -make-you-smarter.

[3]. Carl Ernst et al., "Antidepressant Effects of Exercise: Evidence for an Adult-Neurogenesis Hypothesis?" *Journal of Psychiatry & Neuroscience 31,* no. 2 (2006): 第84–92頁。

[7]. Doris Kearns Goodwin, *Team of Rivals: The Political Genius of Abraham Lincoln* (New York: Simon & Schuster, 2006), 第6頁。

[8]. Thomas Jefferson to Dr. Walter Jones, 2 January 1814, quoted in William Alfred Bryan, *George Washington in American Literature, 1775– 1865* (New York: Columbia University Press, 1952), 第49頁。

[9]. John Adams to Benjamin Rush, 11 November 1807, 參見此網站：Gilder Lehrman Institute of American History website, https://www.gilderlehrman.org/collections/c937ec94-4d4b-4b48-a275-240372288363?back=/mweb/search%3Fneedle%3DGLC00424。

[10]. Benjamin Rush to Thomas Rushton, 29 October 1775, in *Letters of Benjamin Rush*, vol. 1, ed. L. H. Butterfield (Princeton, NJ: Princeton University Press, 1951), 第92頁。更多關於華盛頓成年初期的資料，參見Willard Sterne Randall這本精彩的華盛頓傳記 *George Washington: A Life* (New York: Henry Holt, 1997)。

第十一章 出醜效應

[1]. Steven Berglas, "The Entrepreneurial Ego: Pratfalls," *Inc.*, September 1, 1996.

第十二章 致力於優雅

[1]. Frederic La Delle, *How to Enter Vaudeville: A Complete Illustrated Course of Instruction in Vaudeville Stage Work for Amateurs and Beginners* (Jackson, MI: Excelsior, 1913).

[5]. Sarah Kaufman, "Ballerina Natalia Makarova: 'Being Spontaneous, It's What Saved Me,'" *Washington Post*, November 30, 2012, http://www.washingtonpost.com/entertainment/theater_dance/ ballerina-natalia-makarova-being-spontaneous-its-what- saved-me/2012/11/29/68f72692-32da-11e2-9cfa-e41bac906cc9_story. html.

第十章 優雅行步

[1]. Sarah Kaufman, "At 18, Model Karlie Kloss Conquers the Runways at New York's Fashion Week," *Washington Post*, February 15, 2011, http://www.washingtonpost.com/wp-dyn/content/article/2011/02/ 15/AR2011021503549.html.

[2]. Virgil, *The Aeneid*, Book I, trans. John Dryden, 1697, http://oll.libertyfund.org/titles/1175.

[3]. Ethan Mordden, *Ziegfeld: The Man Who Invented Show Business* (New York: St. Martin's Press, 2008), 第143頁。

[4]. Sarah Kaufman, "A Singular Vision: Nearing 80, Paul Taylor Is as Moving a Dance Figure as Ever," *Washington Post*, July 18, 2010, http://www.washingtonpost.com/gog/performing-arts/paul-taylor -dance-company,1034041.html.

[5]. Michael Munn, *John Wayne: The Man behind the Myth* (New York: New American Library, 2005), 第166頁。

[6]. James Thomas Flexner, Washington: The Indispensable Man (Boston: Little, Brown, 1974), 第41頁。

[4]. 引自節目"Stories of the Olympic Games: Gymnastics" 導演Alastair Laurence (BBC Two, Faster, Higher, Stronger series, 2012)。

[5]. Sarah Kaufman, "Ripped from the Plié Book: Football and Dance Have Much in Common," *Washington Post*, September 20, 2009, http:// www.washingtonpost.com/wp-dyn/content/article/2009/09/18/AR2009091802513.html.

[6]. 引自節目"Vision and Movement"，編劇、導演暨製作人John Heminway (WNET/New York, The Brain series, 1984)。

第九章 舞者

[1]. 這句話經常被引用。在美國國家藝廊（National Gallery of Art）所出版的*Edgar Degas Sculpture* (Princeton, NJ: Princeton University Press, 2010)中，作者群包括Suzanne Glover Lindsay、Daphne S. Barbour和Shelley G. Sturman 寫道，竇加這段說明他之所以想畫舞者的理由，是由他的贊助人Louisine Havemeyer 女士所記載下來的。參見她的著作*Sixteen to Sixty: Memoirs of a Collector* (New York: Ursus Press, 1993)。

[2]. 這句話被放在紀錄片*Margot*中，導演暨剪輯是Tony Palmer (Isolde Films, 2005)。

[3]. Richard Buckle, *In the Wake of Diaghilev* (Holt, Rinehart & Winston, 1982), 276.

[4]. Meredith Daneman, *Margot Fonteyn: A Life* (New York: Penguin Books, 2004).

第七章 藝術中的優雅

[1]. 參見這主題的研究巨擘Kenneth Clark, *The Nude: A Study in Ideal Form* (Princeton, NJ: Princeton University Press, 1972)。

第八章 運動員

[1]. 參見以下這些例子：Christopher Clarey, "Federer Beats Murray, and Britain, for Seventh Wimbledon Title," *New York Times*, July 8, 2012，以及Barney Ronay, "Andy Murray Gets Closer to the Affections of the Wimbledon Crowd," *Guardian Sportblog*, July 8, 2012, http://www . theguardian.com/sport/blog/2012/jul/08/andy-murray-wimbledon -crowd-2012，以及Bruce Jenkins, "Federer Wins 7th Wimbledon, but Murray's Progress No Small Feat," *Sports Illustrated*, July 8, 2012，以及Liz Clarke, "Roger Federer Beats Andy Murray to Win Seventh Wimbledon Title," *Washington Post*, July 8, 2012; and Martin Samuel, "Murray Lost to a Master of the Universe, the Tennis Equivalent of a Pele or Ali," Daily Mail (London), July 8, 2012, http://www.dailymail .co.uk/ sport/tennis/article-2170656/Wimbledon-2012-Martin-Samuel --Andy-Murray-lost-master-universe.html。

[2]. Sarah Kaufman, "Beauty and the Bicycle: The Art of Going the Distance," *Washington Post*, July 24, 2004, http://www.washington post.com/wp-dyn/articles/A10570-2004Jul23.html.

[3]. 援引自紀錄片"Joe DiMaggio: The Hero's Life"，編劇Richard Ben Cramer和Mark Zwonitzer，導演Mark Zwonitzer (PBS, American Experience series, 2000)。

[8]. Anna Morgan, "The Art of Elocution," in *The Congress of Women: Held in the Woman's Building, World's Columbian Exposition, Chicago, U.S.A., 1893*, ed. Mary Kavanaugh Oldham Eagle (Chicago: Monarch Book Company, 1894), 第597頁。

[9]. Martha Reeves, "Maxine Powell Remembered by Martha Reeves," *Observer* (London), December 14, 2013.

第六章 日常優雅

[1]. Natalie Angier, "Flamingos, Up Close and Personal," *New York Times*, August 22, 2011.

[2]. William H. McNeill, *Keeping Together in Time: Dance and Drill in Human History* (Cambridge, MA: Harvard University Press, 1995).

[3]. Sarah Kaufman, "At CityZen, Chefs Cook Up Sweet Moves," *Washington Post*, May 9, 2012. Eric Ziebold closed CityZen in December 2014 and in 2015 opened two new restaurants in the Mount Vernon Square neighborhood of Washington, DC.

[4]. Sarah Kaufman, "Behind the Scenes at Verizon Center: Building the Set for J-Lo and Iglesias," *Washington Post*, August 1, 2012, http:// www.washingtonpost.com/lifestyle/style/behind-the-scenes-at -verizon-center-building-a-set-with-136000-pounds-of-equipment /2012/08/01/gJQAYkAtPX_story.html.

[17]. Arthur M. Schlesinger, *Learning How to Behave: A Historical Study of American Etiquette Books* (New York: Macmillan, 1947), 第12頁。

第五章 巨星的優雅

[1]. Joseph Joubert, *Pensées of Joubert,* trans. Henry Atwell (London: George Allen, 1896).

[2]. Lynn Norment, "The Untold Story of How Tina and Mathew Knowles Created the Destiny's Child Gold Mine," *Ebony* 56, no. 11 (September 2001).

[3]. Maxine Powell, "Rock 'n' Role Model," *People* 26, no. 15 (October 31, 1986).

[4]. John Cohassey, "Powell, Maxine 1924–," *Contemporary Black Biography, 1995,* Encyclopedia.com, March 5, 2015, http://www .encyclopedia.com/doc/1G2-2871000059.html.

[5]. Paula Tutman, "Motown Reacts to Miley Cyrus Performance Last Night," WDIV Click on Detroit, August 26, 2013, http://www.click ondetroit.com/news/motown-reacts-to-miley-cyrus-performance -last-night/21657208.

[6]. Mike Householder, "Maxine Powell, Motown Records' Chief of Charm, Dies at 98," Associated Press, October 14, 2013.

[7]. 出自二〇一三年十二月三日接受馬里蘭大學英語教授暨歷史學家Jane L. Donawerth English的訪問內容。

[10]. See Miriam Lichtheim, *Ancient Egyptian Literature: A Book of Readings*, vol. 1 (Berkeley: University of California Press, 1973), 78, n. 29.

[11]. 更詳盡的討論，請見該書的引言Giovanni Della Casa, *Galateo, or the Rules of Polite Behavior*, ed. and trans. M. F. Rusnak (Chicago: University of Chicago Press, 2013)。

[12]. 這句話引自Da Capo Press, New York, & Theatrum Orbis Terrarum Ltd., Amsterdam, 1969, 原書是一五七六年在英國出版的書，書名是*Galateo of Master John Della Casa, or rather, A treatise of the manners and behaviours, it behoveth a man to use and eschewe, in his familiar conversation. A worke very necessary and profitable for all Gentlemen, or other*。

[13]. Baldesar Castiglione, *The Book of the Courtier*, ed. Daniel Javitch, trans. Charles S. Singleton (New York: W. W. Norton, 2002).

[14]. 這句話出自凱瑟琳・安妮・波特（Kathrine Anne Porter）於一九三九年出版的一本犀利精彩短篇小說*Old Mortality*, 收錄在Katherine Anne Porter, *Pale Horse, Pale Rider: Three Short Novels* (New York: Modern Library, 1998)。

[15]. 參見以下這本書一九〇一年的版本*Letters to His Son on the Fine Art of Becoming a Man of the World and a Gentleman*, 2 vols., the Earl of Chesterfield，序文作者Oliver H. Leigh (Washington, DC: M. Walter Dunne)。

[16]. 更詳盡討論參見C. Dallett Hemphill, *Bowing to Necessities: A History of Manners in America, 1620–1860* (New York: Oxford University Press, 1999), 70ff。

[3]. William Kremer, "Does Confidence Really Breed Success?" *BBC News Magazine*, January 3, 2013, http://www.bbc.com/news/magazine-20756247. See also Jean M. Twenge and W. Keith Campbell, The Narcissism Epidemic: Living in the Age of Entitlement (New York: Atria Books, 2010).

[4]. Jena McGregor, "The Oddest, Worst and Most Memorable CEO Apologies of the Year," *Washington Post*, December 23, 2014, http:// www.washingtonpost.com/blogs/on-leadership/wp/2014/12/23/the -oddest-worst-and-most-memorable-ceo-apologies-of-the-year，以及Sam Biddle, "F*** Bitches Get Leid: The Sleazy Frat Emails of Snapchat's CEO," *Valleywag*, May 28, 2014, http://valleywag.gawker .com/fuck-bitches-get-leid-the-sleazy-frat-emails-of-snap-1582604137 ?ncid=tweetlnkushpmg00000067。

[5]. Julie Johnsson, "Boeing Profit Rises, but Tanker Program Worries Analysts," *Seattle Times*, July 23, 2014, http://seattletimes.com/html/businesstechnology/2024139521_boeingearningsxml.html.

[6]. Elizabeth Woodward, *Personality Preferred! How to Grow Up Gracefully* (New York: Harper & Brothers, 1935).

[7]. Hortense Inman, *Charm* (New York: Home Institute Inc., 1938).

[8]. Emily Post, *Etiquette in Society, in Business, in Politics and at Home* (New York: Funk & Wagnalls, 1922).

[9]. Battiscombe G. Gunn, *The Instruction of Ptah-Hotep and the Instruction of Ke'Gemni: The Oldest Books in the World* (London: John Murray, 1906).

[3]. Patrick Sawer, "How Maggie Thatcher Was Remade," *Telegraph* (London), January 8, 2012, http://www.telegraph.co.uk/news/politics/ margaret-thatcher/8999746/How-Maggie-Thatcher-was-remade.html.

[4]. Margaret Thatcher, interview with the *Daily Graphic*, October 8, 1951, Margaret Thatcher Foundation, http://www.margaretthatcher.org/document/100910.

[5]. Margaret Thatcher, House of Commons speech: "Confidence in Her Majesty's Government," November 22, 1990, http://www.margaret thatcher.org/document/108256.

[6]. Margaret Thatcher, Conservative Election Rally, Plymouth, speech: "The Mummy Returns," May 22, 2001, http://www.margaretthatcher .org/document/108389.

[7]. Sarah Kaufman, "In Mildred Holt, 105, Johnny Carson Met His Match," *Washington Post Style Blog*, May 16, 2012, http://www.washington post.com/blogs/style-blog/post/in-mildred-holt-105-johnny-carson -met-his-match/2012/05/15/gIQAsaW7RU_blog.html.

第四章 優雅及相處之藝術

[1]. *Diary of John Adams*, vol. 1, the Adams Papers (Boston: Massachusetts Historical Society), http://www.masshist.org/publications/apde2/view?mode=p&id=DJA01p10.

[2]. Benjamin Spock and Robert Needlman, *Dr. Spock's Baby and Child Care*, 8th ed. (New York: Pocket Books, 2004), 第439–40頁。

第二章 在人群中的優雅

[1]. Nancy Nelson, *Evenings with Cary Grant: Recollections in His Own Words and by Those Who Knew Him Best* (New York: HarperCollins, 1991).

[2]. F. Scott Fitzgerald, *The Great Gatsby* (New York: Scribner, 2003), 第52–53頁。

[3]. Sylvia Plath, *The Bell Jar* (New York: Bantam Books, 1981), 第33頁。

[4]. 這句話出自網站News.com.au於二〇一四年四月二十二日的一篇文章〈受到威廉和凱特怠慢的凱爾・山岱倫，氣壞了〉（Kyle Sandilands Was Devastated after Being Snubbed by Prince William and Kate." http://www.news .com.au/entertainment/celebrity-life/kyle-sandilands-was-devastated-after-being-snubbed-by-prince-william-and-kate/story-fnisprwn -1226892041914）。

[5]. 丹尼斯非真名。

第三章 優雅和幽默

[1]. Sarah Kaufman, "Michelle Obama's 'Mom Dancing' Genius," *Washington Post*, February 24, 2013.

[2]. Ian McEwan, "Margaret Thatcher: We Disliked Her and We Loved It," *Guardian* (London), April 9, 2013, http://www.theguardian.com/politics/2013/apr/09/margaret-thatcher-ian-mcewan.

[4]. Cary Grant, "Archie Leach," *Ladies' Home Journal*, January/February 1963 (part 1), March 1963 (part 2), and April 1963 (part 3).

[5]. Ralph Waldo Emerson, *The Conduct of Life* (Boston: Ticknor & Fields, 1860).

[6]. William Hazlitt, *The Collected Works of William Hazlitt: The Round Table* (London: J. M. Dent, 1902). 第45頁。

[7]. Sarah Kaufman, "Rita Moreno on Strength, Stamina and the Power of a Killer Body," *Washington Post*, July 10, 2014, http://www.washington post.com/entertainment/theater_dance/rita-moreno-on-strength -stamina-and-the-power-of-a-killer-body/2014/07/10/5882a6a6-0858 -11e4-8a6a-19355c7e870a_story.html.

[8]. Peter Bogdanovich, Who the Devil Made It: Conversations with Legendary Film Directors (New York: Alfred A. Knopf, 1987).

[9]. David Thomson, *The New Biographical Dictionary of Film* (New York: Alfred A. Knopf, 2004), 第361頁。

[10]. Sarah Kaufman, "The Man Leaves His Audience Breathless; Jean-Paul Belmondo's Physicality Defines Landmark Film," *Washington Post*, July 9, 2010.

[11]. Garth Franklin, "Interview: Cate Blanchett for *Notes on a Scandal*," Dark Horizons, December 31, 2006, http://www.darkhorizons.com/features/183/cate-blanchett-for-notes-on-a-scandal.

[6]. 同上，第210頁。

[7]. 我引用的這些句子，是出自以下這兩個優美文字的譯本：Miriam Lichtheim, *Ancient Egyptian Literature: A Book of Readings*, vol. 1 (Berkeley: University of California Press, 1973)，以及Battiscombe G. Gunn, *The Instruction of Ptah-hotep and the Instruction of Ke'Gemni: The Oldest Books in the World* (London: John Murray, 1906)。

[8]. Keith O'Brien, "The Empathy Deficit," *Boston Globe*, October 17, 2010, http://www.boston.com/bostonglobe/ideas/articles/2010/10/17/the_empathy_deficit.

[9]. Pamela Paul, "As for Empathy, the Haves Have Not," *New York Times*, December 30, 2010, http://www.nytimes.com/2011/01/02/fashion/02studied.html.

第一章 值得懷念的才能

[1]. Sarah Kaufman, "One-Man Movement," *Washington Post*, January 11, 2009, http://www.washingtonpost.com/wp-dyn/content/article/2009/01/09/AR2009010901212.html.

[2]. Eric Pace, "Cary Grant, Movies' Epitome of Elegance, Dies of a Stroke," *New York Times*, December 1, 1986, http://www.nytimes.com/1986/12/01/obituaries/cary-grant-movies-epitome-of-elegance-dies-of-a-stroke.html.

[3]. Frederic La Delle, *How to Enter Vaudeville: A Complete Illustrated Course of Instruction* (Jackson, MI: Excelsior, 1913).

資料來源

Notes

前言　帶電的身體

[1]. Warren G. Harris, *Audrey Hepburn: A Biography* (New York: Simon & Schuster, 1994).

[2]. Nancy Nelson, *Evenings with Cary Grant: Recollections in His Own Words and by Those Who Knew Him Best* (New York: HarperCollins, 1991).

[3]. 同上，第117頁。

[4]. Marc Eliot, *Cary Grant: A Biography* (New York: Harmony Books, 2004), 第305頁。

[5]. 同上，第284-85頁。

belle vue 10

國家圖書館出版品預行編目(CIP)資料

凝視優雅：細說端詳優雅的美好本質、姿態與日常 / 莎拉.考夫曼(Sarah L. Kaufman)著；郭寶蓮譯. -- 初版. -- 新北市：奇光出版：遠足文化發行, 2016.09 面； 公分

譯自：The art of grace : on moving well through life

ISBN 978-986-92761-8-4 (平裝)

1.社會互動 2.社會美學

541.6 105015819

凝視優雅

細說端詳優雅的美好本質、姿態與日常

THE ART OF GRACE: On Moving Well Through Life

作　　者　莎拉・考夫曼（Sarah L. Kaufman）
譯　　者　郭寶蓮
責　　編　林昀彤
封面設計　Atelier Design Ours
排　　版　菩薩蠻電腦科技有限公司
社　　長　郭重興
發行人兼出版總監　曾大福
總 編 輯　曹　慧
編輯出版　奇光出版
E-mail: lumieres@bookrep.com.tw
部落格：http://lumieresino.pixnet.net/blog
粉絲團：https://www.facebook.com/lumierespublishing
發　　行　遠足文化事業股份有限公司
http://www.bookrep.com.tw
23141新北市新店區民權路108-4號8樓
電話：(02) 22181417
客服專線：0800-221029　傳真：(02) 86671065
郵撥帳號：19504465　戶名：遠足文化事業股份有限公司
法律顧問　華洋法律事務所 蘇文生律師
印　　製　通南彩色印刷有限公司
初版一刷　2016年9月
初版五刷　2019年6月6日
定　　價　420元

線上讀者回函

本書封面的奧黛莉・赫本照片與內文 p.08, 29, 44, 58, 65, 74, 76, 80, 115, 171, 175, 193, 199, 211, 221, 258, 284, 375 的圖片由「達志影像」提供授權。